島図鑑

歴史と文化でたどる日本の有人島

加藤庸二

日本文芸社

はじめに
島への誘い

「島」とは何だろう。その定義するところは「水に囲まれた、独立した陸地」である。

国際海洋法条約ではもう少し具体的に「島とは、自然に形成された陸地であって、水に囲まれ、高潮時においても水面上にあるものをいう」と述べられている。

南北およそ3,000km、東西およそ2,000kmのという広大な海洋に散らばる日本の島。無人、有人をひっくるめて、その数1万4455（国土地理院『電子国土基本図［地図情報］』）という数であることが、近年の調べで分かった（※『新版日本の島事典』上・下巻に掲載)。

膨大な数のこれら大小様々な島が、日本を構成しているわけだが、この島数を導き出す基準（数え方の根拠）としたのは、1987（昭和62）年以来国が基準としてきた「満潮高水位1m以上、周囲海岸線長100m以上で、水に囲まれ、独立した陸地」ではなく、国連海洋法条約第13条を受けて新たな基準となった低潮線も領海・EEZの基点、というところを重視し、それまでの高さに関しての基準をやめた。新たな基準で島数を数え直した結果、海上保安庁が公表してきた「日本の島は6,852島」という数を大きく上回ることになったのだ。

人が住む島を日本では「有

人島」と呼ぶ。そして日本の有人島数は2024（令和6）年12月現在420余島である。

　また、主に有人島をまとめたこの島図鑑には登場しないが、我が国領土の中には問題を抱える島があることを忘れてはいけない。北海道の「北方領土（北方四島）」、島根県隠岐の島町の「竹島」、沖縄県石垣市の「尖閣諸島」である。とりわけ北方領土の島々はロシアが不法占拠し、竹島に関しても韓国の不法占拠状態が続いており、これらについては一刻も早い問題解決を図り、早期に日本に返還されるべき島々である。

　過去をさかのぼれば、日本初の英語教師（母語話者）となったアメリカ人のラナルド・マクドナルドが、鎖国中の幕末に上陸したのが北海道の利尻島だった。さらに昔をたどれば、室町時代にポルトガルから西洋文明と鉄砲が伝来したのも、大隅半島沖の種子島である。日本にまだなかった文化が最初にやって来たのは紛れもなく「島」だった。考えようによっては、島は本土の触覚、あるいは最前線といってもよいだろう。

　歴史、文化、景色など、島は魅力に満ちた場所である。その日本の美しい島々を一つひとつご紹介しよう。

　　　　　　　　　加藤庸二

Enjoy the Islands

島の歩き方

多くの島を訪ねて 「比較してみる楽しさ」

国内の島の旅をする時には、交通事情や通信事情で困難を極める場所はほとんどなくなった。多くの島は1日数便の定期船があり、携帯電話のつながらない島はない。そうした心配はあまりなくなったのだが、旅をする時に注意しておかなければいけないことは、天気のことである。飛行機の飛ぶような大きな島では考えなくてもよいが、小さな島では波が高くなると船の欠航があるということだ。島の旅には「余裕のある日程」が最も大切になる。

　旅の格好はどうしたらよいだろうか。その答えは簡単だ。山岳の島を除き、多くの島はハイキング（トレッキング）など動きやすい服装と装備がよい。特に足元の靴は藪を歩けるぐらいの汚れてもよい靴が安心だ。

　この島に行きたい！　と決まっていれば問題はないが、さて、これからどの島を歩いてみようか……、とまだ決まっていない場合は、自分が最も興味・関心のあるところから島選びするとよい。そして次の島に行ったら、前に行った島と興味・関心ごとを比べてみると「島にも違いがあるもんだなぁ」ときっと感心する。こういうことが積み重なってくると島への興味がますます大きくなっていくことだろう。

Contents

目次

- はじめに ……………… 2
- 島の歩き方 …………… 4
- 目次 …………………… 6
- 本書の見方 …………… 12

南西諸島

- 与那国島（沖縄県）……………… 14
- 波照間島（沖縄県）……………… 16
- 西表島（沖縄県）………………… 17
- 嘉弥真島（沖縄県）……………… 18
- 由布島（沖縄県）………………… 18
- 小浜島（沖縄県）………………… 19
- 鳩間島（沖縄県）………………… 19
- 新城島（沖縄県）………………… 20
- 黒島（沖縄県）…………………… 20
- 竹富島（沖縄県）………………… 21
- 石垣島（沖縄県）………………… 22
- 宮古島（沖縄県）………………… 23
- 多良間島（沖縄県）……………… 24
- 水納島（沖縄県多良間村）……… 24
- 下地島（沖縄県）………………… 25
- 池間島（沖縄県）………………… 25
- 来間島（沖縄県）………………… 26
- 大神島（沖縄県）………………… 26
- 伊良部島（沖縄県）……………… 27
- 久米島（沖縄県）………………… 28
- オーハ島（沖縄県）……………… 29
- 奥武島（沖縄県久米島町）……… 29
- 粟国島（沖縄県）………………… 30
- 渡名喜島（沖縄県）……………… 31
- 座間味島（沖縄県）……………… 32
- 阿嘉島（沖縄県）………………… 33
- 慶留間島（沖縄県）……………… 34
- 渡嘉敷島（沖縄県）……………… 35
- 南大東島（沖縄県）……………… 36
- 北大東島（沖縄県）……………… 38
- 瀬長島（沖縄県）………………… 38
- 奥武島（沖縄県南城市）………… 39
- 津堅島（沖縄県）………………… 39
- 久高島（沖縄県）………………… 40
- 浜比嘉島（沖縄県）……………… 41
- 伊計島（沖縄県）………………… 41
- 平安座島（沖縄県）……………… 42
- 宮城島（沖縄県うるま市）……… 42
- 伊江島（沖縄県）………………… 43
- 水納島（沖縄県本部町）………… 44
- 瀬底島（沖縄県）………………… 44
- 古宇利島（沖縄県）……………… 45
- 屋我地島（沖縄県）……………… 45
- 宮城島（沖縄県大宜味村）……… 46
- 野甫島（沖縄県）………………… 46
- 伊平屋島（沖縄県）……………… 47
- 伊是名島（沖縄県）……………… 48
- 与論島（鹿児島県）……………… 49
- 沖永良部島（鹿児島県）………… 50
- 徳之島（鹿児島県）……………… 50
- 与路島（鹿児島県）……………… 51
- 請島（鹿児島県）………………… 51
- 加計呂麻島（鹿児島県）………… 52
- 奄美大島（鹿児島県）…………… 54
- 喜界島（鹿児島県）……………… 55
- 宝島（鹿児島県）………………… 56
- 小宝島（鹿児島県）……………… 56
- 諏訪之瀬島（鹿児島県）………… 57
- 平島（鹿児島県）………………… 57
- 悪石島（鹿児島県）……………… 58
- 中之島（鹿児島県）……………… 60
- 口之島（鹿児島県）……………… 60
- 竹島（鹿児島県）………………… 61
- 黒島（鹿児島県）………………… 61
- 硫黄島（鹿児島県）……………… 62
- 口永良部島（鹿児島県）………… 63

屋久島（鹿児島県） ………… 64	久賀島（長崎県） ………… 91
種子島（鹿児島県） ………… 66	蕨小島（長崎県） ………… 92

九 州

下甑島（鹿児島県） ………… 68	前島（長崎県五島市） ……… 92
上甑島（鹿児島県） ………… 69	奈留島（長崎県） ………… 93
中甑島（鹿児島県） ………… 70	若松島（長崎県） ………… 94
新島（鹿児島県） ………… 70	漁生浦島（長崎県） ………… 95
桂島（鹿児島県） ………… 71	有福島（長崎県） ………… 95
長島（鹿児島県） ………… 71	日島（長崎県） ………… 96
伊唐島（鹿児島県） ………… 72	桐ノ小島（長崎県） ………… 96
諸浦島（鹿児島県） ………… 72	頭ヶ島（長崎県） ………… 97
獅子島（鹿児島県） ………… 73	中通島（長崎県） ………… 98
通詞島（熊本県） ………… 73	江島（長崎県） ………… 100
天草下島（熊本県） ………… 74	平島（長崎県） ………… 100
下須島（熊本県） ………… 76	伊王島・沖之島（長崎県）… 101
横島（熊本県） ………… 76	樺島（長崎県） ………… 101
天草上島（熊本県） ………… 77	高島（長崎県長崎市） ……… 102
横浦島（熊本県） ………… 78	池島（長崎県） ………… 104
樋島（熊本県） ………… 78	松島（長崎県） ………… 105
御所浦島（熊本県） ………… 79	黒島（長崎県佐世保市） …… 106
牧島（熊本県） ………… 79	大島（長崎県西海市） ……… 107
前島（熊本県） ………… 80	蛎浦島（長崎県） ………… 107
中島（熊本県） ………… 80	崎戸島（長崎県） ………… 108
永浦島（熊本県） ………… 81	寺島（長崎県西海市） ……… 108
樋合島（熊本県） ………… 81	鵜瀬島（長崎県） ………… 109
湯島（熊本県） ………… 82	鹿島（長崎県） ………… 109
野釜島（熊本県） ………… 83	前島（長崎県時津町） ……… 110
維和島（熊本県） ………… 83	牧島（長崎県） ………… 110
戸馳島（熊本県） ………… 84	竹ノ島（長崎県） ………… 111
大矢野島（熊本県） ………… 84	大島（長崎県佐世保市） …… 111
赤島（長崎県五島市） ……… 85	高島（長崎県佐世保市） …… 112
黄島（長崎県） ………… 85	大島（長崎県小値賀町） …… 112
福江島（長崎県） ………… 86	小値賀島（長崎県） ………… 113
嵯峨ノ島（長崎県） ………… 88	黒島（長崎県小値賀町） …… 114
島山島（長崎県五島市） …… 89	斑島（長崎県） ………… 114
椛島（長崎県） ………… 90	納島（長崎県） ………… 115
	寺島（長崎県佐世保市） …… 115
	野崎島（長崎県） ………… 116
	六島（長崎県） ………… 117

宇久島（長崎県）	118
平戸島（長崎県）	119
高島（長崎県平戸市）	120
度島（長崎県）	120
生月島（長崎県）	121
的山大島（長崎県）	122
鷹島（長崎県）	123
黒島（長崎県松浦市）	124
飛島（長崎県）	124
青島（長崎県）	125
福島（長崎県）	125
壱岐島（長崎県）	126
原島（長崎県）	128
長島（長崎県）	128
大島（長崎県壱岐市）	129
若宮島（長崎県）	129
対馬島（長崎県）	130
海栗島（長崎県）	132
島山島（長崎県対馬市）	133
沖ノ島（長崎県）	133
赤島・泊島（長崎県対馬市）	134
向島（佐賀県）	134
馬渡島（佐賀県）	135
加唐島（佐賀県）	136
小川島（佐賀県）	137
松島（佐賀県）	138
加部島（佐賀県）	139
神集島（佐賀県）	140
高島（佐賀県）	141
姫島（福岡県）	142
相島（福岡県）	143
玄界島（福岡県）	143
能古島（福岡県）	144
志賀島（福岡県）	145
小呂島（福岡県）	146
大島（福岡県）	147
地島（福岡県）	147
馬島（福岡県）	148
藍島（福岡県）	148
青島（宮崎県）	149
築島（宮崎県）	150
島野浦島（宮崎県）	151
大島（宮崎県）	151
深島（大分県）	152
屋形島（大分県）	152
大入島（大分県）	153
大島（大分県）	153
地無垢島（大分県）	154
黒島（大分県）	154
保戸島（大分県）	155
姫島（大分県）	156

瀬戸内

竹ノ子島（山口県）	158
彦島（山口県）	158
野島（山口県）	159
大津島（山口県）	160
笠戸島（山口県）	161
粭島（山口県）	161
牛島（山口県）	162
馬島（山口県）	162
佐合島（山口県）	163
長島（山口県）	163
祝島（山口県）	164
八島（山口県）	165
平郡島（山口県）	166
笠佐島（山口県）	167
前島（山口県）	167
屋代島（山口県）	168
浮島（山口県）	169
沖家室島（山口県）	169
情島（山口県）	170
端島（山口県）	170
柱島（山口県）	171
黒島（山口県）	172

島名	ページ
竹ケ島（愛媛県）	172
戸島（愛媛県）	173
日振島（愛媛県）	174
九島（愛媛県）	174
嘉島（愛媛県）	175
大島（愛媛県八幡浜市）	175
鹿島（広島県）	176
倉橋島（広島県）	176
沖野島（広島県）	177
情島（広島県）	177
江田島・能美島（広島県）	178
阿多田島・猪子島（広島県）	179
厳島（広島県）	180
似島（広島県）	182
金輪島（広島県）	183
青島（愛媛県）	184
興居島（愛媛県）	185
中島（愛媛県）	186
釣島（愛媛県）	187
二神島（愛媛県）	187
津和地島（愛媛県）	188
怒和島（愛媛県）	188
睦月島（愛媛県）	189
野忽那島（愛媛県）	189
下蒲刈島（愛媛県）	190
上蒲刈島（愛媛県）	191
安居島（愛媛県）	192
岡村島（愛媛県）	192
豊島（広島県）	193
斎島（広島県）	193
大崎下島（広島県）	194
小大下島（愛媛県）	196
大下島（愛媛県）	196
三角島（広島県）	197
大崎上島（広島県）	197
大芝島（広島県）	198
長島（広島県）	198
生野島（広島県）	199
契島（広島県）	199
比岐島（愛媛県）	200
大島（愛媛県新居浜市）	200
来島（愛媛県）	201
小島（愛媛県）	202
馬島（愛媛県）	203
津島（愛媛県）	204
鵜島（愛媛県）	204
大島（愛媛県今治市）	205
伯方島（愛媛県）	206
大三島（愛媛県）	207
赤穂根島（愛媛県）	208
佐島（愛媛県）	208
生名島（愛媛県）	209
弓削島（愛媛県）	209
岩城島（愛媛県）	210
高井神島（愛媛県）	211
魚島（愛媛県）	212
大久野島（広島県）	213
生口島（広島県）	214
高根島（広島県）	215
佐木島（広島県）	216
小佐木島（広島県）	216
因島（広島県）	217
細島（広島県）	218
岩子島（広島県）	218
向島（広島県）	219
横島（広島県）	220
田島（広島県）	220
百島（広島県）	221
走島（広島県）	221
伊吹島（香川県）	222
粟島（香川県）	223
志々島（香川県）	224
六島（岡山県）	224
大飛島（岡山県）	225
小飛島（岡山県）	225
高見島（香川県）	226

佐柳島（香川県）	227
真鍋島（岡山県）	228
北木島（岡山県）	229
白石島（岡山県）	230
高島（岡山県）	231
広島（香川県）	232
手島（香川県）	233
小手島（香川県）	233
本島（香川県）	234
牛島（香川県）	236
櫃石島（香川県）	236
与島（香川県）	237
小与島（香川県）	237
岩黒島（香川県）	238
大島（香川県）	238
六口島（岡山県）	239
松島（岡山県）	239
女木島（香川県）	240
男木島（香川県）	242
直島（香川県）	243
向島（香川県）	244
屏風島（香川県）	244
石島（井島）（岡山県・香川県）	245
沖之島（香川県）	245
豊島（香川県）	246
小豊島（香川県）	246
前島（岡山県）	247
長島（岡山県）	247
犬島（岡山県）	248
小豆島（香川県）	250
大多府島（岡山県）	252
鴻島（岡山県）	253
頭島（岡山県）	254
鹿久居島（岡山県）	255
男鹿島（兵庫県）	256
西島（兵庫県）	256
坊勢島（兵庫県）	257
家島（兵庫県）	258
沼島（兵庫県）	259
淡路島（兵庫県）	260
島田島（徳島県）	261
大毛島・高島（徳島県）	261
伊島（徳島県）	262

太平洋

沖の島（高知県）	264
鵜来島（高知県）	265
大島（高知県）	266
柏島（高知県）	267
中ノ島（高知県）	267
戸島（高知県）	268
竹ケ島（徳島県）	268
出羽島（徳島県）	269
紀伊大島（和歌山県）	270
中ノ島（和歌山県）	271
間崎島（三重県）	271
横山島（三重県）	272
渡鹿野島（三重県）	272
賢島（三重県）	273
坂手島（三重県）	274
菅島（三重県）	275
神島（三重県）	276
答志島（三重県）	278
篠島（愛知県）	279
日間賀島（愛知県）	280
佐久島（愛知県）	281
初島（静岡県）	282
江の島（神奈川県）	283
城ケ島（神奈川県）	283
南鳥島（東京都）	284
硫黄島（東京都）	284
父島（東京都）	285
母島（東京都）	286
青ケ島（東京都）	288
八丈島（東京都）	290

御蔵島（東京都）	291
三宅島（東京都）	292
式根島（東京都）	293
神津島（東京都）	294
新島（東京都）	296
利島（東京都）	297
大島（東京都）	298
仁右衛門島（千葉県）	300
桂島（宮城県）	301
野々島（宮城県）	301
朴島（宮城県）	302
宮戸島（宮城県）	302
寒風沢島（宮城県）	303
網地島（宮城県）	304
田代島（宮城県）	304
金華山（宮城県）	305
江島（宮城県）	305
出島（宮城県）	306
大島（宮城県）	306

日本海

六連島（山口県）	308
角島（山口県）	309
青海島（山口県）	309
蓋井島（山口県）	310
見島（山口県）	312
相島（山口県）	312
櫃島（山口県）	313
大島（山口県）	313
島後（島根県）	314
西ノ島（島根県）	316
知夫里島（島根県）	317
中ノ島（島根県）	317
大根島（島根県）	318
江島（島根県）	318
沖島（滋賀県）	319
舳倉島（石川県）	320
能登島（石川県）	321
粟島（新潟県）	321
佐渡島（新潟県）	322
飛島（山形県）	324

北海道

鴎島（江差町）	326
奥尻島（奥尻町）	327
天売島（羽幌町）	328
焼尻島（羽幌町）	329
礼文島（礼文町）	330
利尻島（利尻富士町・利尻町）	332
小島（厚岸町）	333

いろいろな無人島

臥蛇島（鹿児島県）	336
馬毛島（鹿児島県）	337
端島（長崎県）	338
宇々島（長崎県）	339
沖ノ島（福岡県）	340
四阪島（愛媛県）	341
仙酔島（広島県）	342
竹生島（滋賀県）	342
友ヶ島（和歌山県）	343
八丈小島（東京都）	344
海驢島（北海道）	345
索引	346

Guide to use

本書の見方

　日本の島は西から南に分布が偏り、東と北には数えるほどしかないという特徴がある。この離島分布の密度が、海洋交易や文化の伝播に重要な役割を果たしてきた。本書の構成は、北進する黒潮と、対馬海流を南からなぞるように海域でまとめ、南・西からご覧いただくという工夫を施した。

　さて、日本の海に在する多くの島々は、どの島も個性的である。一つひとつの島に異なる歴史があり、そこで生まれ育まれた文化や生活、慣習といったものがある。

　この本では、そういう島の際立つ個性をできるだけ見逃さないように執筆に努めた。また、島の基本データに、下記のアイコンを付記した。

※ 本書では本州・北海道・九州・四国・沖縄本島を「本土」とする。
※ 面積、周囲、最高所については『日本の島ガイド SHIMADAS シマダス』（公財）日本離島センター　2019年刊に準拠。
※ 人口は令和2年国勢調査（確定値）を掲載。『島々の日本』（公財）日本離島センター2023年刊に準拠。
※ 国立公園のアイコンは陸域部が指定されていなくても、周辺海域が指定されている島にも付記している。

エリア・都道府県別インデックス

所在地等基本データ

基本データアイコン

国立公園

世界遺産　しま山100選　世界ジオパーク　日本ジオパーク

ミニマップ①
エリアの中での大まかな位置を表示。

ミニマップ②
島周辺の地図。

観光協会・市町村へのリンク
観光協会、市町村等へリンクするQRコードを掲載。スマートフォンなどで読み取れば公的情報を知ることができる。

※QRコードは株式会社デンソーウェーブの登録商標です。

カトリック教会の黒島天主堂の内部。

黒島　Kuro-shima

信仰を守るキリシタンの島

所在地　長崎県佐世保市
面積　4.66㎢
周囲　12.5㎞
最高所　134m
人口　484人

　佐世保港の西約15kmにある。長崎県には黒島が複数あるが、佐世保の有人島で黒島といえばこのキリシタンの島だ。

　江戸時代のキリスト教弾圧では本土から逃れたキリシタンが、ここで潜伏キリシタンとなり密かに暮らした。

　禁教令が解かれた後もキリスト教信者として表には現れず、その後紆余曲折を経て1878(明治11)年、ローマカトリックに復帰した。現在も住人の70％以上がカトリック信者といわれる。

　1902(明治35)年、フランス人宣教師マルマン神父が信徒たちと共に造ったのが黒島天主堂である。

　島全体は険しい山がちで、異国船の見張り所が置かれた。にがりの代わりに海水で作る黒島豆腐が島の郷土食。

黒島（白馬）漁港。

南西諸島

◆沖縄県
◆鹿児島県

沖縄県

所在地 沖縄県与那国町　面積 28.95㎢
周囲 40.3km　最高所 231m（宇良部岳）
人口 1676人

牧場と灯台がある東崎。

与那国島
Yonaguni-jima

祖納の裏山「ティンダハナタ」から集落を見る。

西の果て歴史・文化の国境の島

　石垣島の西約127kmにある日本最西端の与那国島は、沖縄本島から約514km、東京からは約1900kmという距離にあるが、国境を接する台湾との距離はわずか110kmほどだ。

　北から南西に"タテ"に長い日本国境近くまで来るとさすがに見慣れぬものが多くなってくる。与那国島にしかないものが4つある。そのひとつは巨大な墓地群だ。沖縄に亀甲墓は多いがこの島の墓は全てが非常に大きく圧倒される。

　2つ目はこの島の固有種ヨナグニウマだ。日本国内に残る在来馬は今では数少なくなり、大切に保護されている。

　今までは乗馬体験できるところもあった。かつては農耕

西崎の「日本国最西端之地」碑。

祖納近隣の浦野にある巨大墓。

用として活躍した馬で、小型だが力のある馬だ。

3つ目はアルコール度数が60度という国内最高度数の「花酒(はなざけ)」という泡盛。これほど強い酒を造って市販しているのは与那国島だけである。

そして4つ目は「ヨナグニサン」。「サン」を漢字で書くと「蚕」で、つまりヨナグニサンは与那国島で最初に発見された世界最大の蛾である。羽根を広げると大きいもので約18〜30cmにもなる。日本の最西端の島にこんな特筆すべき4つのものがあるのは実に不思議である。沖縄の中でも西の果てという環境と文化があるようで興味が尽きない。

景色の見どころは、島北部の集落である祖納(そない)地区の南西部、集落の裏山にあたる「ティンダハナタ」だろう。サンゴの

60度の泡盛「花酒」は与那国だけの特産。タイ米を蒸し、種麹を植え付けて2日間かけて麹を作る。

隆起及び浸食によって形成された地形で、祖納地区、ナンタ浜や東シナ海を展望する天然の展望台になっている。

島の西側には久部良地区があり、ここでは大型のカジキがよく揚がる。少し足を延ばして夕日を見に西崎(いりざき)へ行くと「日本国最西端之地」の石碑が建ち、その後方には美しい大海原が広がり、視界がいいと台湾を望むことができる。

小型在来馬ヨナグニウマは島の大事な農耕馬だった。

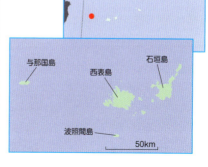

15

沖縄県
所在地 沖縄県竹富町 面積 12.73km²
周囲 14.8km 最高所 60m
人口 470人

上空から見た波照間島。(写真AC)

国立 八

波照間島
Hateruma-jima

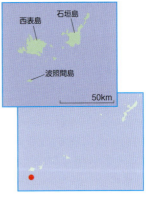

日本最南端の有人島

　波照間島は石垣島の南西約60km、人の住む島としては日本最南端の島である。

　北の海岸部にある「下田原貝塚」は約3800年前のもので、かなり昔から人が住んでいたことがわかる。

　高那崎一帯は石灰岩が浸食した荒々しい崖の岩礁地帯で、この景色を一望する高那崎に立ち南に広がる大海原を眺めると、ここが日本の島の最果て……という実感が湧く。その高那崎には星空観測タワーや日本最南端の石碑がある。

　黒糖生産が盛んで、泡盛の名酒と評判の「泡波」の生産地でもある。また、日本国内で南十字星を好条件で観測できる数少ない島だ。

波照間漁港とニシハマ。これがハテルマブルーの海の色。(写真AC)

亜熱帯の樹木に覆われた西表島。(写真 AC)

西表島
Iriomote-jima

ジャングルとヤマネコの島

生息数が極めて少なく、国の特別天然記念物に指定されているイリオモテヤマネコ。(OCVB)

八重山諸島の中で最も面積が広く、沖縄県内 47 の有人島の中でも沖縄本島に次いで 2 番目に広い。

全島が密林に覆われる日本でも数少ない亜熱帯の大自然を残す島として、日本はもとより海外の自然研究者たちからも熱い視線が注がれる。その象徴となったのは 1965(昭和 40)年に作家・戸川幸夫が小動物の頭蓋骨と毛皮を持ち帰り、1967(昭和 42)年、それが新種のヤマネコと判明、イリオモテヤマネコと命名されたことだ。

標高 400m 級の山岳地帯は亜熱帯性の密林で、数カ所に滝まである。東部地区では仲間川、西部地区では浦内川などの河口付近にマングローブ地帯がありオヒルギやメヒルギの大群落が見られ、また仲間川中流域、古見地区にはサキシマスオウの大木もある。

大自然に飛び込んで、ダイビング、滝めぐり、密林縦断トレッキング、マングローブ観察などを満喫できる。

沖縄県

所在地 沖縄県竹富町
面積 289.62km²
周囲 174.5km
最高所 470m(古見岳)
人口 2253人

国立
世界遺産

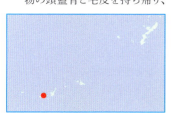

沖縄県

所在地　沖縄県竹富町
周囲　3.0km　最高所　1.9m　面積　0.39km²
人口　小浜島に含まれる

嘉弥真島
Kayama-jima

珊瑚礁の海と砂浜が美しい嘉弥真島。

　石垣港の西約16kmの石西礁湖の北側に位置する。この海域はいわば大きなリーフに囲まれた内海のようなもので、外洋の大波はこの中には入ってこない。湖のように海面が穏やかなのである。

　距離的には小浜島が近いが、主に石垣島からマリンスポーツを楽しみに行く小島として地元ではよく知られている。ツアーで上陸するとレストハウスで飲食やキャンプ、星空観測、ダイビングなどが楽しめる。

　エダサンゴをはじめ水深が浅いにもかかわらずいろいろな海洋生物が豊富で、スノーケリングに最適な海である。

所在地　沖縄県竹富町
周囲　2.3km　最高所　1.9m　面積　0.15km²
人口　西表島に含まれる

由布島　Yubu-jima

　西表島の東約500mにある。「ゆぶ」とは砂州という意味で、由布島は西表島と砂州でつながる島ということから名付けられたと思われる。

　海岸から水牛車に乗って渡る観光の島として知られる。

水牛車で由布島まで500m。

その水牛車では案内人が三線をつま弾き民謡を歌う。

　島の古老が水牛を操り、のっそり水牛車が由布島に向かって歩く光景は、もはや沖縄の風物のひとつといってよいだろう。

　動物の息づかいを感じながら身を任せて乗るというのは、なかなか経験できないこと。ここで体験するのがよい。

小浜島

Kohama-jima

所在地 沖縄県竹富町
周囲 2.0 km　面積 7.86 km²　最高所 99 m（大岳）
人口 621人

沖縄県

かつて小浜島が知られるようになったのは、島に「はいむるぶし」というヤマハのリゾートホテルができたとき、今から40年以上も前のことだ。もと

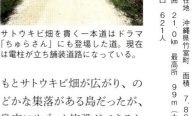

サトウキビ畑を貫く一本道はドラマ「ちゅらさん」にも登場した道。現在は電柱が立ち舗装道路になっている。

ちゅらさんの碑。(写真AC)

もとサトウキビ畑が広がり、のどかな集落がある島だったが、島内にリゾート施設ができるということで、島がどう変わるのか実験された島といってもよい。
2001（平成13）年のNHK連続テレビ小説「ちゅらさん」では、物語の舞台となり、全国に知られる島となった。

鳩間島

Hatoma-jima

所在地 沖縄県竹富町
周囲 3.9 km　面積 0.96 km²　最高所 34 m
人口 54人

石垣島の北西約36km、西表島上原港の北約6kmにある。江戸時代中期の元禄年間（1688～1704年）に2度にわたって西表島の古見と黒島から150人余りを強制移住させ、島を開いたと伝える古文書が残る。

集落の道から瑠璃色の海が見える。

島の周りは美しい瑠璃色の海で、珊瑚礁地帯には多くの魚たちが生息している。
島内の森の中には御嶽があり、年に数回、古老たちによる神事などが執り行われる。住人は少なくなったが、島外に出た島びとが折々祭事には帰郷し、盛大な行事が行われる。

沖縄県

新城島
Aragusuku-jima

所在地 沖縄県竹富町　面積［上地］1.76㎢／［下地］1.57㎢　周囲［上地］6.2km／［下地］4.8km　最高所［上地］13m／［下地］20m　人口 10人

珊瑚礁と海の色が描く美しいラグーン。（写真AC）

　石垣港の南西約23km、上地と下地の2つの島を総称して新城島という。

　異国船を監視し、のろしを上げて連絡した烽火台の火番盛（タカニク）があり、古くからこの島は航路の見張りに使われていた。上地は船上から見ると真っ平らな島で、白い砂浜だけが海面上に見える。下地は全島が無人の牧草地。

　1年に1度行われるアカマタ・クロマタの豊年祭は、島外に出ている人々が一斉に帰省して祝う島最大の行事で、島にかかわる人以外には細部が明かされないという秘匿性の高い神秘的な祭りだ。

黒島 Kuro-shima

所在地 沖縄県竹富町　面積 10.02㎢　周囲 14.1km　最高所 15m　人口 193人

　石垣港の南西約14km、石垣島と西表島間の広大な石西礁湖にある。最高所が15mで島全体が平均10m以下なので、波高が1mぐらいになると小型船からは波間に隠れて見えなくなる。

よく発達した黒島の珊瑚礁。写真右下あたりが「キャングチ海域公園地区」。

　集落は5カ所あり、どこからもほぼ等距離の島の真ん中に黒島小中学校がある。学校近くに、島内を見渡すことができる唯一の「黒島展望台」がある。真っ平らで牛が草をはむ牧場と、気持ちのいいまっすぐな島の道を眺め渡すことができる素晴らしい展望台である。30年以上続く「黒島牛まつり」では、抽選で特賞が当たると牛1頭がもらえる。この祭りに合わせて来島する人も多い。

砂浜、青空、雲、真夏の風に包まれるコンドイビーチ。

沖縄県

所在地 沖縄県竹富町
周囲 12.1km
面積 5.43km²
最高所 33m
人口 341人

八立 国

竹富島

Taketomi-jima

八重山文化発祥の中心地

　石垣島の南西約5kmにある竹富島は、かつて八重山諸島全てを統括する行政府が置かれていた。平坦な島で、石垣島の少し高台から眺めると、水平線に真っ白な砂浜が浮かび上がってとても美しい。

　琉球赤瓦の集落は昔ながらの家並みを残しているところから、重要伝統的建造物群保存地区となっている。伝統的な造りの民家が建ち並ぶ美しい集落景観は、まさに琉球の原風景というべきものである。

　秋に行われる種子取祭はこの島の農耕の行事で、豊穣をつかさどる弥勒菩薩に願いごとをする祭りだ。島の中央部にある世持御嶽（ユームチオン）の前で2日間にわたり、踊りや芸能の80演目が奉納される。この日に島を訪ねれば、1年分の八重山の民俗芸能に接することができる。

　白砂まぶしいコンドイビーチや隣の浜辺の星砂の浜など、美しいビーチで自然が満喫できる。

　平坦な島で唯一の小高い丘が「ンブフル（牛岡）」だ。作家の司馬遼太郎は名著『街道をゆく』シリーズの"先島への道"の中で、このンブフルを取り上げている。

町並み保存地区の赤瓦の集落。

海が美しい川平湾。

石垣島
Ishigaki-jima

沖縄県
所在地 沖縄県石垣市 面積 222.24km² 最高所 526m（於茂登岳）
周囲 182.5km
人口 4万7637人

八重山列島の基点となる島

　沖縄本島の南西約400km、東京から約1900km離れた八重山諸島の中心となる大きい島で、日本最南の市である。一周をさらりと車で観光しながら回るだけでもたっぷり1日はかかる。島北端の平久保崎灯台でのんびりし、南下して白保の海を眺め、川平ではおしゃれなカフェでお茶をいただき、市内中心部、石垣市民の台所・公設市場をのぞきはじめたらとても1日では収まらない。

　石垣島を余り歩かずに通過してしまう人があまりに多いことは残念である。1日1テーマで動くとよいかもしれない。例えば"文化と歴史をたどる"という1日にするならば、イヌマキという木を使った寄棟本瓦ぶきの国指定重要文化財「旧宮良殿内」あたりから見始め、1614（慶長19）年に創建された臨済宗の寺「桃林寺」併設の権現堂、「唐人墓」などを巡り、最後に沖縄の民話「野底マーペー」伝説の地である野底地区に立ち寄ってみるのもいいだろう。途中、農産物の無人売店などをのぞいてみると楽しい。

1852年に起きた船の事故に関連死した中国人慰霊の「唐人墓」。

国内随一の白砂のビーチ「与那覇前浜」につくられたビーチリゾート。

> 沖縄県
>
> 所在地 沖縄県宮古島市
> 面積 158.93㎢
> 周囲 133.5km
> 最高所 113m（ナカオ嶺）
> 人口 4万7676人

宮古島
Miyako-jima

島の個性が際立つ

宮古島のトライアスロン大会。（OCVB）

　沖縄本島・那覇市の南西約280kmにある。沖縄の島々の中にあって本島やその周辺の島とも八重山列島とも、やや違った文化をもつ島で、進取の気概に富む人々が暮らす。

　1985（昭和60）年には国内で2番目に開催された全日本トライアスロン宮古島大会の第1回が行われ、2025（令和7）年で39回目となる。ビーチリゾートの誘致も早かった。

　祭りなどの民俗文化では、泥つけの神様が暴れ回る「パーントゥ」がよく知られている。

　宮古島は風景のスケールが大きい。島の東の先端「東平安名崎（あがりへんなざき）」は朝日が太平洋の水平線からみごとに昇るのが見られるポイントである。細長く延びた岬は2kmにも及び両側は切り立つ断崖だが、マリンブルーの海が開け展望がきいて素晴らしい。その先端は公園で灯台がある。

　この東の風景に対して島の北西にも同じような「西平安名崎（いりへんなざき）」という岬があり、ここは落日のポイントである。岬に立つと右手には隣の池間島とを結ぶ「池間大橋」が延び、透明感のある大海原が広がる。

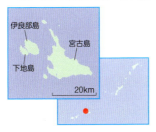

沖縄県

多良間島
Tarama-jima

所在地　沖縄県多良間村
面積　19.81km²
周囲　20.9km
最高所　34m
人口　1054人

上空から見た多良間島。（写真AC）

　宮古島の西約67kmにある宮古諸島の1島である。距離的には石垣島のほうが近い。

　円形の島に几帳面に割られたサトウキビ畑の模様が美しい島である。島内にはフクギやテリハボクなど沖縄を代表する木々が多く見られる。

　1859（安政6）年1月、奥州・宮古の商船が江戸からの帰途、台風に巻き込まれて遭難し、この島に漂着したことが、後世になり岩手県宮古市の郷土史家によって明らかになった。このため、同市は1976（昭和51）年多良間村に報恩之碑を建てて感謝の意を表し、その後姉妹市村となった。

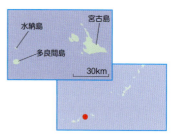

水納島 Minna-shima

所在地　沖縄県多良間村
面積　2.16km²
周囲　7.4km
最高所　13m
人口　4人

　宮古島の西約67kmにある多良間島の北約10kmにある。

　1970年代後半には4世帯11人が暮らす島で、那覇からも宮古島からも遠く離れた桃源郷のような島だった。水は雨水をためて使い、発電機で数軒分の電気をつくり、流木は貴重なたき木として用いていた。島の唯一の生産活動は牛の飼育だった。

　モクマオウなどの木々に囲まれる現在の島内は牧場として使われ、人工繁殖による子牛の生産が行われている。

　木立の中には百合若伝説にまつわる「鷹塚（鳥塚）」がある。

島の周りはみごとな珊瑚礁の水納島。（写真AC）

下地島

Shimoji-shima

沖縄県

所在地 沖縄県宮古島市　面積 9.68 km²
周囲 3.2.3 km　最高所 22 m
人口 88人

下地島は伊良部島の西側にあり伊良部島とほとんど一体に見える。国内最南端の3000 m滑走路の島で、開港当時は訓

島最大の見どころの通り池。（写真 AC）

練飛行場だったが、その後は民営化された。

「通り池」という神秘的な群青色をたたえる池は珊瑚岩にぽっかりと穴を開けており、水中で2つの池はつながっている。さらに水深43 m付近では外洋とつながっている。

池間島 Ikema-jima

所在地 沖縄県宮古島市　面積 2.83 km²
周囲 11.2 km　最高所 28 m
人口 511人

宮古島の北西約2kmにあり、1425 mの池間大橋が架かる。

この島には池間湿原があり、池間の沼・原という意味

上空から見た池間大橋と池間島。（写真 AC）

の「イーヌプー」とも呼ばれる。沖縄でもマングローブのある湖沼湿原は珍しい。

湿原は島の中央部やや北にあり、かつては南北に深く切れ込んでいて、北側は外海につながり、南は現在の池間漁港の南側の海につながる水路だった。1982（昭和57）年に池間漁港が完成し、湿地帯は外海から独立した約38ヘクタールという面積の湿原となった。

県下でも有数の遠洋カツオ漁の島として、明治から昭和まで名を馳せた。

沖縄県

所在地：沖縄県宮古島市　面積　2.84㎢
周囲　6.5km　最高所　47m
人口　139人

来間島
Kurima-jima

　宮古島南西部の西約1.6kmにある宮古諸島の1島で、1995（平成7）年、宮古島との間に来間大橋が架けられた。

　宮古諸島は砂浜の白さ、海の色彩が沖縄でも特に美しく、とりわけ来間島はオーシャンブルーの美しい海である。

　島の北東部では、かつて「琉球トラバーチン」と呼ばれている大理石の仲間の石を産出し、国内で建材用として使われた。

来間島と宮古島を結ぶ来間大橋。
（宮古島観光協会）

所在地：沖縄県宮古島市　面積　0.24㎢
周囲　2.4km　最高所　75m（遠見台）
人口　23人

大神島
Ohgami-jima

　宮古島北部の島尻地区の北約4kmにある、クバ笠（クバの葉で編んだ笠）を伏せたような形の島。

　大神島と宮古島の島尻、狩俣地区では祖神という祭祀が古来行われている。祖霊を慰め豊穣を祈願する行事だが、女だけで執り行うその内容は外部に漏れることはなく、沖縄の祭祀の中で秘匿性の高い祭りといわれるひとつである。

　島内の大部分は聖地であるため、旅行者が歩ける場所は基本的に高台の「遠見台」までである。ここからは島の全体や宮古島などが見晴らせて素晴らしい。

上空から見た大神島。（宮古島観光協会）

上空から見た伊良部島全景。左の滑走路は下地島。(写真 AC)

沖縄県
所在地 沖縄県宮古島市　面積　29.06㎢
周囲　72.4km　最高所　89m（牧山）
人口　4494人

伊良部島

Irabu-jima

伝統漁法のアギヤー

　宮古島の北西約4kmにある。2015（平成27）年に伊良部大橋（3540m）で宮古島と結ばれた。島の西側には狭い水路のような海を挟み、下地島空港のある下地島が隣接している。

　かつてカツオ漁で南太平洋へ行っていた佐良浜の集落に鉄筋造りの家々が連なる。台風に備えるだけでなく、遠洋漁業で高収入を得ていた人たちの御殿でもある。

　現在も漁業の島として健在だが、遠洋カツオ漁と並び知名度の高かった「アギヤー」と呼ぶ集団の潜水追い込み漁が、今は風前のともしび状態というのは寂しい。

　タカ科の渡り鳥「サシバ」は10月頃に飛来し、島で羽を休める姿が見られることもある。

佐良浜の緩斜面に建つ御殿群。その多くが漁家の屋敷だ。

沖縄県

所在地　沖縄県久米島町
面積　59.53km²
周囲　53.3km
最高所　310m（宇江城岳）
人口　7,155人

上空、南側から見た久米島。（OCVB）

久米島 Kume-jima

昔から稲作があった島

久米島は那覇市の西約90kmにあり、島内全体に200m前後の山々が連なる水の豊かな島である。米作りに適した平地も多いため、意外なことに漁業より農業が盛んな島だ。

朝鮮や中国の史書に久米島

沖縄最古の民家「上江洲家」。

の名前がたびたび見られ、古くから関係のある異国では知られる島だった。交易船の遠見番所を置き異国船の寄港に対応したといわれ、当時、大陸との交易では要衝だった。

1993（平成5）年に発見された新種「クメジマボタル」やキクザトサワヘビなど、固有種の生物が生息する。その渓流や湿地、森林は県立自然公園に指定されている。

真謝（まじゃ）集落は久米島紬の郷。路地を歩けば機織（はたお）りの音が聞こえる。泡盛「久米仙」の酒造所、「おばけ坂」「太陽石（ウティダ）」と1754（宝暦4）年築の現存する沖縄最古の家屋「上江洲（うえず）家」は必見だ。一方、東部の海辺はダイビングをはじめとするマリンスポーツが盛んである。

久米島紬の機織り。（OCVB）

オーハ島

Ohha-jima

所在地　沖縄県久米島町
面積　0.37 km²
周囲　2.7 km
最高所　8 m
人口　8 人

沖縄県

うっそうと木々が茂るオーハ島の道。

　久米島の東側に奥武島と並ぶ島である。「オーハ」のオーは奥武で、ハは端だろう。奥武島の端っこという意味で、ここももともとは死者を葬る墓の島だった。

　奥武島の東海岸から400m離れており、干潮時にはくるぶしほどの水深でほとんど歩き通せそうに見えるが、途中から深くなる。

　定期航路がないため、住宅は自前の船で対岸に渡り生活物資を運ばなければならない。今は海底送水管で水の心配はない。干潮時に人が歩けるほどの浅瀬に送電用の電柱が立ち、奥武島を経て久米島から電気が来ている。時を忘れさせる静かで美しい島だ。

奥武島 Oh-shima

所在地　沖縄県久米島町
面積　0.63 km²
周囲　3.4 km
最高所　15 m
人口　29 人

　奥武島は久米島の東側、約800mにある。

　久米島の仲里地区東端から、海上の半分を埋め立てて造られたのが「奥武島海中道路」である。1983（昭和58）年に完成し、道伝いで島へ行けるようになった。

　島の古老たちの話では、昭和40年代まで小学校の高学年の子供たちは、島の間を竹馬に乗って海上を歩いて渡り、通ったという。

亀の甲羅模様の「畳石」。

　島の南西部の海辺にある亀の甲羅模様の「畳石（たたみいし）」は、国の天然記念物で不思議な形をした自然の造形物。これほど直径が大きな柱状節理（ちゅうじょうせつり）は珍しいといわれる。

沖縄県
所在地 沖縄県粟国村　面積 7.65㎢　最高所 96m
周囲 16.8㎞
人口 683人

空から見た粟国島。（OCVB）

粟国島 Aguni-jima

粟国島

沖縄には珍しい火山島

　那覇の北西約60㎞の東シナ海にある。

　火山島の痕跡をこれほど残した島は沖縄には珍しい。島の南西部にあるヤヒジャ海岸は、溶岩流が海の際まで押し寄せた場所。岩壁となった大地を荒波が削り取った景観が見られる。

　赤茶色や黒い地層は火山灰が堆積してできた凝灰石と呼ばれるもので、マハナという景勝地の足元の白っぽい断崖も凝灰石の大地である。沖縄にこんな火山を感じるところがあったのかと、驚くことだろう。

　観光ガイドなどにも載らず、国天然記念物指定もなく、ジオパークでもなく、ましてや国立公園でもない。こんな素晴らしい島が沖縄にはまだあるのである。

　島内を歩くとさらに面白い。「洞寺（てら）」という場所は坊さんの伝説を残す大きな鍾乳洞である。また「ソテツの島」ともいわれ、かつては随所に群生が見られたようだが、現在は点在するぐらいである。

火山島の痕跡、溶岩流が海の際まで押し寄せたヤヒジャ海岸。

上空から見た渡名喜島。（OCVB）

渡名喜島
Tonaki-jima

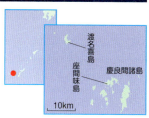

古き集落の小道

　渡名喜島は沖縄本島那覇市の北西約58km、慶良間諸島の座間味島付近から天気のよい日は北西方向に見える島である。久米島から東に見える。

　慶良間諸島、久米島など海洋レジャーの盛んな島々から少し外れているため思いのほか静かで、落ち着いてじっくり旅をする人々には好まれる島である。

　産業では1906（明治39）年に始まったカツオ漁業が豊漁で、大正時代末期（1925年前後）まで島の基幹産業となった。

　戦後、この周辺の島々からのカツオ漁といえば、南洋パラオ方面に船団を組んでいくことが多かった。大漁でカツオを満杯に積んだ漁船が島に帰る日には島じゅうの人が港で出迎え、水揚げされるカツオは桟橋で解体されてすぐそばの工場に送られカツオ節にされた。

　夏から秋のシーズンとなると、島中がカツオを燻す香りに包まれたが、現在は一本釣りのカツオ漁が少数の漁師により行われている程度である。

　美しいフクギ並木と昔ながらの集落（重要伝統的建造物群）の小道が、とても心地よい。

渡名喜島の集落。（OCVB）

沖縄県

所在地　沖縄県渡名喜村
面積　3.87km²
周囲　16.1km
最高所　179m（大岳）
人口　346人

上空から見た座間味島。(OCVB)

沖縄県
所在地 沖縄県座間味村
面積 6.70km²
周囲 23.2km
最高所 161m (大岳)
人口 581人

座間味島
Zamami-jima

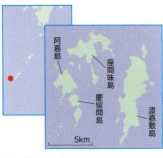

沖縄の多島海風景

　座間味島は沖縄本島の那覇市の西約40km、慶良間諸島国立公園の中心となる島だ。

　1901（明治34）年に沖縄でカツオ漁業を初めて組織した島としてよく知られる。

　周辺の海域には無人島が多く、穏やかな海上に点在する島々の絵画的風景と共に、ここは日本屈指の珊瑚礁が素晴らしい海で、多くのダイバーが撮影に訪れる「海中スタジオ」とでもいうべき場所であったが、温暖化による影響とみられるサンゴの白化現象で、かつての豊かな珊瑚礁の海中とは程遠い感である。冬から春にかけては、近海にやって来るクジラを見学するボートが出る。

　海の大自然を満喫するのには事欠かない座間味島は、歩いてみると地上部もまた素晴らしい場所に恵まれた島である。「高月山」や「チシ」「女瀬の崎」それぞれの展望台からはスケールの大きい海と海岸風景が望める。

高月山から見た座間味島の集落と港。

阿嘉島全景。中央右が阿嘉集落、奥の島は座間味島。(OCVB)

阿嘉島 Aka-shima

所在地 沖縄県座間味村
周囲 12.3km
面積 3.80km²
人口 247人
最高所 187m（大岳）

動物物語の舞台

阿嘉島は、慶良間諸島の主島である座間味島からわずか3kmの海を隔てる島だ。阿嘉大橋の上から眺めると、箱庭の集落景観がとても美しい。面白いことに座間味村の島々は多くが南の海に向いて開けた集落である。この島も真南に慶留間島と向き合う狭い海峡部に集落を開いている。

阿嘉港に定期船が入港する

変わった岩が並ぶ「サクバルの奇岩」。（写真AC）

マリリンの恋犬、阿嘉島のシロ。（写真AC）

時まず目を奪われるのは、海の色のあまりに美しい透明なマリンブルーの色彩だろう。1980年代から本格的に始まったダイビングブーム以来、この島は座間味島と並ぶ慶良間諸島の中心的基地となり、多くのダイバーに人気がある。

1988（昭和63）年公開の映画「マリリンに逢いたい」で、阿嘉島の犬シロ（雄）が隣の座間味島のマリリン（雌）に会いたさ一心に海を渡り、逢瀬を果たすという健気な動物物語の実話の舞台として有名になった島である。

沖縄県

所在地：沖縄県座間味村　面積 1.15 ㎢
周囲 4.9 km　最高所 157 m
人口 64 人

石積みの垣根。

高良家。

慶留間島
Geruma-jima

いにしえの
慶良間の風情

　慶留間島は座間味港の南約2.5kmにあり、北端は阿嘉島との間約100mの海を挟んで阿嘉大橋が架かっている。

　座間味島や阿嘉島と違い、静かな落ち着いた集落である。慶良間諸島の中で観光で訪ねる人が一番少ない。慶良間の島々を訪れる人の多くは、海と自然などを楽しみにやって来る。が、ひところのダイビングだけ楽しんで、島内は見ないで帰ってしまうようなダイバーはあまりやって来なくなり、本来の落ち着いた島々となった。

　さすがに過疎で集落に空き家や荒れた屋敷が目立つのが残念だが、慶良間の半世紀前の集落の面影をよく残しているのがこの島といえよう。石積みの垣根もよく保全されている。

　集落には国指定重要文化財の高良家住宅がある。船頭主家と呼ばれた旧家で、沖縄ではその家を「船頭殿」という。この屋敷は19世紀後半に造られたものをそのまま残しているところが素晴らしい。大正時代までは茅ぶきだった屋根が、赤瓦屋根になっているのが少し惜しい。生活感をとどめる集落の風情が1970年代の座間味島によく似ている。

渡嘉敷島の中心地、渡嘉敷港のある渡嘉敷地区。手前の島は無人島の城島（ぐすくじま）。(OCVB)

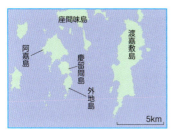

阿波連ビーチの海。ケラマブルーの先にあるのは無人島の離島（はなりじま）。

沖縄県
所在地 沖縄県渡嘉敷村
周囲 19.6km
面積 15.31km²
人口 718人
最高所 227m

渡嘉敷島
Tokashiki-jima

慶良間ブルーの神髄

　渡嘉敷島は沖縄本島那覇港の西約30kmの東シナ海にあり、天気のよい日には那覇から慶良間諸島がよく見えるが、その中で一番大きな島だ。

　琉球王朝時代には進貢船（しんこうせん）の乗組員を多く出した。渡嘉敷集落の中心地には、進貢船の船頭を務めた根元家の屋敷の石垣が残されている。

　1903（明治36）年のカツオ漁開始で渡嘉敷地区と阿波連（あはれん）地区は繁栄した。また、沖縄本島に出荷する「慶良間薪（まき）」の生産でもよく知られた。

　本土復帰後に海洋ブームが興り、この島の美しいビーチや透明度の高い海が注目された。それを背景に観光化を進め、ダイビングやクジラの見学で不動の人気の島となった。南部西海岸の阿波連ビーチは「ケラマブルー」と呼ばれる透明感のある海。海底は美しい白砂で、ダイバーたちはそこを"砂漠"と呼ぶ。

沖縄県

所在地 沖縄県南大東村　面積 30.52㎢
周囲 21.2km　最高所 75m
人口 1285人

この島の起源を物語る大地の裂け目「バリバリ岩」は聖地でもある。

島の北西部にある星野洞。ツララ石、石筍、ケープカーテンなどの鍾乳石が美しい。

南大東島
Minamidaitoh-jima

洋上を旅して来た島

　沖縄本島の東、約360kmの洋上に奇跡の島がある。南大東島というと、多くの人がニュースの天気予報で聞き覚えのある名前として気づくかもしれない。沖縄や本土に接近する台風観測を担う県内3カ所の地方気象台のひとつがあり、また全国16カ所の高層気象観測を行う重要な気象台がある島でもある。

　大東諸島は今から約6000万年前に赤道直下のパプアニューギニア沖で海底火山が噴火して、洋上に顔を出したという定説がある。生まれたてのその海底火山は浮沈を繰り返しながら、フィリピン海プレートに乗りゆっくりと移動を始める。そして4800万年という年月をかけて現在の位置まで、約3000kmの旅をしてきたのが奇跡の由縁だ。

　石灰岩の南大東島には巨大な鍾乳洞が存在する。120カ所以上あるといわれる鍾乳洞の代表が「星野洞」だ。多種多彩な鍾乳石の美しさと洞内の広さには圧倒されるだろう。

そしてまた他の陸地とは一度も接することがなかったために、この島に存在する固有の動植物も、独特なものである。

日本人が定住した島としてこの島が登場するのは120年以上前のこと。鳥島（現在東京都の無人島）でアホウドリの羽毛を取り、欧米との貿易で財を成した八丈島出身の玉置半右衛門が1900(明治33)年、22人の開拓者と共に南大東島に上陸し、アダンやビロウの原生林を切り開き苦闘の末に広大な畑を開拓したのだった。

島内のほとんどの土地はサトウキビ畑だ。主産業はそれを原料にした製糖業である。台風の被害さえ避けられれば、大規模に行うサトウキビ栽培は大きな収穫を生んだ。精糖工場へのサトウキビの運搬は、初期には蒸気機関車がサトウキビを満載した数十両の貨車

区割りに植えられた樹木。どこを見渡してもサトウキビ畑である。

サンゴ岩を削り掘って作った海水プール「海軍棒プール」。（写真 AC）

ふるさと文化センターに展示されるサトウキビ運搬鉄道の蒸気機関車。（写真 AC）

をけん引し、その後はディーゼル機関車に替わったが、1983(昭和58)年を最後に沖縄唯一だったこの産業用の運搬鉄道は、残念ながらトラック輸送に取って替わられた。

動植物では体長が20cm前後もある大型のダイトウオオコウモリ（国指定天然記念物）を筆頭にダイトウコノハズク、ダイトウメジロ、ダイトウヒヨドリ（以上4種は固有種）が生息する。海岸植物のアツバクコ（ウミグミ）はハワイと小笠原諸島と大東諸島だけの植物で、全てが個性的な島である。

沖縄県

北大東島
Kitadaitoh-jima

所在地 沖縄県北大東村　面積 11.91km²
周囲 13.5km　最高所 74m
人口 590人

沖縄本島の東約360km、隣の兄弟島である南大東島とはおよそ7km離れている。

南大東島に玉置半右衛門が入植した3年後の1903(明治36)年、玉置はこの島でサトウキビとリン鉱石の事業を興したが、リン鉱石の採掘はその後中止された。しかし現在は、当時のリン鉱山由来の文化的景観が国史跡となり、重要文化的景観にも選定された。

北大東島の国標。(写真 AC)

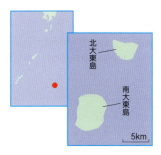

瀬長島
Senaga-jima

所在地 沖縄県豊見城市　面積 0.18km²
周囲 1.8km　最高所 33m
人口 統計なし

沖縄本島、那覇空港の南にあり、本島と約600mの海中道路でつながる。瀬長按司(豪族)が住んだといわれ、戦前までは、城(グスク)の遺構や拝所、遺跡がこの島に残されていたが、敗戦で米軍に全島が接収された。

瀬長島のウミカジテラス。(写真 AC)

沖縄返還後は娯楽施設や野球場、ボードセーリングの島として親しまれていたが、2012(平成24)年に琉球温泉瀬長島ホテルが開業し、続いて観光施設の「瀬長島ウミカジテラス」ができ、空港周辺の新たな観光地となっている。

奥武島 Oh-jima

上空から見た奥武島。(OCVB)

沖縄県
所在地 沖縄県南城市　面積 0.23km²
周囲 1.7km　最高所 16m
人口 740人

奥武島は沖縄本島南城市玉城(たまぐすく)の南岸約100mにあり、奥武橋で本島とつながっている。

橋を渡った左手の漁港周辺には、鮮魚を売る店やイカや魚を干している場所があり、海辺の魚市場という風情である。

休日には本島から、マイカーで多くの家族連れが訪れ、海産物をその場で食べられるテラス席は大いににぎわう。

島の裏側に回ると景色は一変する。そこは住宅地で、都市化の波が押し寄せている。

戦後は一時、米軍の野球場があったこともある。

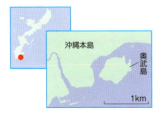

津堅島
Tsuken-jima

上空から見た津堅島全景。(OCVB)

所在地 沖縄県うるま市　面積 1.88km²
周囲 7.0km　最高所 39m
人口 377人

沖縄本島勝連半島の南東約4km、近隣の浜比嘉島と共に、この島にも琉球創世神話が伝えられる。

島の大地は一面のニンジン畑として耕作されており、県内で"津堅"といえば"ニンジン"といわれるほどよく知られている。また県内有数のモズク産地としても知られる。

津堅港から西側の海岸線を歩くと、どれもが巨大でしかも美しい「亀甲墓(きっこうばか)」が何基も並んでいる。祖先を大事に敬うことを文化として保つ沖縄の真髄のようなものを感じとれる島といえよう。

沖縄県

所在地 沖縄県南城市
周囲 8.0km
人口 191人
面積 1.36km²
最高所 17m

久高島の港と集落。(OCVB)

久高島
Kudaka-jima

伝説と神話の聖地

沖縄本島南城市知念岬の東約5kmにある。沖縄随一の聖地といわれる知念の斎場御嶽(セーファウタキ)から見て、東の太陽が昇る方向の正面に横たわる島が久高島である。琉球創世の神話の世界では久高島は本島の知念、玉城(たまぐすく)と共に神国(かみぐに)と呼ばれるところだ。

島には琉球の始祖アマミキョが降り立ったといわれ、斎場御嶽には久高遥拝所が設置されている。神との関わりが

木々に囲まれたフボー御嶽の入り口。

いろいろ伝えられるこの島は、近年ではそうした神の力があふれて気の流れがよい「パワースポット」ということで、多くの観光客が訪れる。

集落からまっすぐ北東に延びる道は、島の先端「カベール岬」に通ずる。神が最初に降り立ったといわれる場所だ。

島内は清楚で美しく、どこも神々しさにあふれる。沖縄のルーツを探る島であると共に、古き良き沖縄を色濃く残す島である。

40

浜比嘉島

Hamahiga-jima

琉球開闢の神が葬られているアマンジ。

沖縄本島勝連半島の東約4kmにあり、平安座島と架橋されている。フクギ林に囲まれて石垣の美しい浜集落と、よく掃き清められた道と赤瓦の琉球造りの家屋が建ち並ぶ比嘉、兼久の計3つの集落があり、いずれも古き良き沖縄の集落形態の面影を残している。

琉球神話では、琉球開闢の祖神アマミキョとシネリキョの2神がこの島に降り立ち、暮らし始めたと伝えられる。2神が住んだ洞窟は、現在「シルミチュー」という霊場になっている。比嘉地区の海辺のアマンジは、2神が合葬されている小島で拝所である。

所在地　沖縄県うるま市　面積　2.09km²
周囲　7.0km　最高所　79m（スガイ山）
人口　373人

沖縄県

伊計島 Ikei-jima

伊計島は沖縄本島勝連半島の北東にあり、金武湾上を海中道路で結ばれた島々の最も先にある。海中道路がなかった時代は、半島北側の屋慶名から9km、2時間の航海だった。

沖縄貝塚時代中期の集落の跡といわれる仲原遺跡が島の中央部にある。2500〜2000年前の貝塚、竪穴住居跡と集落跡をはじめとして、土器や石斧類が出土した。

美しい伊計ビーチ。（OCVB）

八重山や宮古の島々では、ひとつのビーチが雄大で美しい。沖縄本島周辺の島に雄大さを求めるのは難しいが、伊計ビーチは小さいものの美しさは決して引けを取らない。

所在地　沖縄県うるま市　面積　1.72km²
周囲　7.5km　最高所　49m
人口　253人

沖縄県

所在地　沖縄県うるま市　面積　5.44㎢
周囲　不明　最高所　116m
人口　1129人

平安座島
Henza-jima

石油貯蔵タンクが並ぶ平安座島。右は宮城島。(写真 AC)

　平安座島は沖縄本島勝連半島の北東約4kmの金武湾にあり、1972 (昭和47) 年に浅瀬だったところに造られた海中道路で、本島とつながった。
　島の面積の3分の2が、隣の宮城島との間を埋め立てて建設された石油貯蔵基地のオイルタンクで、「平安座島は石油タンクの島」というイメージが定着している。
　石油基地の敷地にかかる場所に島の重要な拝所があるため、聖地拝礼は年に数回、決められた日に行っている。

所在地　沖縄県うるま市　面積　5.54㎢
周囲　12.2km　最高所　121m
人口　657人

宮城島
Miyagi-jima

　宮城島は沖縄本島勝連半島の北東にあり、金武湾に海中道路でつながる島々の連なりの中の1島だ。
　島の北東部・上原集落には、万川（ヤンガー）と呼ぶ湧き水がある。この島は沖縄の中にあって珍しく水の豊かなところだ。万川の水は生活用水としてももちろんのこと、水田や産湯に使うのがこの島の習わしだったという。

宮城島の絶景スポット、果報バンタ。(写真 AC)

上空から見た宮城島。(写真 AC)

西側上空から見た伊江島。(写真AC)

沖縄県

所在地　沖縄県伊江村
周囲　24.4km
人口　4118人
面積　22.76km²
最高所　172m (城山)

伊江島 Ie-jima

戦争の爪跡と平和の祈り

伊江島は沖縄本島本部半島の北西約9kmの東シナ海にある。

平坦な島の真ん中に突起のように城山(ぐすくやま)がそびえている姿が印象的で、位置を確認するときに目印となる島である。城山のことを「イー(伊江の)タッチュー(とんがり山)」と沖縄の愛称で呼ぶ。

島の東側にアハシャガマという洞窟がある。ここは太平洋戦争で沖縄に進軍した米軍がこの島にも上陸し、防衛隊の自爆で150人の島びとが亡くなった「ガマ」といわれる洞窟である。他にも戦争の傷跡が

この島には数多く残る。

県内体験民泊を始めた最初の島で、進取の気性に富んでいる。島のサトウキビでラム酒造り、伊江牛のブランドを興した。5月の大型連休の頃にはリリーフィールド公園に様々なユリが咲き誇る。

リリーフィールド公園の「伊江島ゆり祭り」。(写真AC)

沖縄県

水納島 Minna-shima

所在地 沖縄県本部町
周囲 4.6km 面積 0.47km²
人口 19人 最高所 27m

珊瑚礁の海が美しい水納島。（OCVB）

水納島は、とにかく抜群に海の美しい島である。まずビーチの白砂の美しさである。純白に近く、細かいサンゴの砂と細かく砕かれた貝の砂の混ざったもので、はたくとパラリと落ちる砂である。

そして海水の透明度。浅瀬の潮だまりを泳ぐ魚たちが手に取るような透明の海に見える。

宿泊できる民宿もあるが、多くの観光客は日帰りで海水浴を楽しむ。こんな小さな島に年間6万人もやって来るというから驚く。

1890（明治23）年に島へ入植者が入り、1903（明治36）年には瀬底島から13戸が移住し、製糖事業を行い定住したといわれる。

瀬底島 Sesoko-jima

所在地 沖縄県本部町
周囲 7.3km 面積 2.99km²
人口 843人 最高所 76m

瀬底島は本部(もとぶ)半島の南西約600mにあり、橋で結ばれている。島の西側の瀬底ビーチは1kmにもわたる白砂の素晴らしい浜辺である。

この島にもリゾート開発に邁進した果てに失敗したバブル時代の遺構ともいうべき廃墟のホテルが、美しい瀬底ビーチを前にして近年まであったが、その後ゼロから新築し、2021（令和3）年に全室オーシャンビューのタイムシェア型リゾートホテルが開業した。

土帝君と呼ぶ中国が起源の農業神の拝所があり、この島の秘めた歴史を語るものである。また島内のフクギも立派なものが多く、みごとである。

1kmの砂浜が続く瀬底ビーチ。（OCVB）

古宇利島

Kouri-jima

古宇利島と屋我地島を結ぶ古宇利大橋。(写真AC)

所在地 沖縄県今帰仁村 面積 3.17㎢
周囲 7.9km 最高所 107m
人口 299人

　本部半島の運天港の北約2kmにあり、長大な古宇利大橋で屋我地島（やがじしま）と接続し、さらに沖縄本島へと結ばれている。

　国生み神話は本土に多くあるが、沖縄にも「琉球開闢（かいびゃく）七御嶽」という聖地があり、琉球の島建て神話が存在する。

古宇利島には「七森七嶽（ななむいななたき）」と呼ばれる7カ所の御嶽（拝所）がある。

　紀元前2世紀の土器などが出土した島で、沖縄の人の発祥地といわれるチグヌ浜が古宇利港のすぐそばにある。島に山はないので、一周歩いてみるのもよい。島の人々の信仰の場所、御嶽が至る場所に見られる。

屋我地島

Yagaji-shima

屋我地島のサトウキビ畑。(写真AC)

所在地 沖縄県名護市 面積 7.81㎢
周囲 16.0km 最高所 55m
人口 1256人

　沖縄本島本部半島東側の付け根、羽地（はねじ）内海にある。島全体は緩い丘になっていて、サトウキビとパイナップルの畑が広がる。

　沖縄といえば珊瑚礁のマリンブルーの海と白砂のビーチだが、羽地内海と屋我地島には干潟がある。饒平名（よへな）地区の干潟ではシギやチドリなど多くの渡り鳥が羽を休め、アジサシの仲間たちも多く飛来する場所だ。またオヒルギの群落もあり、豊かなマングローブと干潟地帯を形成している。

　屋我地大橋、ワルミ大橋、古宇利大橋と三方が架橋される島で、さぞ騒々しい交通量の多い島と思いきや、実態はとても静かで休息に向く、しかも便利な島である。

沖縄県

宮城島
Miyagi-jima

所在地 沖縄県大宜味村　面積 0.24㎢
周囲 2.8km　最高所 68m
人口 94人

中央の島が宮城島。国道58号が島の横をかすめていく。(OCVB)

宮城島は沖縄本島北部の西海岸、塩屋湾口を塞ぐようにある。現在は沖縄本島を南北に縦断する幹線国道58号が、この島の東の端を南北に通る。車で走ると瞬く間に通過してしまう小さな島である。

画家で彫刻家でもあった藤田嗣治（つぐはる）に、塩屋湾の風景を前にして「ここに雪が降れば国際的な油絵の写生地になるだろう」と言わしめたほど景色のよい場所である。

塩屋という地名からもこの一帯は塩作りの郷であったことが想像される。

野甫島 Noho-jima

所在地 沖縄県伊平屋村　面積 1.08㎢
周囲 不明　最高所 43m
人口 86人

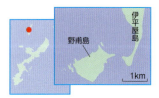

野甫島は沖縄本島最北部辺戸岬（へど）の北西約33kmにある。伊平屋島の南西端で橋長320mの野甫大橋でつながる。

野甫島には水田がなく、もっぱらサトウキビとサツマイモの栽培を行っている。

島は小さく、集落は1カ所で日常の島内は静寂が覆い、人に出会うことは滅多にない。サトウキビの収穫時期である2月、3月ともなると、至るところで人々が働く姿が見られる。

この島は水の確保に苦労してきた島である。「ウフマガー」という共同井戸が海際の丘のくぼみに残っている。

上空から見た野甫島。伊平屋島と橋で結ばれている。(OCVB)

右の先端が伊平屋島灯台と久葉山。そこから左側海岸線の白い崖付近がクマヤ洞窟。（OCVB）

沖縄県
所在地　沖縄県伊平屋村
面積　21.66km²
周囲　42.9km（野甫島含む）
最高所　294m（賀陽山）
人口　1040人

伊平屋島
Iheya-jima

最南の「天の岩戸伝説」

沖縄本島の北端辺戸岬の北西約40kmにある、沖縄県最北の島である。かつて沖縄が本土復帰する前の日本最南端の島は、鹿児島県奄美群島の与論島だった。その与論島からよく見えるのがこの伊平屋島である。沖縄本島より与論島に近い島である。

北東端の伊平屋島灯台横に

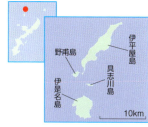

伊平屋島の稲作地帯。（写真AC）

あるのが標高104mの「久葉山（くばやま）」だ。名前のとおり神木のクバ（ビロウ）が生い茂る山。クバの密度は県内のどこよりも抜きん出ていて、風が吹くとカサカサと山全体が鳴く。

「天の岩戸伝説」の最南の地で、天照大神が隠れたと伝えられる「クマヤ洞窟」が、その久葉山の近くにある。

「天岩戸伝説」が伝わるクマヤ洞窟。巨大な岩山の中の静寂に包まれた空間である。（写真AC）

沖縄県

所在地 沖縄県伊是名村　面積 14.13 km²
周囲 16.7 km　最高所 121 m（大野山）
人口 1322 人

上空から見た伊是名島。(OCVB)

伊是名島
Izena-jima

琉球王朝のルーツ

　沖縄本島最北部辺戸岬の西約30kmにあり、伊平屋・伊是名と総称される沖縄最北部の島のひとつである。

　琉球王朝の第二尚氏始祖、尚円王の生誕地。尚円王の即位は1469年で王家は1879年まで410年間にわたって続き、安定した琉球王朝を築き上げた。この長さは徳川幕府をしのぐものであった。

　大樹となった緑鮮やかなフクギや、重厚な造りの石垣塀が取り囲む屋敷が多い集落の中を歩いたり、王の親族を葬るための墓「玉御殿」を見るにつけ、琉球王朝の始祖生誕地であるという風格を感じる。

　樹齢350年以上といわれた「ノロ殿内」のデイゴは2014（平成26）年に枯死したが、ウバメガシ、リュウキュウマツ、アダン、ガジュマルなど、沖縄を代表する植物群の樹木が見られる。

　島の北、約2.5kmにある具志川島は1970（昭和45）年まで人が住んでいた島。また南、約1.5kmにある屋那覇島も無人島だが神の島である。

尚円王の家族（左室）、親族（右室）を葬る「伊是名玉御殿」。

与論島のラグーン（リーフの内側）は波もなく透明度の高い海。

与論島 Yoron-jima

美しい珊瑚礁の島

鹿児島本土から南へ約590km、沖縄本島北端の辺戸岬からわずか21kmという距離にある隆起珊瑚礁の島である。

「与論の十五夜踊」の準備。

島には伝承される神話がある。シニグクとアマミクという2神が船に乗り与論の海を航行していたところ、船の舵が浅瀬に引っ掛かり降りてみると、珊瑚礁がみるみるうちに隆起して島になったというものだ。その隆起した場所こそ「ハジピキパンタ（舵引き丘）」というわけだ。確かにここを歩いてみるとその由縁がわかる気がする。

島の珍しい行事といえば、旧暦の3月、8月、10月に行われる国指定重要無形民俗文化財「与論の十五夜踊」だ。五穀豊穣と島中安穏を願い奉納する。二手に分かれ、片方は狂言を演じ、もう一方は奄美・琉球舞踊を奉じる。

与論島の魅力はなんといってもリーフ内のラグーン（礁湖）の美しさ。まばゆいばかりの白砂のビーチと降り注ぐ南国の太陽だろう。

鹿児島県

所在地　鹿児島県与論町
周囲　23.7km
人口　5115人
最高所　97m
面積　20.56km²

国立

昇竜洞。(おきのえらぶ島観光協会)

沖永良部島
Okinoerabu-jima

所在地 鹿児島県和泊町・知名町
面積 93.65㎢ 周囲 55.8km
最高所 240m(大山) 人口 1万1996人

薩摩半島の南西約546kmにある。冬でも温暖な気候を利用した花き栽培をはじめとする農業の島だ。

1902(明治35)年、イギリス人貿易商アイザック・バンディングによって欧米に輸出された島特産のユリが好評を博し、世界的に知られることとなった。

東洋一の鍾乳洞といわれる「昇竜洞」は1963(昭和38)年に発見され、全長3500mのうち600mが公開されている。

徳之島
Tokuno-shima

所在地 鹿児島県徳之島町・天城町・伊仙町
面積 247.85㎢ 周囲 89.2km
最高所 645m(井之川岳) 人口 2万1803人

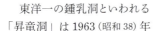

薩摩半島の南西約468kmにあり、奄美群島の中で2番目に大きい。島の緩斜面にはサトウキビ畑が広がる。

かつて、120歳ともいわれた世界最年長を記録した泉重千代翁が暮らし、その長寿の秘訣は黒糖焼酎を飲んでいたことなどが話題になった。

天城町の海岸近くに「ウンブキ(海の崖)」という壮大な海中鍾乳洞があることは知られていたが、近年その一部が探検家により明らかにされた。奄美群島で唯一、闘牛が行われる島である。

闘牛。(奄美群島観光物産協会)

与路島

Yoro-shima

先祖代々受け継がれた「サンゴの石垣」景観。(瀬戸内町水産観光課)

奄美群島加計呂麻島の南西約5kmにあり、奄美の島々では珍しく1島1集落の島。同じ大きさと形のサンゴ石を積み上げた垣根が、集落の家々を延々とつないでいて実にみごと。風避けのために作ったといわれるものだ。

平家にまつわる遺跡がいくつかあり、一説には平宗虫という人物が、大勝山の北に住んでいたともいわれる。そのほかにも流罪人牢屋跡や烽火台跡などが残る。

与路集落の約1.5km先の洋上に、真っ白い砂浜の島が見える。ハミヤ島という無人島で、その浜は別名「吹上浜」。素晴らしい砂浜である。

所在地 鹿児島県瀬戸内町 面積 9.35km² 周囲 18.4km 最高所 297m(大勝山) 人口 70人

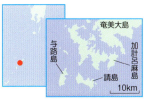

請島 Uke-shima

希少な「ウケユリ」。(瀬戸内町水産観光課)

奄美群島加計呂麻島の南西約3kmにある。島のほとんどが200〜400mの山で、わずかな平地2カ所に集落が開ける。昔から農業と畜産が行われていた島で、今日でもニンニク、ラッキョウなどを栽培し、豚や牛の飼育が盛ん。

島では当たり前にあった香りの強いユリこそ、島名が由来となった「ウケユリ(請百合)」。今では希少となり、県天然記念物に指定された。

地元名ミヨチョン岳の「大山」は、この島の最高峰。港から車道の終点(登山口)まで、徒歩で2時間ぐらいかかる。さらに山頂まではハブ対策も含めガイドが必要。ウケユリ自生地は入山申請が要る。

所在地 鹿児島県瀬戸内町 面積 13.34km² 周囲 24.8km 最高所 398m(大山) 人口 77人

鹿児島県

所在地 鹿児島県瀬戸内町　面積 77.25km²
周囲 147.5km　最高所 326m（加崎岳）
人口 1080人

大島海峡に広がるリアス海岸の加計呂麻島。

加計呂麻島
Kakeroma-jima

国立

奄美の風情と伝統芸能

　九州本土・大隅半島の南西、約350kmにあり、入り組む海岸線の大島海峡を挟んで奄美大島と向かい合う島。この島の魅力は、木々の緑と白砂のビーチとマリンブルーの海のコントラストだ。伝統的なサンゴの石垣の集落など、昔ながらの奄美風情のよいところが色濃く残る。島中央の於斎の海辺には巨大なガジュマルの森があり、また南部の諸鈍には樹齢300年を超えるというデイゴ並木がある。南国らしい木々をたどりながら島のところどころを歩けば、民俗、歴史の場所であることにも気づくだろう。

　諸鈍の大屯神社の深い木立ちの中には土俵があり、ここでは旧暦の9月9日、800年の歴史を持つ国指定重要無形民俗文化財「諸鈍シバヤ」が行われる。"シバヤ"の"シバ"とは山の雑木のことで、"ヤ"は小屋を指す。"雑木で作った小屋"で、

演者の道具置き場の「シバヤ」。

演者の男たちが準備を行い、演者は全員"カビディラ"という紙の面を着けて踊り、演じる。ホラ貝、太鼓、鐘、三味線、と指笛が境内に響く。素晴らしい芸能神事である。

諸鈍長浜のデイゴ並木。(瀬戸内町水産観光課)

ソテツの実を原料のひとつとして作る島のみそ「なりみそ」、古式製法の釜で炊いて作る「黒糖」、正月料理「三献(さんごん)」などはこの島ならではの郷土食である。

島には、海軍特設見張所、官舎、兵舎、弾薬庫、観測所など戦争遺跡なども残る。この地の戦争体験を描いた作家・島尾敏雄の文学碑も建っている。

サンゴの海。(奄美群島観光物産協会)

島の周りが147kmで、南北の縦の距離がわずか20kmということは、どれほどこの島が込み入った海岸線をしているかがわかる。1970年代にこの海岸線の海中を細かく撮影した後藤道夫という写真家がおり、その回想の中で「撮り尽くせないほど生物相の濃い海だ」と語っていた。ダイビングを楽しむには最高の海といえる。

奄美大島の市街地は本土化されてきて、昔の奄美を探すことが難しくなったが、この島にはまだ古き奄美が残る。

諸鈍シバヤの演目のひとつ「スクテングワ」。(瀬戸内町水産観光課)

鹿児島県

所在地 鹿児島県奄美市・龍郷町・瀬戸内町・大和村・宇検村 面積 712.36㎢
周囲 461.0㎞ 最高所 694m（湯湾岳）
人口 5万7511人

田中一村記念美術館。

奄美大島
Amamioh-shima

日本で佐渡島に次ぐ2番目に大きな島

笠利地区のばしゃ山村ビーチ。

大隅半島の南西約300kmの東シナ海にある。

小湊フワガネク遺跡からは古代の貝加工品が出土した。

ヒカゲヘゴが群生するジャングル「金作原（きんさくばる）」や住用（すみよう）にある「黒潮の森マングローブパーク」は、この島の自然の奥深さを物語る。国特別天然記念物「アマミノクロウサギ」も生息し、2021（令和3）年世界自然遺産に登録された。

金作原へ続くジャングル。

瀬戸内町油井の「油井の豊年踊り」、龍郷町秋名の「秋名アラセツ行事」などの五穀豊穣願いの祭りは、奄美民俗の長い歴史を物語る。孤高の

画家・田中一村の「田中一村記念美術館」や1000年以上の歴史を持つ大島紬を紹介する「奄美大島紬村」も見学できる。

百之台展望台。

喜界島 Kikai-jima

特攻隊が旅立った島

空港臨海公園近くに建つ戦没者慰霊碑。

鹿児島県

所在地　鹿児島県喜界町
周囲　500km　最高所　214m
面積　56.82km²
人口　6629人

八立

大隅半島の南西約380kmの太平洋にある。隆起珊瑚礁からなる台地状の低い島で、約12万年前に島として出現し、今日までの間に200m隆起したと考えられる。島の周りは珊瑚礁で囲まれ、一帯は裾礁(きょしょう)となっている。

島名は『日本紀略』に「貴駕島」と出ており、『海東諸国紀』には「鬼界島」とある。

サトウキビ栽培を中心とした農業が盛んな島。花良治(けらじ)ミカンやゴマの特産地としても知られる。

島の東側にはサンゴを積み上げた石垣が美しい阿伝(あでん)集落があるが、西側は赤連地区を中心に石垣はない。

太平洋戦争末期、沖縄戦に向かう襲撃機や特攻機の整備・給油のための中継地となった。島の至るところに"特攻花"と呼ばれたテンニンギクの花が今も咲く。摘んだこの花を一輪挿して、特攻隊は飛び立ったという。

鹿児島県

宝島 Takara-jima

所在地 鹿児島県十島村　面積 7.07km²
周囲 12.1km　最高所 292m（イマキラ岳）
人口 147人

荒木埼灯台付近から望むイマキラ岳。

薩摩半島の南西約270kmにあるトカラ列島最南の島。

島内から縄文時代以降の遺跡が見つかり、先史時代からあった南北交流の跡がうかがえる南海産の貝を使った貝輪が多数出土し、縄文時代に宝島で貝輪が作られていたことが確認された。

島の南端荒木崎から島の中央部にあるイマキラ岳を望む景色は雄大で素晴らしい。

1824（文政7）年、イギリス船から男たちが銃を乱射して上陸し、島の牛3頭を強奪したが、島にいた藩の役人がそのイギリス人1人を射殺する事件が起きた。この事件を機に、幕府は一層厳しい鎖国と「異国船打払令」を掲げて、外国船の締め出しを図った。

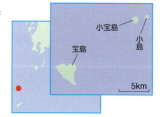

小宝島 Kodakara-jima

所在地 鹿児島県十島村　面積 1.00km²
周囲 3.2km　最高所 103m（竹之山）
人口 69人

薩摩半島の南西約250kmの東シナ海にある。奄美大島の奄美市まで約90kmで、鹿児島本土より奄美群島に近い。

港の条件が悪く、トカラ列島の島々の中で最後まで本船と港の間を「はしけ」がつないでいたが、1990（平成2）年、ついに大きな桟橋が完成し、大きなフェリーも接岸できるようになった。

神々を祀る岩や平家伝説地が随所にあり、小島であるにもかかわらず3カ所で温泉が湧く。それぞれの趣を楽しめるので人気が高い。

中西の赤立神。

諏訪之瀬島

Suwanose-jima

薩摩半島の南西約180kmにある。トカラ列島の中で最も火山活動が盛んな御岳があり、たびたび噴火活動を起こすため、火口には近づけない。活火山の荒々しい溶岩流の跡や木々が生えない山肌が、自然の脅威を感じさせる。

諏訪之瀬島、御岳。（写真AC）

『日本書紀』の中にもこの島ではないかという説の名があり、古くから人の住む島だったようである。1883（明治16）年に奄美大島の藤井富伝(とみでん)と有志が入植して島を開いた。昭和40年代から島でバンヤンと呼ばれるヒッピーが定住し、もとからの島民と共生している。

鹿児島県

所在地 鹿児島県十島村　周囲 24.5km　最高所 796m（御岳）　面積 27.61㎢　人口 78人

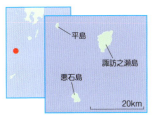

平島 Taira-jima

薩摩半島の南西約195km、東シナ海にある。島名の由来は、平家一族がここへ落ち延びて住みついたからといわれる。その伝説を裏付けるように、島内至る場所にゆかりの史跡が残っている。東之浜の突端の崖下には「平家の穴」という大きな洞窟がある他、平家落人の墓と伝えられるものもある。

南之浜港の桟橋、出港風景。

島のメイン港、南之浜港から緩斜面を上がっていくと、集落がある。辺りにはビロウの木やガジュマルが茂り、亜熱帯の原生林が広がっている。

温泉を掘り当てて、十島村の村鳥「アカヒゲ」にちなんで名付けられたあかひげ温泉も人気だ。

所在地 鹿児島県十島村　周囲 4.5km　最高所 243m（御岳）　面積 2.08㎢　人口 107人

鹿児島県

所在地　鹿児島県十島村
面積　7.49km²
周囲　8.8km
最高所　584m（御岳）
人口　90人

定期船が発着する、やすら浜港。

悪石島

Akuseki-jima

仮面神ボゼが現れる盆

　薩摩半島の南西約210km、トカラ列島のほぼ中央にある。

　北西部の御岳（584m）を筆頭に300〜400mの峰々が連なり、その裾野に平地はほとんどなく、急斜面はそのまま海へと滑り込んでいる。南東部を除いてほとんどの海岸は断崖になっている。

　島に定住が始まったのは、古代にまでさかのぼると考えられている。八幡神社所蔵の須恵器片には青磁などの中国系をはじめ北九州や薩摩、琉球など各地のものがあり、中世から近世にかけて広域の交易があったことを示している。

　1888（明治21）年に島で海難事故が起き、男性8人を失ったため奄美大島から島に婿を迎え入れたことがあった。また、1890（明治23）年には難破船の朝鮮人8人が漂着し、翌年に全員を奄美大島に送るということがあった。

　第二次世界大戦末期の1944（昭和19）年8月22日、政府の命令で沖縄から鹿児島に向かう途上の学童疎開船「対馬丸」が、悪石島沖で米軍潜水艦の攻撃を受けて沈没。子どもを含む1484人が亡くなり、生存者は227人という事件があった。船体は悪石島の北西

波が荒い七島灘にある悪石島。

沖約10km、水深871mに沈んでいることが分かっており、遺品の回収などが決まっている。上村への道路脇に対馬丸慰霊碑が建ち、8月22日には慰霊祭が行われる。

島名からは想像もつかないほど平和で静かな島。集落は2カ所で、港のそばが「浜」、内陸に「上村」地区がある。

盆行事の最終日、島びとが集う広場に、3体の恐ろしい形相をした仮面を着けた神がなだれ込んで来る。赤土に黒い筋の入った見慣れぬ模様の顔、大きな耳、丸く赤い目、真っ赤な口、ピノキオのような長い鼻が異様である。これが盆の幕引きを行う仮面神「ボゼ」である。手には枝を払った泥だらけの木の棒「ボゼマラ」を持ち、歩く先々でだれかれなく追いかけまわし、その棒で泥を付けまくる。

港の北側にはキャンプ場や砂蒸し風呂が楽しめる場所があり、波打ち際には湧き出す海中温泉、そして温泉施設のある湯泊温泉があり、ゆっくり数日過ごしたい。

祖先を供養する「水まつり」。

盆行事の最終日に現れるボゼ。

鹿児島県

中之島
Nakano-shima

所在地 鹿児島県十島村　面積 34.42km²
周囲 28.0km　最高所 979m（御岳）
人口 146人

薩摩半島の南西約160km、トカラ列島の主島である。

今なお噴煙を上げ続ける御岳（別名「トカラ富士」）が島の北側半分を占めており、南側の400〜500mの山々との間に平地部が広がる。

トカラ列島のどの島も、港近辺に集落がなく、かなり離れて風を避けた場所に家々があるのが普通だが、この島は中之島港の前にある。「西地

トカラウマの牧場。

区」が平家落人の子孫といわれる人々の集落で、「東地区」は奄美大島から開拓に入った人々が暮らす集落である。

小型の在来馬「トカラウマ」（県指定天然記念物）が島内で10頭前後飼育されている。

口之島
Kuchino-shima

所在地 鹿児島県十島村　面積 13.33km²
周囲 13.3km　最高所 628m（前岳）
人口 103人

薩摩半島の南西約150km、九州本土寄りに位置するトカラ列島の1島である。島の周囲は北上する黒潮が流れる。

終戦後の混乱期、密貿易を行う場所として利用されたこと

純血種黒毛和牛の野生牛。（十島村）

があった。鹿児島本土と奄美諸島からの闇売買船が来て、様々な物品の売買や物々交換をする場所として栄えていたときがあった。

1959（昭和34）年まで電気のない暮らしをする絶海の島だったが、現在はセランマ温泉などの保養施設もできた。美しいタモトユリが咲き誇り、50頭以上の野生牛がいる。

竹島 Take-shima

洋上から見る竹島全景。

鹿児島県
所在地 鹿児島県三島村
周囲 12.8km
面積 4.22㎢
最高所 220m（マゴメ山）
人口 72人

大隅半島の南西約31kmの東シナ海にある。近海は黒潮洗う荒波の海域で知られる。

日本ジオパークの「三島村・鬼界カルデラジオパーク」で、海中に沈む巨大な鬼界カルデラの外輪山の北縁部にあたる。

遣唐使の時代には、遭難した遣唐使船から5人が、この島に漂着したといわれる。

全島が竹に覆われる緑濃き島である。島の特産である「大名竹」のタケノコは細くて柔らかく、その香りの良さから料理人にも好まれる。5月になると旬を迎え、島びと全員で山に分け入り、タケノコ採りを行う。釣りを楽しむ人たちも多く訪れる。

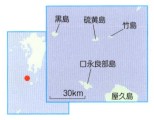

黒島 Kuro-shima

所在地 鹿児島県三島村
周囲 20.1km
面積 15.39㎢
最高所 620m（櫓岳）
人口 194人

薩摩半島枕崎市の南西約55kmの東シナ海にある。

アコウやガジュマル、イタジイ、タブノキなどの樹叢は、人の手が入っていないだけに素晴らしい。海岸部から山頂部までの照葉樹を中心とした森林植物群落と、海岸からの植生の垂直分布もみごとだ。トカラ列島を源流とする植物から南方系の植物までが混在

大里集落。

する独特の森林植物群落が2011（平成23）年、国天然記念物に指定された。

大里地区では400年もの伝統をもつ五穀豊穣の行事「黒島面踊り」が行われる。

第二次世界大戦時、沖縄に出撃する戦艦大和の最後の姿を見送った島といわれる。

鹿児島県

所在地 鹿児島県三島村 面積 11.62㎢
周囲 19.1km 最高所 704m（硫黄岳）
人口 139人

常に噴煙を上げ続ける硫黄岳。

硫黄島 Ioh-jima

俊寛が流された島

大隅半島の南西約40kmの東シナ海にある。硫黄岳は現在も活発な火山活動が続く。定期船の入港時に見る海面の色は、海底から湧く鉄分を含む温泉が海水と反応し、茶色に変色していて誰もが驚く。

『平家物語』では鹿ケ谷の陰謀により俊寛僧都が流された鬼界ヶ島がここだと伝えられる。それにちなみ、日本初の島での野外歌舞伎が1996（平成8）年と2011（平成23）年の2度にわたり行われ、故・中村勘三郎により「俊寛」が演じられた。

旧暦8月1、2日に行われる「八朔太鼓踊り」は五穀豊穣、無病息災の祭りで熊野神社に奉納される。"面殿"という大きな耳をもつ奇っ怪な仮面神が登場して人を追いかけ回し、悪魔払いをする。

八朔太鼓踊りの面殿。

口永良部島

Kuchinoerabu-jima

活発な活火山と天然温泉

鹿児島県
所在地 鹿児島県屋久島町
面積 35.81km²
周囲 49.7km
最高所 657m（古岳）
人口 93人

屋久島・永田岬の北西約12km、鹿児島市の南西約125kmの東シナ海にある大隅諸島の1島。西日本火山帯（霧島火山帯）の中の火山島で、西側に古い火山の番屋ヶ峰、東側には活火山の古岳（657m）と新岳（626m）がある。

口永良部島の火山活動がいつ始まったかはっきりしないが、記録に残る最古の噴火は1841（天保12）年で、新岳の噴火で村落が焼失したとある。近年の大噴火は2015（平成27）年5月29日で、新岳が約1万mまで噴煙を上げるマグマ水蒸気噴火を起こし、火

新岳の大噴火。（口永良部島観光サイト）

砕流が居住区である向江浜海岸まで達した。そのため全住民と外来者の計137人余りは屋久島に避難し、全島避難が解除されるまで、1年1カ月かかった。

島内には本村温泉、西之湯温泉、湯向温泉、寝待温泉の4カ所の温泉施設があるが、2025（令和7）年1月現在、改修工事などが行われているため、利用には確認が必要である。

本村温泉。（屋久島町）

鹿児島県

所在地 鹿児島県屋久島町
面積 540.48km²
周囲 126.7km
最高所 1936m（宮之浦岳）
人口 1万1765人

白谷雲水峡にある太鼓岩。

国立八
世界遺産
100

屋久島 Yaku-shima

洋上アルプスと縄文杉

　大隅半島先端・佐多岬の南約60kmにある大隅諸島の1島。黒潮の流れに囲まれ、全島が山岳地帯である。

　九州最高峰の宮之浦岳を筆頭に1000mを超える30もの山々が連なり、海面から蒸発した水分をたっぷりと含んだ雲が山にぶつかり、大量の雨を降らせる。黒潮の影響で海岸部では亜熱帯植物が繁茂する一方、山頂付近は亜寒帯の植物相という顕著な垂直分布により、屋久島は「洋上アルプス」ともいわれる。

展望台から見る、威厳のある縄文杉。

　縄文杉を筆頭として、1千年以上を経た屋久杉と呼ばれる天然杉が生い茂る山がある。その自然杉の素晴らしさと自然環境全体が推挙され、1993（平成5）年に世界自然遺産に登録された。確かにこの

白谷雲水峡。(写真 AC)

ウィルソン株の中から空を見上げる。

島のハイライトは縄文杉までのトレッキングといってもよい。行程途上で「ウィルソン株」にも出会えるなど、トロッコ軌道の上を往復10時間ほどかけて見に行く価値は十分にある。しかし、屋久杉はここだけではない。「ヤクスギランド」や「白谷雲水峡」はずっと標高の低い場所にあって、原生林のハイキングが楽しめる。

ヤクシマシャクナゲは5～6月に咲く。山中に咲くシャクナゲが一番だが、3500本も咲く

平内海中温泉。(写真 AC)

「石楠花の森公園」の花は豪快で美しい。天然温泉が数カ所にあってどこも良いが、海際にあり海水で湯加減をみながら入る平内海中温泉は野趣あふれている。

鹿児島県

所在地 鹿児島県西之表市・中種子町・南種子町　面積 444.30㎢
周囲 169.6km　最高所 282m
人口 2万7690人

遠浅で雄大な浜田海岸。

種子島
Tanega-shima

サツマイモ発祥の地

　大隅半島先端の佐多岬から南東約45kmにあり、屋久島に次ぐ7番目に大きな島である。

　ポルトガル人が漂着して鉄砲を日本に伝えた最初の場所として知られる。火薬、はさみ、タバコなども伝えられ、サツマイモ（甘藷）は江戸時代にこの島で栽培されたのが始まりとされる。現在も芋焼酎製造に使うサツマイモを栽培している。

　島の基幹産業は農業と漁業で、サツマイモの他、稲作、サトウキビ、ポンカン、パッションフルーツ作りなどが盛ん。

　「移住の島」といわれ、1883（明治16）年に虫害、1884（明治17）年と翌年は台風の被害を負った甑島からの移住に始まり、与論島や喜界島の奄美群島や沖縄、香川からも移住者があった。野木ノ平地区の大みそか行事「トシドン」は、甑島の移住者によって伝えられた。

　ロケット発射場と種子島宇宙センターがある南種子町には、宇宙科学技術館があるほか、宇宙センターを見渡せるロケットの丘展望所や宇宙ヶ丘公園などがある。

種子島宇宙センター。（写真AC）

九州

◆ 鹿児島県
◆ 熊本県
◆ 長崎県
◆ 佐賀県
◆ 大分県
◆ 宮崎県
◆ 福岡県

鹿児島県

所在地 鹿児島県薩摩川内市 面積 65.56㎢
周囲 84.8km 最高所 604m（尾岳）
人口 1935人

年越し行事「トシドン」。(K.P.V.B)

下甑島
Shimokoshiki-shima

子の成長を願う「トシドン」

　串木野新港の西約50kmにあり、甑島列島の中では最も本土から離れている。

　弥生土器や須恵器が発掘されるなど島の歴史は古い。古文書には遣唐使船の中継港であったことが記され、江戸時代以降は島津氏の下、薩摩藩による南蛮貿易の基地にもなった。

　西海岸の断崖下には奇岩「ナポレオン岩」が迫力を見せる。

海食断崖の鹿島断崖。(K.P.V.B)

　下甑島にはここだけに残る珍しい年越し行事「トシドン」が今も受け継がれている。トシドンとは歳神様で、大みそかの晩に蓑を体にまとい、長い鼻の恐ろしい形相で首なし馬にまたがり、悪い子供を懲らしめにやって来る。

　秋田県男鹿半島に伝わるナマハゲによく似た行事で、子どもに1年間のいたずらなどを反省させて、来年良い子になることを約束させる。子の躾と成長を願う年越し行事でもある。

西海岸にそびえる「ナポレオン岩」。(K.P.V.B)

4kmあまりも続く「長目の浜」。

鹿児島県

所在地　鹿児島県薩摩川内市　面積　44.20㎢
周囲　81.1km　最高所　423m（遠目木山）
人口　1862人

上甑島

Kamikoshiki-shima

大きなトンボロと大岩の御神体

甑大明神。大岩が御神体。

　串木野新港から35kmにあり、甑島列島3島の中の1島で、最も本土に近い。

　"甑（こしき）"とは古語で、今でいう蒸し器の"せいろ"にあたる。島の名前はその甑に似た形の岩があることに由来する。上甑島と中甑島の間に架かる甑大明神橋のたもとにその「甑岩」があり、「甑大明神」が祀られている。ご神体は甑の形をした岩そのもので、航海安全の神として崇められている。

　この島の中心地である港と集落がある場所は陸地と島が砂州でつながったトンボロ（陸繋島（りくけいとう））と呼ばれる地形で、国内最大規模ともいわれる。

　さらにもうひとつの絶景が「長目の浜（ながめのはま）」だ。島の縁取りを残して、その内側に池や沼地がある。島から削られて出た砂礫などが海流や風などで島の周りに集まり、長い年月をかけて島の外縁部に堆積してつくられた自然の造形美だ。

　4km近く続く海岸線と湖沼が描く海の風景は、縁取られた白い海岸線まで迫り、また山に遮られながら視界の中に延びていく景観は、日本三景の天橋立ともまた違った趣を見せる。

港と集落のある大きなトンボロ。

鹿児島県

中甑島
Nakakoshiki-shima

所在地 鹿児島県薩摩川内市　面積 7.28㎢
周囲 17.4km　最高所 296m（帽子山）
人口 186人

下甑島の鳥ノ巣山展望所から見た中甑島。（薩摩川内市）

串木野新港の西、約40kmにあり、甑島列島3島の中の1島。甑島列島はカノコユリの自生地で、中甑島でも夏にはたくさんの花が咲き誇る。上甑島とは無人島の中島を通じて甑大明神橋でつながり、下甑島とは2020（令和2）年に開通した甑大橋で結ばれ、陸路で3島の行き来ができるようになった。

島の中心は平良漁港で天然の入り江を生かした港である。昔は避難港としての役割も備え、海産物の取引で栄えた。

新島 Shin-jima

所在地 鹿児島県鹿児島市　面積 0.13㎢
周囲 不明　最高所 43m
人口 2人

桜島の北東、約1.5kmの錦江湾にあり、桜島が1780（安永9）年に噴火した際、海底が隆起してできた島といわれる。別名「燃島」という。

波穏やかな湾内にある島で、豊かな海がひかえていた

ため戦後は250人もの人が暮らしていた。しかし火山灰や軽石の細粒であるシラス層からできている島なので土質はもろく、波で削れて小さくなりつつある。

新島（手前）と桜島。（K.P.V.B）

桂島 Katsura-jima

　出水市蕨島地区の北約3km
の八代海にある。島の始まり
は江戸時代。天草から入植し
た3世帯がこの島の基礎をつ
くったと伝えられ、チリメンジャ
コ漁などを中心とする漁業の

漁船が数隻泊まる桂島漁港。

島である。定期船がなく、島
びとが自分の船で本土間を行
き来する。小さな島に数世帯
がひと家族で暮らしを立てる、
いわば共同体である。

鹿児島県

所在地　鹿児島県出水市
周囲　2.7km　最高所　55m
面積　0.33㎢
人口　12人

長島 Naga-Shima

　天草下島の南、八代海を囲
むように位置し、300mほどの
海峡部が橋で結ばれていて、
本土と陸続き。温暖な気候に
恵まれ、昔から柑橘栽培が盛
んだった。

上空から見た長島。(K.P.V.B)

　ここは温州ミカン発祥地と
いわれる。温州は中国浙江省
にある町で、中国から薩摩に
伝えられたミカンが、明治時
代に温州ミカンとしてここに定
着した。

　山の斜面にはミカン畑が広
がり、リアス海岸の入り江は
格好の釣り場となっている。

所在地　鹿児島県長島町
周囲　660km　最高所　402m（矢岳）
面積　90.66㎢
人口　8442人

鹿児島県

伊唐島 Ikara-jima

所在地 鹿児島県長島町 面積 3.71km² 周囲 18.0km 最高所 103m 人口 247人

　長島の北東部にくっつくようにある小さな島で、その北側には獅子島が迫る。八代海の多島の1島である。

　小さなフェリーボートが伊唐島と長島・宮ノ浦港間を結んでいたが、1996(平成8)年に

針尾公園から見た伊唐島。(長島町)

伊唐大橋が架かり本土と陸伝いに結ばれた。

　タイやブリの養殖など沿岸漁業はもともと盛んだが、耕作地にも恵まれて農業や畜産に就く人も多い。宿泊施設はないが、陸路で訪ねることができるので、1日のんびりと田舎を満喫するのもよいだろう。

諸浦島

Syoura-jima

所在地 鹿児島県長島町 面積 3.87km² 周囲 22.0km 最高所 104m 人口 369人

　長島の北端に約70mの瀬戸を挟んである。長島との間には乳之瀬橋が架かり、陸伝いに行き来できるようになった。波静かな八代海にあって、島全体に繁茂する天然木の山林や深い入り江が美しい。

　昭和40年代からこの静かな海面を生かした養殖漁業が盛んになり、タイ、ハマチなどが出荷されている。高台を通る島内道路を散策すると、

アオサの養殖も行われている。(長島町)

海面養殖漁業が盛んなことが、島の周囲のイケスが浮かぶ景観でよくわかる。

　山と丘陵が織りなす変化の多い地形で、そこは白亜紀上層と古第三紀層の地層といわれる。

鹿児島県 / 熊本県

獅子島 Shishi-jima

所在地　鹿児島県長島町
周囲　36.5km
面積　17.06㎢
人口　647人
最高所　393m（七郎山）

　熊本県境をまたいで天草諸島御所浦島と地層がつながり、この島は約1億年前の後期白亜紀の御所浦層群に含まれ、多くの古生物の化石が発見されている。

　2004（平成16）年に南西部の幣串地区の海岸部で発見された化石は、体長6mもある海の大型首長竜の一種、エラスモサウルスのものと判定された。アンモナイトなどの化石も出土している。

首長竜の化石のモニュメント。（写真 AC）

通詞島 Tsuhji-shima

所在地　熊本県天草市
周囲　3.9km
面積　0.06㎢
人口　495人
最高所　45m

　天草下島の北部と通詞大橋でつながる架橋島で、海原の先は長崎県の島原半島だ。
　通詞とは鎖国時代の公の通訳者のことであるが、一説には中世にこの島に江戸時代より昔、南蛮貿易の通訳者が住んでいたところから、この名が付いたともいわれる。
　東西に細長い平坦な島は島全体がテーマパークのようで、塩作り、草木の観賞などいろいろと楽しめる。沖にはイルカのすむ海域があり、「イルカに会える島」として全国的によく知られている。

上空から見た通詞島。（写真 AC）

熊本県

所在地 熊本県天草市・苓北町　面積 574.98km²
周囲 301.2km　最高所 538m（天竺）
人口 6万5937人

羊角湾から見た集落と﨑津天主堂。

天草下島 Amakusashimo-shima

与謝野鉄幹ら
若き作家が旅した島

　天草諸島最大の島で、天草上島と天草下島の間の"本渡の瀬戸"には「天草瀬戸大橋」が架かる。島の北西部が苓北町、その他の大部分が天草市となっている。

　江戸時代に天領となり、天草・島原の乱に決起したキリシタンの多くはこの島の人々だった。西海岸の大江地区には「大江天主堂」、波の静かな羊角湾には「﨑津天主堂」と天草を代表する教会がどっしりと構え、キリシタンの墓が点在する。

　この島の西海岸には美しい光景が広がり、どこから見て

名前も形もユーモラスな「おっぱい岩」。

も夕景が素晴らしい。夕日を追いかけながら高台へと上がれば、キリシタン墓地などを見つけ、その絶景にただただ心打たれる。特に天気のよい休日には、多くの写真マニアが、美しい夕日を求めてやって来る。片や島の東側は、内海の島々の風景が広がる。

　北部西沿岸の苓北町にあるおっぱい岩は有名な観光名所

で、その名前も形もユニークだ。満潮時には近付けないものの、干潮時に近寄ってみると、本当におっぱいの形をした岩が現れる。火山活動の途上でできた溶岩系の岩のようだ。必見、そして一見の価値がある。温泉のある島としても知られ、志岐、下田、牛深、河浦、碇石などの随所に温泉施設がある。

1907(明治40)年夏、与謝野鉄幹がまだ学生時代に、木下杢太郎、北原白秋、平野萬里、吉井勇と共に、佐世保、長崎

国指定重要文化財の祇園橋。石造桁橋としては国内最大級で、全国的にも珍しい多脚式。

五足の靴文学碑。

を回り、茂木港から天草を旅した。若き作家たちの感性を刺激した旅の様子はその後、匿名で東京二六新聞に紀行文「五足の靴」として発表された。西九州のキリシタン文化と南蛮文化が広く伝えられ、その後、キリシタンをテーマとした作品を生む契機にもなった。

キリシタンの歴史については、天草市本渡地区にある「天草キリシタン館」で資料が展示されている。また、島原・天草一揆で使用された武器や、国指定重要文化財「天草四郎陣中旗」の実物を見ることもできる(年4回のみ)。

熊本県

下須島 Gesu-shima

所在地 熊本県天草市　面積 4.5km²
周囲 34.2km　最高所 129m(金比羅山)
人口 850人

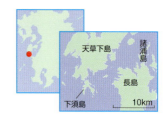

天草下島南端の牛深港を挟んで対岸にある。石炭を産出した時代もあったが、1965(昭和40)年に閉山した。

南向きに湾口を広げる砂月浦は素晴らしい白砂のビーチで、夏には多くの人々が訪れる。

下須島という島名より牛深という地名のほうが、一般的によく通じる。「牛深ハイヤ節」という日本の代表的なハイヤ節元祖の地として知られているからだ。

1970(昭和45)年に、この島の南部の海中が日本初の海中公園(現在は牛深海域公園)に選定された。

海底炭鉱・烏帽子坑の廃坑跡。

横島 Yoko-shima

所在地 熊本県天草市　面積 0.83km²
周囲 5.0km　最高所 108m
人口 1人

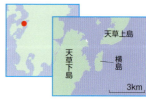

天草下島の中心地である本渡地区と水俣など九州本土とを結ぶ船が通る航路横にある。天草下島の対岸からわずか300mの距離。

果樹栽培の農業は盛んで、地の利を生かしてかつては海運で栄えたが、なりわいとしての漁業は昔からほとんど行われていなかった。

現在はわずかな世帯が自家消費程度の農業と漁業を行って生活している。静かでのどかだが、島内に子どもはおらず、定期船も商店もない。

横島の全景。(百島純)

熊本県

所在地 熊本県上天草市・天草市
面積 225.95㎢
周囲 不明
最高所 682m(倉岳)
人口 2万3772人

棚底地区は倉岳(682m)からの季節風が冬は厳しい。それ以外は平穏な土地。

道路脇の至るところにある看板。

天草上島
Amakusakami-shima

天草の南蛮文化を伝承

　八代市(やつしろ)の西に位置し、東は八代海、西は島原湾に面している。八代海沖約13㎞にある天草諸島の1島で、宇土(うと)半島から天草五橋を渡りながら陸路で行くことができる。

　16世紀のキリスト教の伝来と共に南蛮文化が興った島でもある。1637(寛永14)年の天草・島原の乱で決起したキリシタンの多くはこの島の人々だった。その後幕府の天領として明治維新を迎えたが、その中でも潜伏キリシタンとして信仰を守り続けた人々もいた。

　南部の海岸線に沿って走ると、深く切れ込んだ湾の奥に棚底という農村集落がある。ここでは立派な石垣が城壁のように続く景観が見られる。

　天草五橋が一望できる国指定名勝の「千巌山」は見晴らしがよく、島の西側海岸線は特産のタコにちなみ「たこ街道」と呼ばれる。

冬の強烈な風を防ぐ強力な石垣。

熊本県

所在地　熊本県天草市
周囲　5.3km　面積　1.14㎢
人口　512人　最高所　197m（弁慶岳）

横浦島
Yokoura-jima

横浦漁港と集落遠景。（御所浦北地区振興会）

　御所浦島の北約1.2km、天草上島の南端から1kmの八代海にある。急斜面の弁慶岳の裾野と海岸部のわずかな平地に2カ所の集落がある。この島では巨大な竹籠を船いっぱいに積んだ光景が見られ、国土交通省の「島の宝100景」にも選出されている。
　籠船と呼ばれるこの船に載せる籠は、カツオの一本釣り漁の際に生餌として使うイワシを入れて海に浸けておくためのいけす。
　この籠はイワシ籠といい、ひとつの大きさは長さ4.4m×幅2.6m×高さ2.6mで、重さは約700kg、籠ひとつ手作業で作るのに、竹を約24本も使う。

国立

所在地　熊本県上天草市
周囲　12.2km　面積　3.45㎢
人口　973人　最高所　233m

樋島 Hino-shima

　天草上島の南東端、和田の鼻沖500mにある。1972（昭和47）年に樋島大橋が架かり、天草上島と陸続きになった。
　この島には、弘法大師の投げ筆伝説も伝わる。大師はこの島の南端にあった岩に書いたお経に点を打ち忘れたことに気づき、船を戻して船上から筆を投げ、点を打ったという。
　周辺9カ村を統括した藤田家は、この島で206年間も続いた大庄屋。その跡は今も残

大庄屋・藤田家跡。（藤枝義信）

り、キリシタン禁制や百姓一揆などの事件を扱った古文書や、当時の貴重な資料も保存されている。

御所浦島
Gosyoura-jima

熊本県
所在地　熊本県天草市
面積　12.54㎢
周囲　25.7km
最高所　442m（烏峠）
人口　1539人

天草上島の南東5km、島々に囲まれた穏やかな八代海の中にある。島名は、景行天皇（第12代天皇）が九州を巡幸の際、行在所が置かれたところから名付けられたと伝えられる。

1997（平成9）年、1億年前の白亜紀中期の御所浦層群から国内最大級の肉食・草食恐竜の化石が発見され、恐竜ファンにとっては聖地ともいえる島

恐竜マニアが全国から集まる。（天草宝島観光協会）

になった。

その化石を紹介する拠点施設が2024（令和6）年、「御所浦恐竜の島博物館」としてリニューアルオープン。そのすぐそばには花岡山化石採集場もあって、化石層を見学できる。

牧島 Maki-shima

所在地　熊本県天草市
面積　5.59㎢
周囲　24.8km
最高所　181m（長尾峠）
人口　267人

御所浦島の北西約500mの八代海を挟んで、御所浦島と中瀬戸橋でつながる。リアス海岸に囲まれた島で、御所浦島同様、ここの地層からも大昔の大型哺乳類の化石などが

アンモナイトの化石。（天草市御所浦支所）

発見されている。約8500万年前の地層に入ったままの状態のアンモナイトが展示される建物「アンモナイト館」がある。

自転車などを使って集落を訪ね歩いてみるのも楽しい。源平の落人伝説にまつわる史跡なども残っている。

熊本県

所在地 熊本県上天草市　面積 0.43㎢
周囲 3.8km　最高所 62m
人口 102人

前島
Mae-jima

巨大なドーナツ形の「シードーナツ海中水族館」。(上天草市)

　天草上島の北、178mの松島橋と510mの前島橋の間に位置する。天草諸島の1島である。

　周辺の小島と共にリアス海岸の風光の美しさを探勝できる場所として名高い。観光地天草諸島の宿泊施設が多く建つ島として知られ、天草めぐりの拠点にする観光客が、夏を中心に多数訪れる。

　天草パールセンターが2021(令和3)年にリニューアルし、真珠専門店などが並ぶ複合施設「天草パールガーデン&海中水族館シードーナツ」となった。水族館ではイルカウォッチングなども人気がある。

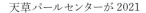

所在地 熊本県上天草市　面積 0.21㎢
周囲 2.4km　最高所 43m
人口 4人

中島　Naka-jima

　前島の北側300mにある天草諸島の1島。43mの小高い丘から島全体に生い茂る森が美しい。

　昭和40年代に一時無人化したこともあったが、現在はクルマエビの養殖を営む人々が生活している。小さい島ながら、年間生産量10トンを超えるクルマエビの養殖や、島の周りの海面に養殖いかだが並ぶ様には、活気を感じる。

　周囲の海には天草松島と呼

前島から見た中島。(写真AC)

ばれる多島海の風景が広がり、この島の北西側には多くの無人島が点在する。特に夕景時には素晴らしい島々の景観が見られる。

永浦島

Nagaura-jima

大矢野島と橋でつながり、天草上島まで陸路で行ける。橋が架かる前には漁業を中心に耕作など農業も盛んな島だったが、1966（昭和41）年に天草五橋が開通してから、温泉と食を生かした観光業へと転換した。

中の橋上空から見下ろす永浦島。（写真 AC）

熊本県

所在地　熊本県上天草市　面積 0.79km²
周囲　8.4km　最高所　41m
人口　143人

遊漁船を出して波静かな島の周りで釣りを楽しむのもよいだろう。

何よりも多島海の風景がこの島の一番の財産で、それを知って活魚料理と温泉を求めてやって来る人が多い。

樋合島　Hiai-jima

大矢野島、永浦島を経て永浦橋でつながる、天草諸島の1島である。天草の中で最も小島が点在するところで、天草松島とも呼ばれる。さながら「西日本の松島」かのような多島美を見せてくれる。

この島も架橋で本土とつながったことで、陸伝いに観光客が押し寄せて、漁業に頼る

観光業にシフトした樋合島。（上天草市）

所在地　熊本県上天草市　面積 0.79km²
周囲　5.0km　最高所　43m
人口　179人

島から観光関連のサービス業などにシフトした。海辺散策を楽しむ快適な遊歩道などが整備され、天草の箱庭的な風光が楽しめる島として知られる。

漁港越しに見える無人島の高杢島（たかもく）は天草富士という異名をもち、美しい形をしている。

熊本県

所在地 熊本県上天草市　面積 0.52㎢
周囲 4.0km　最高所 104m
人口 261人

湯島 Yu-shima

天草四郎の「談合島」

　大矢野島の北西約5km、島原半島の南東約6km、天草と島原を結ぶ有明海のほぼ中央にある、天草諸島に属する島。島の大部分が玄武岩でできた海食台地で、約100万年前の浅い海に堆積した湯島層も見られる。

　島の西端には1916（大正5）年に初点灯した湯島灯台があり、2016（平成28）年に「恋する灯台」（日本ロマンチスト協会・日本財団によるプロジェクト）に認定された。

　1637（寛永14）年に起きた天草・島原の乱の指導者・天草四郎時貞らがこの島で密かに談合したという言い伝えがあり、別の名を「談合島」と言い、その名残を残す史跡も見られる。当時、密かに武器を製造した際に使用したものといわれる「鍛冶水盤」が諏訪神社境内に残されている。また、番人を置いて船の監視にあたらせた遠見塚の跡や、徳富蘇峰の揮毫による談合嶋之碑などがある。

上空から見た湯島。（上天草市）

湯島灯台。（上天草市）

武器造りに使ったとされる鍛冶水盤。

　200匹を超えるネコが住む「猫の島」として知られ、記念写真スポット「湯島猫神像」や「ねころびカフェ」などがある。島内随所にある推定樹齢300年ともいうアコウの巨樹は必見。

野釜島

Nogama-jima

大矢野島と野釜大橋でつながる天草諸島ののどかな島。本土と陸伝いに行き来できる。島の周りにはこの島の漁船が多く行き交い、漁業の活気が満ちあふれている。

集落前に広がる野釜漁港。

雲仙普賢岳と島原半島全体が見渡せる景色がよい島だ。夏のビーチは熊本市街地から、多くの人が車でやって来る。旅館と民宿とキャンプ場の島という印象で、静かで自然のあふれる環境で、野外遊びが楽しめる。

所在地　熊本県上天草市　面積　0.32㎢
周囲　3.8km　最高所　89m
人口　252人

維和島 Iwa-jima

宇土半島の先端、三角港の南約2.5kmの八代海にある橋の架かる島。古い地図帳などには「千束蔵々島（せんぞくぞうぞうじま）」で記載されている。千束と蔵々という2つの漁港集落を併せた島名だった。蔵々地区は天草四郎の母の里との説もあり、四郎時貞が生まれた1621（元和7）年に掘ったとされる古い井戸が現存する。

健康坂と維和桜・花公園の分岐点。

千束と蔵々地区を結ぶ峠道を歩くと、島の中央部に維和桜・花公園がある。ここには尋常高等小学校跡があり、春はサクラが満開となりにぎわう。古墳時代の遺跡も残り、歴史と文化が感じられる島だ。

所在地　熊本県上天草市　面積　6.55㎢
周囲　17.2km　最高所　167m（高山）
人口　1083人

熊本県

戸馳島
Tobase-jima

所在地　熊本県宇城市　面積　6.95㎢
周囲　16.5km　最高所　77m
人口　1103人

戸馳大橋で本土とつながる戸馳島（左）。（写真AC）

　宇土半島の先端から300m沖の八代湾にある島だったが、戸馳大橋が架かり、九州本土と陸続きになった。陸路で天草の島々を訪ねる時に、立ち寄って歩いてみるのもいい。江戸時代には塩田として栄え、現在は農業が盛んとなり、洋ランや柑橘類の栽培が行われている。草花を探勝する島としても知られる。

　八代海は昔から不知火海とも呼ばれてきた。不知火とは、旧暦8月初日に海上に現れる正体不明の怪火のこと。その火は遠くの海に、一列におびただしい数が並ぶ。

　戸馳島の周囲の海にも不知火が現れる。夏の海風が止まった新月の晩、その火は海面上に現れる。

大矢野島
Ohyano-jima

所在地　熊本県上天草市　面積　30.2㎢
周囲　55.4km　最高所　229m（飛岳）
人口　1万1090人

国立

　宇土半島の先端から502mの天門橋で渡れる。

　この島は天草四郎時貞のふるさととされる。1637（寛永14）年の島原・天草の乱は、島原と天草で連動して起きた大きな反乱で、天草四郎は16歳にしてそれを先導した首謀者のひとりだった。

　キリシタンと農民という幕府の圧政に置かれた人々の反乱は惨敗、四郎時貞は討ち取ら

天草四郎ミュージアム。

れ、農民とキリシタンは壊滅し、生き残りの中には潜伏キリシタンになった者もいた。

赤島 Aka-shima

所在地　長崎県五島市
周囲　5.6km
面積　0.51㎢
最高所　54m
人口　10人

集落に残る立派な石垣塀。

　五島市福江港の南東、約13kmにある、五島列島の1島。江戸中期に泉州佐野浦（大阪府泉佐野市）の漁民が、この地に移住したと伝えられる。イワシをはじめとする魚類が豊富で、漁獲にも恵まれ豊かな島だったといわれる。明治から昭和初期にかけては、カツオ漁業で活況を呈し、その最盛期には小さな島ながら460余りの人口を数えた。

　集落はまばらになってしまったが、立派な石積みの塀が、往時の繁栄を物語っている。

黄島 Ou-shima

所在地　長崎県五島市
周囲　6.5km
面積　1.39㎢
最高所　92m（番岳）
人口　32人

北東部にある集落と砂嘴に築かれた天然の良港。（永冶克行）

　福江港の南東約18kmにある火山島。

　港から緩やかな上り坂に沿って集落があり、その先が噴火口をもつ番岳だ。その火山の溶岩に黄色く変化したものもあるところから、黄島という名が付いたともいわれる。海岸部にそのような岩の一部も見受けられる。

　泊遺跡から縄文時代の土器片、黒曜石の石器が発掘され、古くから九州北部とつながりがあったことがわかっている。江戸時代には、生月島の益富又左衛門がこの島で近海捕鯨を始め、捕鯨基地のひとつとして大いに栄えたといわれている。

長崎県

所在地 長崎県五島市　面積 326.31km²　周囲 320.3km　最高所 461m（父ヶ岳）　人口 3万1945人

深い入り江にある水之浦集落の景観。

福江島 Fukue-jima

伝統行事を守る五島列島の主島

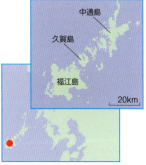

長崎港の西、約100kmにある五島列島の主島である。古くから遣唐使の風待ち港、寄港地として、重要な役割を担った。『古事記』の時代には平戸から五島の島々にかけての一帯を"ちかのしま"と呼び、"血鹿島"や"値嘉島"とも記したが、この値嘉島が現在の福江島と考えられている。

鎌倉時代に宇久島を居城とする宇久氏が現在の五島列島全体に勢力を伸ばし、室町時代に宇久島から福江島に中心を移し、その後五島藩主となっ

柏崎灯台近くに建つ、遣唐使船で唐に渡った空海の語を記した「辞本涯」の碑。

た。開放的な藩行政で商人や漁業者たちの動きも活発となり、経済も大きく発展した。

この時期に大村藩から流入

した人々の中に、キリシタンの集団があった。山の急斜面に田畑を起こして定住し、弾圧を逃れて"潜伏キリシタン"として信仰を守り続けた。明治時代には大部分の宗徒が正式なカトリック教徒に復帰した。最後まで残った潜伏キリシタンも、昭和の終焉と時を同じくしていなくなった。

福江島には畑が多い。島の北西部三井楽地区の、畑が創り出すアブストラクトのタブロー（抽象絵画）ともいうべき絵模様は美しい。まん丸ではなく、角の取れた不定形の畑が連続して集積しているのだ。

鉄川与助の設計・施工による白亜の水之浦教会。

この千枚田を思わせるような畑を円畑という。

島全体の印象は、里山を思わせる。島内を歩くとツバキが目立ち、手間をかけて作られる椿油の質も高い。

"郷"と呼ばれる各集落では、伝統行事が守り続けられている。下崎山地区に伝わる民俗行事「ヘトマト」は子孫繁栄、五穀豊穣を祈る奇祭。複数の行事を1日で行う小正月行事で国指定重要無形民俗文化財。祭りは白濱神社境内で行われる「宮相撲」に始まり、「大ぞうり奉納」で終わる。大宝郷の秋の祭り「砂打」、盆供養の念仏踊り「チャンココ」など、この島ならではの行事も多い。

水揚げは豊富で、早朝の福江漁港をのぞいてみると、この地域が生み出す水産業の豊かさに驚かされることだろう。

小正月行事「ヘトマト」の大ぞうり奉納。

長崎県

所在地 長崎県五島市　面積 3.16㎢
周囲 9.5㎞　最高所 150m(男岳)
人口 79人

島の西側は険しい火山海食崖。

嵯峨ノ島
Sagano-shima

異国情緒あふれる
オーモンデー

　福江島三井楽の貝津港の西約4kmにある。

　この島は2つの火山がくっついてできており、大地は溶岩と凝灰岩からなる。北に男岳、南には女岳(129m)があり、西側の海岸線は海食崖になっていて、火山を縦割りにした状態にあるため、洋上から火山の火口部断面が見られる。まさにジオパークそのものである。

　かつては流刑の島として歴史にも登場し、平家の落人やカトリック信者もここに移り住んだ。

　島全体が赤茶色の溶岩からなるため、港周辺の土の上に漁網を広げても泥がつかない。漁師たちは心置きなく、豪快に広げて干す。

　鉦(かね)を叩き円陣で踊る念仏踊りの「オーモンデー」は島固有のもの。装束やかぶとには特徴があり、念仏踊りとしても800年もの歴史がある。アルプス地方のヨーデル(ファルセット・裏声)に似た歌声が響き、なにか国際的な踊りに感じられる。

2つの低い火山がくっついてできた島の形をしている。

福江島の南西部にくっつくようにある原生林の島。(五島市観光協会)

長崎県

所在地 長崎県五島市
面積 5.52km²
周囲 16.0km
最高所 265m
人口 15人

島山島

Shimayama-jima

キュウシュウジカが生息する島

　五島列島の主島福江島の南西部から玉之浦大橋が架かり、陸伝いに行くことができるようになった。

　橋を渡り終えて島に入った場所が唯一の集落で、道路もそこまでしかない。その先は全島原生林である。うっそうとした山林に包まれた中には、400頭ものキュウシュウジカが生息しているといわれる。深い入り江に養殖いかだが並び、夕映えの中に輝く光景は美しい。

　山道は危険だが、地元の山岳案内に頼れば、奄美以南に多いシダ類のオニヘゴ(ヘゴ科)を見ることもできる。

　福江島のさらに奥地なだけに行くのは多少時間がかかるが、訪ねてみる価値はある。

400頭以上いるといわれるキュウシュウジカ。

浅切浦の山岳部に自生するオニヘゴ。(五島市観光協会)

長崎県
所在地 長崎県五島市 面積 8.68㎢ 周囲 27.5km 最高所 326m(致彦山) 人口 95人

椛島 Kaba-shima

長刀の刃のような巨石が立つ

福江島の北東約16kmにある。その昔、平家の落人が住んだのがこの島の始まりと伝えられる。

2つの島に見えるがつながっており、本窯と伊福貴の2つの集落がある。かつては3000人もの人々が、漁業などを生業として暮らしていた。潜伏キリシタンが山を開墾して生活していた時代もある。そのころから続く急斜面の耕作地は今も子孫に受け継がれて使われている。

長刀地区の長刀神社には、祠の上の斜面に、高さ4m、直径1.5mもある長刀の刃のような巨石「長刀石」が立っている。またその東側にある深い入り江は天見ヶ浦、さらにその東に芦ノ浦という小さな入り江がある。

こうしたことから、この島の地名が『古事記』にある天孫降臨にまつわる高天原、葦原に由来するものだと推測できる。とりわけ天見ケ浦の大小の

高さ約4mの長刀石。

岩礁地帯は神々しいばかりで、濃い緑で覆われたついたてのような小山に囲まれている。

現在では人口も減り、静かで自然に覆われた島である。

海際に建つ旧五輪教会堂。

蕨の高麗地蔵。

長崎県

所在地　長崎県五島市
面積　37.23km²
周囲　62.8km
最高所　357m（鵄岳）
人口　257人

国立 / 世界遺産 / GEO JP

久賀島

Hisaka-jima

世界遺産の教会がひっそり建つ

　長崎港の西約95kmにある五島列島の1島である。平家の残党が逃げ延びて島にたどり着き、山間部で農業を営んで暮らした伝説も残る。江戸時代には、五島藩の牛馬の牧として使われていた。

　1868（明治元）年に起きたキリシタン弾圧では狭い牢屋に200人が監禁され、42人の殉教者を出した島として語り継がれる。この島は日本の宗教史上、最後期の弾圧事件が起こった島でもある。

　馬蹄のような不思議な形をしたこの島の東北部に蕨という集落がある。ここには高麗地蔵が安置されている。異様に首が長く、日本で見る一般的な地蔵とはやや違う。

　五島列島はどの島にもツバキが多くあるが、この島にはヤブツバキだけが育つ原生林が約1ヘクタールの広きにわたってあり、県天然記念物に指定されている。

　五島最古の木造教会「旧五輪教会堂」は世界遺産の構成資産であり、山道を500mほど歩いてたどり着く。久賀島の中で、いまだに直接車で行くことができない地域にある。

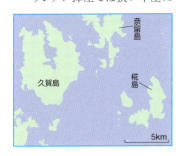

長崎県

所在地 長崎県五島市　周囲 1.8km　面積 0.03km²　最高所 44m　人口 7人

蕨小島
Warabiko-jima

久賀島の蕨地区から見た蕨小島。

　五島列島の1島である久賀島蕨漁港の北東700mにある。

　白い顔をした高麗地蔵の顔が紅潮してくると、沖合にあった高麗島は海中に没して無くなった──という高麗島伝説が伝わる。

　養殖漁業の島として知られる。全戸が親族でキリスト教徒という、固い結束のコミュニティーを形成している。

　久賀島蕨集落の裏山から望む蕨小島と奈留瀬戸の景色は、五島列島の内海風景の中でもとりわけ素晴らしい。

所在地 長崎県五島市　周囲 5.6km　面積 0.47km²　最高所 85m　人口 23人

前島 Mae-shima

　五島列島奈留島の南端から約350mの位置にある。

　奈留島港からの定期船は普段は客も少なく、島旅のにぎわいはない代わりにのんびりとした空気が流れる。集落を抜けた先はこの島随一の見どころである陸繋島（トンボロ）である。南西側の砂浜の先にある末津島までの間が最干潮時に、その真っ白な砂浜で全てがつながる。実に美しい景色である。

前島から末津島に延びるトンボロ。

　笠松地区の南向きの畑から先史時代の黒曜石の石鏃や石片が出土した。また、江戸時代の1797（寛政9）年以降、大村藩から移住したキリシタンが開拓した島としても知られる。

スダジイなどが育つ権現山原生林。

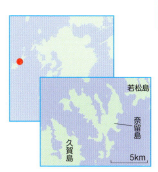

長崎県

所在地　長崎県五島市
面積　23.68km²
周囲　75.4km
最高所　276m（鵺越）
人口　1927人

奈留島
Naru-shima

松任谷由実が歌に思いを込めた島

舅ヶ島と千畳敷。

　長崎港の西約90kmにある。五島列島の1島で、複雑に入り組むリアス海岸に囲まれた島である。島の面積が約24km²に対して、周囲の総延長は約76kmにも及ぶ。

　古くは遣唐使船が寄港した島で、その航海の安全を祈願する「鳴神社」(なる)(現在の奈留神社)がある。200m前後の山が連なり、周辺の海を監視する環境に恵まれているため、江戸時代には外国船の密貿易を取り締まる「遠見番所」が置かれた。

　南部には「舅ヶ島と千畳敷」(しゅうとがしま)(せんじょうじき)の名所がある。千畳敷は広がる海原に突き出た畳1000畳分ほどもある岩礁の台地だが、特筆すべきは、この畳の先に小ぶりのポッコリとした小島があることである。誰が名付けたのかその名が舅ヶ島。「切っても切れない縁」、という由来なのだろうか。

　奈留高校の校門を入ると、作詩・作曲家で歌手の荒井(松任谷)由実が、島の高校生の便りに応えて作った愛唱歌「瞳を閉じて」の歌碑がある。

長崎県

所在地 長崎県新上五島町　面積 31.13㎢
周囲 123.7㎞　最高所 339m
人口 1,218人

若松島と中通島の間は風光明媚な若松瀬戸。

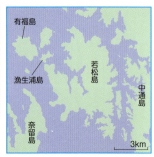

若松島
Wakamatsu-jima

国立

リアス海岸が描く景観美

　長崎港の西約100㎞にあり、五島列島の中央に位置する1島である。1991（平成3）年、中通島（なかどおり）との間に若松大橋が架かり、海上交通に頼っていた経済が陸上経由に変わった。

　リアス海岸が描く風景がこの島の特徴であり、その景観

断崖の中に広がるキリシタン洞窟。

美がなんといっても素晴らしい。その最たる場所は若松瀬戸と呼ばれるところで、中通島との間に点在する小島と瀬戸の風景が若松大橋の上から一望できる。

　明治初年に起きたキリシタン迫害の時、キリシタン信徒が隠れ住んだというキリシタン洞窟がある。船でしか行くことができず、その入り口には平和キリスト像が立つ。周辺には針の穴状に侵食された海食断崖（ハリノメンド）がある。

海食断崖のハリノメンド。

> 長崎県

漁生浦島
Ryohzegaura-shima

所在地 長崎県新上五島町　面積 0.65km²
周囲 4.2km　最高所 89m
人口 26人

若松島とを結ぶ漁生浦橋。

若松島の北西端から約100m隔ててあるが、漁生浦橋で接続されていて中通島まで陸伝いで行き来できる島である。

その昔この島は「猟尽島（りょうつきじま）」と呼ばれていたといわれる。

「猟が尽きてしまう」のは縁起が悪いからか島びとが役人に願い出て、1740（元文5）年に現在の島名になった。その名の通り、現在も漁業に生きる島である。

島の人々が産土の神として祀った乙宮神社がある。

有福島
Arifuku-jima

所在地 長崎県新上五島町　面積 2.97km²
周囲 10.0km　最高所 236m
人口 100人

若松島の西端から1kmにあり、漁生浦島と臨港道路でつながっており、若松島や中通島から陸路で行くことができる。

五島近海は江戸時代から捕鯨が盛んだったが、この島も延宝年間（1678〜1681年）から8年間、鯨突組が活動したとされる。

文政（ぶんせい）の頃（1818〜1830年）西彼杵半島（にしそのぎはんとう）（旧外海町（そとめ））から入植者があり、キリシタンがその

1927年創建の有福教会。

ころから増えたといわれる。その後もカトリック信者が多く、1927（昭和2）年には南部の海が見える高台に有福教会ができた。

日島 Hino-shima

所在地 長崎県新上五島町　面積 1.39km²　周囲 7.1km　最高所 244m（祇園山）　人口 27人

若松島の西北部約1kmにあり、堤防のような臨港道路でつながっており、4つの島の橋を通って中通島まで行くこともできる。

曲(まがり)地区の古墳群。

室町時代には朝鮮との交易地になったともいわれる。

日島は「火の島」を指すとも考えられ、島の位置からみても、昔からのろしを上げて洋上を往来する異国船などを見張っていたのかもしれない。

桐ノ小島 Kirinoko-jima

所在地 長崎県新上五島町　面積 0.04km²　周囲 1.1km　最高所 35m　人口 6人

中通島の南西部、若松島と接する若松瀬戸には、島なのか岬なのかわからない地形が続く。この島は、中通島桐古里地区からわずか10mほどの橋で渡れる。原生の木々がこんもりと生い茂る静かな島である。

静かな内海を生かして養殖漁業が盛んな島である。ハマチ養殖は特に定評があり、周りの海には養殖いかだが並んでいる。

中通島の桐古里地区から渡れる。

以前は造船所があったようだが、現在は数世帯が海面養殖に従事している。島には国の天然記念物であるカラスバトが生息していて、島内全域が西海国立公園の第2種特別地域に指定されている。

西日本で唯一の総石造り、頭ヶ島天主堂。

頭ヶ島

Kashiraga-shima

異国風の石造りの教会が建つ

白浜集落と正面はロクロ島。

所在地　長崎県新上五島町
周囲　8.2km　面積　1.86km²
人口　13人　最高所　111m

長崎県

国立／世界遺産

　佐世保の西約55km、中通島の有川地区東端に約150mの孕瀬戸を挟んである。1981（昭和56）年に頭ヶ島大橋が架かり、中通島と陸続きになった。

　古くは中通島の人々が墓地として使っていた無人島だった。しかし幕末にキリシタン弾圧で中通島から移住が始まり、一時は16戸130人ものキリシタンが暮らした。長崎奉行所の弾圧がさらに強まり、信者はこの島から本土の浦上に逃れて、島は再び無人島となった。

　明治時代となり信教の自由が認められると、再び人々がこの島に戻り、1887（明治20）年、初代の木造の天主堂が鉄川与助の設計により建てられた。

　島産出の「頭島石」を使って建てられた現在の頭ヶ島天主堂も鉄川氏設計で、日本では珍しい石造りの教会である。1910（明治43）年から10年間におよぶ信徒たちの奉仕活動と資金調達で完成した。

　異国風のビジュアルは五島でもとりわけ美しく、また近くには海を望む墓地がある。

長崎県

所在地 長崎県新上五島町　面積 168.31km²
周囲 278.8km　最高所 443m（番岳）
人口 1万6113人

桐ノ小島と荒島上空から中通島・桐教会（中央）方向を見る。
(@takataka_kami0510)

中通島

Nakadohri-jima

ぽつんと建つ
人家と段々畑

赤ダキ断崖。遠くに段々畑と民家が見える。

　五島列島の最も北の島で、佐世保の西約55kmにある。島は十字のような形をしており、特に南北に細長く延びているため、十字架のようにも見える。断崖と深く入り組んだ浜辺が混在し、リアス海岸が変化に富む景観を生んでいる。静かな内湾では、ハマチなど養殖漁業が盛んだ。

　キリシタン弾圧は、島を語るに外せないトピックだ。北の津和崎灯台まで延びる地形はとりわけ険しく、島の中ほどから最北まで細長い岬が続き、その山裾は断崖になって海に切り立っている。その途中には、小舟を停める小さな港が見え隠れし、地の果ての津和崎まで一本道が延びている。

　その急斜面に張りつくようにぽつんと1軒の人家と、段々畑

青方念仏踊り。現在は地元の中学生が引き継ぎ、伝承芸能として行われている。

島の代表格、青砂ヶ浦天主堂。

がある。こういうところはまちがいなく、キリシタンの人々が居住していたところだという。

どうしてわざわざそのような山肌に、家を造ったのだろう。彼らには不便な立地ほど、追手が来たときに身を守る格好の条件だったのだろう。家の前には、現在も人ひとりが歩ける道しかない。家まで近づけさせない巧妙なつくりが見てとれる。住人の30％がカトリック信徒といわれ、教会は島内に25ヵ所も点在する。その代表格が青砂ヶ浦天主堂で、信仰の島は古くからのたたずまいを残し、島独特の景観を生み出している。

　島伝統の祭事も受け継がれている。お盆の時期には各地で先祖供養の念仏踊りが行われる。8月14日に開催される「青方念仏踊り」は、古来伝わる南方系の踊りで、秀吉の朝鮮出兵で命を落とした将兵の精霊供養が始まりという。

長崎県

江島 Eno-shima

所在地 長崎県西海市　面積 2.59km²
周囲 9.6km　最高所 122m（遠見岳）
人口 100人

佐世保港の西約38kmにある比較的平坦な島。

佐世保と五島列島の間は、分流して北上する黒潮などが通る海域で、春は北上し冬は南下するクジラが多かったのだろう。江戸時代には西海の近海で捕鯨が行われ、この島には捕鯨の基地や鯨組があった。港の近くには、その証しともいえる解体・加工の納屋場跡の碑が立っている。

「江島しょうゆ」は長い伝統

捕鯨納屋場跡の碑。

に支えられる特産品。島内産大麦と大豆、塩と水だけを原料とし、江島の気候風土が10カ月かけて育む。無添加手作りの本醸造しょうゆである。

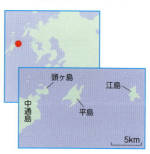

平島 Hira-shima

所在地 長崎県西海市　面積 5.49km²
周囲 16.9km　最高所 205m（白岳）
人口 143人

佐世保の西約50kmにある。本土より五島列島に近く、間近に見える中通島や頭ヶ島との距離は約5kmである。

江戸時代に捕鯨が盛んだった場所で、解体・加工の納屋

港の前の家々の塀はきれいに積んだ石垣。

場が建っていたといわれる場所などが残る。

小佐々(こざさ)水軍は戦国時代から江戸時代まで約130年間、九州西部の五島灘を支配していた海賊衆である。警固料や関銭(せきせん)を徴収し、周辺の制海権を握っていた。その支配地のひとつがこの島で、島内には4カ所の城跡が残っている。

長崎県

伊王島・沖之島
Ioh-jima / Okino-shima

所在地　長崎県長崎市
[沖之島] 面積　0.95㎢　周囲　7.1km　最高所　108m(唐船岳)
[伊王島] 面積　1.25㎢　周囲　5.1km　最高所　149m(遠見岳)　人口　617人

　長崎港の南西約10kmにある。伊王島と沖之島は約30mの瀬戸で隔てられ、3カ所に橋が架かり互いに行き来できる。江戸時代のキリシタン弾圧の歴史を残すが、今は馬込教

沖之島にある馬込教会。

会の敬虔なクリスチャンに受け継がれながら、信仰は続いている。2011(平成23)年に伊王島大橋が開通し、本土から陸路で行けるようになった。

樺島 Kaba-shima

所在地　長崎県長崎市　面積　2.32㎢　周囲　8.0km　最高所　127m　人口　422人

　長崎市南部、長崎半島の先端から2つの橋で渡り行ける。中世から寄港地として栄え、大正・昭和には三池炭鉱の石炭運搬船が寄港した。

　国天然記念物オオウナギが生息していた井戸があり、約179㎝、体重約12.6kgもの巨大なオオウナギがその中にすんでいたこともあった。

　樺島灯台公園までのハイキングは景色もよく、公園の展望台からの眺望は素晴らしい。

樺島の家並み。

長崎県

所在地 長崎県長崎市　面積 1.23㎞　周囲 8.9km　最高所 112m　人口 324人

世界遺産

炭鉱マンが住んだ団地。海の景色がよく見える。

高島 Taka-shima

石炭事業で国を支えた三菱発祥の地

長崎港の南西約14㎞にある。本土の長崎半島から約4.5㎞、北側約4㎞に伊王島、南側約3㎞には石炭採掘で有名な端島(軍艦島)がある。端島(軍艦島)上陸ツアーの寄港地として訪れる観光客も多い。

江戸時代の1751(宝暦元)年、本土長崎の農民が移住して島が開かれた。石炭はそれ以前に発見されており、1710(宝永7)年には採炭が事業化されていたようだ。本格的に採炭され始めたのは佐賀藩が製塩のための燃料として使う石炭を掘り始めた1817(文化14)年頃で、その後、イギリス人実業家のトーマス・グラバーと佐賀藩が近代的な炭鉱を開山した。

石炭事業は藩の直営、合弁、官有と変遷を経て1881(明治14)年、岩崎彌太郎の三菱合資会社の所有となり、戦後まで成長を続けた。石炭産業は日本近代化を支え、高島は三菱の事業の基礎と飛躍を担い、後に「三菱発祥の地」と呼ばれることとなった。その記念すべき採炭場所は日本初の蒸気機関による洋式竪坑「北渓井坑」だった。

約280年間続いた採炭は1986(昭和61)年に閉山となり、昭和の終わりと共にその歴史は終焉となった。

三菱発祥の島に建つ岩崎彌太郎像。

　石炭産出の最盛期には1万8000もの人口を誇った。島内には炭鉱住宅が建ち並んでいたが、閉山後すべて取り壊され、人口も流出した。

　その炭鉱団地を建てた人がそこに住んで炭鉱員として働き、閉山後に若いころ自分たちが建てた団地を壊して更地にするような、時代に翻弄された人々も多くいたという。現在はその団地跡に美しい木々が植えられ、また一部はこの島の特産となった「高島トマト」のハウス栽培の団地などに替わった。

　港の近くには海水温浴施設「高島いやしの湯」が作られ、海水を使った新しい健康促進施設として話題を呼んでいる。

炭鉱開発のために築いた防波堤が百間(約180m)と長かったことから、この地は「百間崎」と名付けられた。

1869(明治2)年、日本初の蒸気機関の竪坑として開坑した「北渓井坑跡」。

長崎県

所在地 長崎県長崎市　面積 1.06km²
周囲 2.3km　最高所 115m（四方山）
人口 106人

昔はイグサが採れた池島港。

池島 Ike-shima

日本最後の島の炭鉱

西彼杵半島・旧外海町の西、約7kmにある。古くは自生するイグサを使って畳表を作ったり、漁業で生きる島だった。

1887（明治20）年、アメリカの軍艦がこの島に向けて砲撃演習を行い、住人に死傷者を出す事件があった。

この島がよく知られるのは、1959（昭和34）年に操業を開始し2001（平成13）年まで石炭を産出していた、「日本最後の島の炭鉱」だったことだ。松島炭鉱池島鉱業所は、年間140万トンの安定した出炭量で日本のエネルギーを支えた。

最盛期の昭和40（1965）年代前半には7000人を超える人口となり、鉱山会社が建てた従業員社宅の「炭住」が建ち並び、ほど近い坂道には商店、パチンコ店、旅館などの"町"があった。また近代的なスーパーマーケットや家電販売店、居酒屋などがある場所も別にあって、本土の町の機能がそのままこの島にもあった。

閉山後は東南アジアからの研修生を受け入れ、炭鉱技術の継承の場として活用した後、現在は坑内体験ツアーを実施している。

スマートな大型客船のような形の池島。

長崎県

所在地 長崎県西海市
面積 6.37km²
周囲 10.6km
最高所 217m（遠見山）
人口 496人

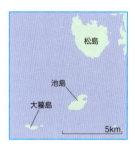

松島はエネルギーの島だが緑も多き島。

松島
Matsu-shima

大正末に最盛期を迎えた炭鉱の島

産業遺跡の「松島炭鉱四坑跡」。（西海市）

西彼杵半島の西海市、大瀬戸町西約2kmにある。江戸時代は大村藩の領地で、捕鯨基地としても栄えた。

江戸時代初期、地元釜浦の漁師が沖合の無人島で船を寄せてたき火をしていた時に、そばにあった石に火が付いたことから、石炭の存在に人々が気付いたといわれる。

1781（天明元）年に採炭が始まり、その後三井松島の炭鉱として広く知られた。大正時代には一時期、1万3000人もの人がこの島に住んでいた。

主産業の石炭と共に歩んだ松島だったが、1934（昭和

満開の桜坂はみごと。（西海市）

9）年の坑道水没事故で閉山、1981（昭和56）年からは石炭による火力発電の島になった。

ソメイヨシノ約260本が咲き誇る桜の名所「桜坂」の他、ベンチひとつとシュロ1本だけの素朴な手作り公園「日本一小さな公園」などがある。

長崎県

所在地 長崎県佐世保市　面積 4.66km²
周囲 12.5km　最高所 134m
人口 384人

 世界遺産

カトリック教会の黒島天主堂の内部。

黒島 Kuro-shima

信仰を守る
キリシタンの島

佐世保港の西約15kmにある。長崎県には黒島が複数あるが、佐世保の有人島で黒島といえばこのキリシタンの島だ。

江戸時代のキリスト教弾圧では本土から逃れたキリシタンが、ここで潜伏キリシタンとなり密かに暮らした。

黒島（白馬）漁港。

禁教令が解かれた後もキリスト教信者として表には現れず、その後紆余曲折を経て1878(明治11)年、ローマカトリックに復帰した。現在も住人の70％以上がカトリック信者といわれる。

1902(明治35)年、フランス人宣教師マルマン神父が信徒たちと共に造ったのが黒島天主堂である。

島全体は険しい山がちで、異国船の見張り所が置かれた。

にがりの代わりに海水で作る黒島豆腐が島の郷土食。

大島 Oh-shima

巨大なゴライアスクレーンが目印の大島造船所。

　西彼杵半島北部、西海市太田和(おおたわ)の西約2kmにあり、1999(平成11)年の本土と隣の寺島を結ぶ大島大橋の完成で、陸路が一気に開通した。

　古くは大村藩の馬牧として使われていた島。1935(昭和10)年から始まった松島炭鉱大島鉱業所は良質な石炭を産出し、最盛期の1959(昭和34)年に島の人口は1万9453人を数えたが、1970(昭和45)年に閉山した。その後大島造船所ができて、造船の音が響く島となった。

　太田尾(おおだお)地区には1929(昭和4)年に建てられた「太田尾カトリック教会」がある。

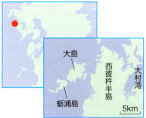

所在地　長崎県西海市　面積　12.08㎢
周囲　45.9km　最高所　194m（百合岳）
人口　4754人

蛎浦島

Kakinoura-shima

　佐世保港の南西、約28kmにある。寛永年間(1624～44年)には近海捕鯨の基地にもなっていた。

　1886(明治19)年、島の漁師が潜水漁をしていた時に偶然石炭を発見し、その後80余年間にわたって採炭の島として操業した。最盛期には年間120万トンを出炭し、国内有数規模の炭鉱には4000人もの従業員が働いていた。

崎戸港全景。

　1968(昭和43)年に閉山し、当時の炭鉱従業員用アパートも取り壊され、炭鉱の島の面影はない。炭鉱記念公園にある「崎戸歴史民俗資料館」には、当時の映像なども残っている。

長崎県

所在地　長崎県西海市　面積　4.75㎢
周囲　38.3km　最高所　126m
人口　871人

長崎県

崎戸島 Sakito-jima

所在地 長崎県西海市
周囲 不明 面積 0.41㎢
人口 106人 最高所 76m

西海市太田和の西、約11kmにある。本土から複数の橋を渡り崎戸島まで陸路で行くことができる。江戸時代には捕鯨の島として栄えた。

船を家屋として漁業を行いながら、海を移動し生活していた集団とその船を「家船(えぶね)」と呼んだ。この島も家船の根拠地のひとつであった。

異国船の通行を見張る要衝として大番所が置かれた。自然探勝歩道、北緯33度線展望台などがあり、五島灘に沈む美しい夕日が楽しめる。島の頂のラジウム温泉は再開公募中。

眺望抜群の「北緯33度線展望台」。(写真AC)

寺島 Tera-shima

所在地 長崎県西海市
周囲 7.6km 面積 0.78㎢
人口 202人 最高所 71m

西海市の本土から呼子ノ瀬戸を挟んで約700m西にある。1999(平成11)年に大島大橋が架かり、本土と陸続きになった。

大村藩の軍馬の飼育に適していたことから、昔は牧場として使われてきた。

島の北部に保食神社(うけもち)がある。保食神(うけもちのかみ)は『日本書紀』の月日の起源や五穀の起源についての説話に出てくる神である。保食の「うけ」とは食物のこと。ツキヨミに切られて、死体から様々な穀物を生み出した食物神を祀る、全国的にも珍しい神社である。

変化に富んだ寺島の西海岸。

鵜瀬島 Use-jima

所在地 長崎県長崎市
面積 0.025㎢
周囲 4.0km
最高所 30m
人口 18人

大村湾の西側にある形上湾口部にある。島と本土の最短部は10m足らずで、架橋されている。

大村湾洋上の長崎空港から約9kmの位置にあり、離発

斜面がミカン畑の鵜瀬島。(写真AC)

着する飛行機がこの島からよく見える。

漁業と真珠貝の養殖が盛んな島で、秋のミカン畑ではたわわに実をつける島の斜面が美しい。雨が降ると水墨画のような世界になる。

鹿島 Ka-shima

所在地 長崎県諫早市
面積 0.16㎢
周囲 2.6km
最高所 53m
人口 7人

大村湾にある長崎空港の南、諫早市多良見町黒崎鼻の先約300mにある。多良見町の舟津地区から約300mの距離を、島の人たちは自家用船で行き来している。

鹿島は左側の大島、右側の小島からなり、砂州で繋がっている。(百島純)

この島はミカン畑の島といってよい。周囲3kmにも満たない小さな島で、7人前後の住人がミカン栽培や漁業を営んでいる。

大村湾は波静かで、夕景に輝く海面に、飛行機が離発着する姿が映し出される。

長崎県

前島 Mae-jima

所在地 長崎県時津町　面積 0.26㎢
周囲 4.0km　最高所 31m
人口 5人

対岸の漁港から見た前島。（百島純）

西彼杵半島の付け根に近い時津町の港から北西約5kmの大村湾にある。最も近い対岸とはわずか約200mという距離である。

前島の北側にある無人島の「ダケク島」と共に、縄文時代からの古墳が見つかっており、その時代の埋葬地だったとも考えられている。

定期船はなく、自家用船で対岸と行き来している。現在はミカン作りが行われている。

牧島 Maki-shima

所在地 長崎県長崎市　面積 1.62㎢
周囲 不明　最高所 99m
人口 759人

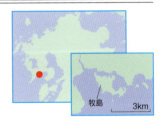

長崎市の東、橘湾の戸石地区の南約100mにある。牧戸橋で本土と結ばれている。

1977（昭和52）年、5～7世紀の積石塚が見つかり、「曲崎古墳群」として翌年、国史跡に指定された。

1945（昭和20）年7月初旬、この島に震洋特攻隊の基地が置かれた。海に面した崖に格納庫が作られていたといわれるが、現在その痕跡はない。

漁業が盛んで、長崎市水産センターでは新しい魚種の生産開発に取り組んでいる。

曲崎古墳群の積石塚。（長崎市教育委員会）

竹ノ島

Takeno-shima

所在地 長崎県西海市　面積 0.08km²
周囲 4.1km　最高所 33m
人口 統計なし

竹ノ島全景。

大村湾に面した大串郷にある島で、九州本土の俵頭地区からは50mの至近にある。

波静かな海域にあるため養殖漁業が盛んで、かつては真珠貝の養殖が行われていたが、現在はカキなどの養殖が営まれている。

針尾島にある洋風のテーマパーク・ハウステンボスが遠くに見え、水墨画的日本の風景との対比が美しい。

大島（江上大島）

Oh-shima

所在地 長崎県佐世保市　面積 0.40km²
周囲 3.5km　最高所 51m
人口 387人

佐世保市南部の大村湾内にある。針尾島の江上地区から約40mほどの海を隔ててあったが、1988（昭和63）年に江上大橋が架けられ、陸続きになった。大正時代にはレンガ用の赤土が採れたためレンガ製造工場があった。そのレンガの残滓が東海岸に残っている。

島の南部にはリハビリ病院と介護施設などがある。島内からはリゾート施設のハウステンボスがよく見える。

大島から見たハウステンボスの外観。

長崎県

長崎県

高島 Taka-shima

所在地 長崎県佐世保市
周囲 21.0km 最高所 136m(番岳)
面積 2.67km²
人口 162人

国立

佐世保市相浦港の西、約7kmにある。松浦藩の領有地として、古くから牧場や船の係留場所として使われていた。

海際からの山姿が威容を誇る番岳、その端の桂岳はスパっと断崖になって、海に垂直に落ちている。頂上まで登ると見晴らしは最高。番岳のてっぺんには江戸時代、遠見番所が置かれ、近海を往来する外国船を見張っていた。

漁業の盛んな島で、この島で作られるカマボコとチクワは特産品になっている。

高島の端、桂岳の下には灯台がある。

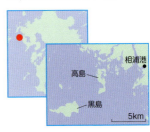

大島(小値賀大島)
Oh-shima

所在地 長崎県小値賀町
周囲 7.8km 最高所 107m
面積 0.71km²
人口 61人

国立

小値賀島の南西約3.5kmにある。明治時代後期から昭和初期まで漁業の島として知られ、イワシ刺し網漁の大漁の時には1斗樽(約18ℓ)で200杯も捕れることがあった。

大島の東にある宇々島は困窮島で、不作などで生活が窮乏状態になった一家はこの島に移り住み、その間賦役などを免除され、この島で生産活動を行って自力更生した。

大島の全景。(永冶克行)

歴史を刻む古民家。

小値賀島
Ojika-jima

古民家ステイが人気

古民家ステイは丸ごと1棟を一組で貸し切り。

長崎県
所在地 長崎県小値賀町
面積 12.27㎢
周囲 57.3km
最高所 111m（本城岳）
人口 2017人

佐世保市の西、約60kmにある。小値賀諸島は大小17の島々の火山でできた島々で、その中心にある小値賀島には比較的小さな臼状火山が20座あり、現在の島全体はそれらの火山が元になって組成されている。島内には赤黒い溶岩状の岩場などがよく見られる。

遣唐使船が島伝いに大陸を行き来していたころ、補給や風待ちで寄港した島といわれる。江戸時代には近海捕鯨が盛んだった。

小値賀港のある笛吹地区。その裏通りには昔ながらの家々が軒を連ね、狭い小路にこの島の生活文化が現れる。

作家の檀一雄はこの島が気に入り、1カ月も逗留してここ

で執筆した。全く縁もなかった台所の付いた民家の10畳間で、商店で買ってきた魚や野菜を自分で料理して食べることが多かったという。

現在では漁師町の古民家や武家屋敷を宿泊施設に再生し、島の生活を体験する「古民家ステイ」も人気を集めている。檀が魅力を見いだした、現代版の島逗留の姿かもしれない。

長崎県

所在地　長崎県小値賀町　面積　0.24㎢
周囲　3.2km　最高所　39m
人口　38人

黒島 Kuro-shima

　小値賀島の南に水路を挟んだ離れ島だったが、1972（昭和47）年に金比羅大橋が架かり、陸路でつながった。2つの小さな火山島がくっついてできた島である。

　島の北部にある神ノ崎遺跡は弥生中期から古墳時代後期頃までの約500年間にわたり使ったとみられる豪族の墓地といわれ、多くの石棺が発掘されている。

　黒島園地の展望台からの眺望は素晴らしく、遠く野崎島や中通島まで見渡せる。

豪族の埋葬地という神ノ崎遺跡。

所在地　長崎県小値賀町　面積　1.58㎢
周囲　5.6km　最高所　126m
人口　151人

斑島 Madara-shima

　小値賀島の西約300mにあり、斑大橋により小値賀島と結ばれている。

　北東海岸線の波打ち際には玉石甌穴がある。「甌」とは茶碗とか湯を入れるホトギ（甕など）のことである。

　斑島の甌穴は海食によってできた。その穴の深さ約3m、玉石の大きさは直径50㎝。海辺の岩場や川のせせらぎなどで起こる現象で、斑島の玉石甌穴はそんな形の穴が長い年

海岸部にある玉石甌穴（ポットホール）。

月のうちにできて、その深くなった穴の中に石が入っている状態のことである。

　海の荒れた日、波音が聞こえる中でライトを当てながらこの甌穴をのぞくと、怒りの目玉のようで恐ろしい。満潮の波の中で、甌穴の玉石がゴロゴロと動くのは面白い。

納島 Noh-shima

長崎県

所在地　長崎県小値賀町
面積　0.65㎢
周囲　5.2km
最高所　64m
人口　19人

小値賀島の北約1kmにある。標高64mと23mの2つの火山島がつながってできた島である。溶岩流の平原が広がり、入り組む海岸線が美しい。

安土桃山時代には大半の島民がキリシタンとなったが、迫害などで信仰は定着しなかった。

掘り出した落花生の水洗い。

1960年代から落花生作りを始め、集落の外れに落花生畑が広がる。島の火山の大地が落花生作りに適した土なのかその味が評判となり、「納島落花生」として知られるようになった。生産量が少なく、幻のピーナッツといわれる。

寺島 Tera-shima

所在地　長崎県佐世保市
面積　1.27㎢
周囲　8.8km
最高所　38m
人口　9人

宇久島南西部、神浦港の西約3.5kmにある。

この島は、宇久島にある平家盛の菩提寺である東光寺の寺領だったので、それにちなんで島名が付いたともいう。

住人のほぼ全員が、漁業に携わっている。北に開いた港は季節風の影響を受けそうだが、深い入り江と宇久島が風よけになる。冬の季節風は厳しく、この海域はシケの日が多くなる。そのような荒波が寄せる磯にできたのが、甌穴（ポットホール）である。島の北西部のノリ瀬にある玉石甌穴は、岩の凹部に入った石が波の打ち寄せる中でゴロゴロと動き、滑らかな丸石になった。目玉のようにも見える石の穴である。

湾内にある若宮神社。（宇久町観光協会）

長崎県

所在地 長崎県小値賀町 面積 7.11㎢
周囲 15.6km 最高所 350m（平岳）
人口 1人

国立 世界遺産

野崎島
Nozaki-jima

静謐な教会が丘の上に建つ

　佐世保の西約55kmの五島列島北部海域にある。周囲には黒潮分流があるため、海は荒いが魚種は豊富だ。

　江戸時代中期から定住が始まり、潜伏キリシタンも大村藩から逃れてこの島に住んだといわれる。昭和30（1955）年代には650人近い人口があったが、その後は激減し、現在は無人島に近い。200〜350m

古代の祭祀場跡といわれる王位石（おういし）。

野崎島自然学塾村。廃校の校舎と運動場を改修した宿泊施設。

清楚なたたずまいの旧野首教会。

の山が連なる島内には、700頭を超える野生のシカが生息しており、早朝にはその甲高い鳴き声が森にこだまする。

　鉄川与助の手で建てられたレンガ造りの旧野首（のくび）教会が、清楚なたたずまいで今も丘の上に残る。100年にもわたり島の丘の上で信仰を支えてきた教会堂には、敬虔な信仰の跡の威厳が感じられる。

六島漁港。

集落は1カ所。空き家が目立つ。

集落のそばには広い畑がある。

長崎県

所在地 長崎県小値賀町
面積 0.69㎢
周囲 3.1km
最高所 73m
人口 1人

六島 Mu-shima

強固な協力関係で暮らしてきた島

　佐世保の西約60km、宇久島と野崎島の間にある小島である。江戸時代には、この島にも鯨組の拠点があったと伝えられる。

　漁業を営む少数世帯が2000(平成12)年以降も暮らしていたが、世帯数と人口が激減しつつある島である。

　漁港から坂を上がると畑と

「時間励行の島」の看板。

集落があり、海岸部からは想像もつかない平地部があって人々が暮らしてきた。島の全員が大きな一家族のような強固な協力関係を築いていて、例えば家を増築する際などは全員で取り掛かる「結(ゆい)」で結ばれていた。しかしこれも高齢化の現実で島を出る世帯が続き、2024(令和6)年現在、人口は1人となった。

　島の港の西側には急潮のハダカ瀬があり、まだ動力船がなかった昔、船の出港時間に遅れた者を待つ間に潮の流れが変わり、船が転覆する大事故があった。その教訓から「時間厳守」が島の一番の約束事になった。

長崎県

所在地 長崎県佐世保市　面積 24.94km²
周囲 37.7km　最高所 259m（城ヶ岳）
人口 1,879人

上空から見た中心地、平地区。

宇久島 Uku-jima

五島文化発祥の地

　佐世保市の北西約60kmの東シナ海にある。この島は東シナ海に船で乗り出して、大陸や半島と本土とを結ぶ地理的に重要な中継点にある。

　1187（文治3）年、壇ノ浦の戦いに敗れた平家盛はこの島に落ち延び、子孫が宇久氏として勢力を伸ばし、7代にわたり約200年間五島一帯を支配して五島氏を名乗った。そのためこの島こそ、五島文化発祥の地ともいわれる。

　西端の火焚崎近くには「平家盛公上陸の地」があり、上陸した家盛が乗ってきた船を隠した「船隠し」がここにある。落日の夕映えが美しい。

北端にある対馬瀬灯台。

　南部の小浜郷下山地区には、幹周りが約16m、樹齢100年以上といわれる「アコウの巨樹」がある。幹や枝が溶けてからまるような大木は、下から見上げると圧巻。

　東光寺は家盛が開基した家盛公以下7代の菩提寺。赤い山門をくぐると、本堂の裏手には墓が並ぶ。

　標高259mの城ヶ岳からは、平戸島方面や小値賀島、五島の島々が一望できる。

平戸島

Hirado-shima

日本初の西洋との貿易港

　北松浦半島の北西端、田平(たびら)の西約600mの平戸瀬戸を挟んである。1977（昭和52）年に平戸大橋が架かり、本土と陸続きになった。

　日本初の西洋との貿易港としての歴史があり、その時代の史跡や遺構を数多く残す。フランシスコ・ザビエルらカトリック宣教師が布教のために日本にやって来た時代、平戸島にはオランダ、イスパニア、イギリスなどの船が次々と来航し、オランダ商館やイギリス商館などが置かれた。

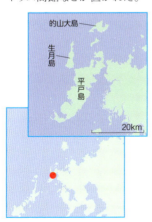

北西部、獅子町の棚田。

夜明けの平戸大橋。

　江戸幕府はその後商館などを長崎出島に移し、平戸島は南蛮貿易では衰退したが、その後、平戸藩6万石余りの城下町として栄えた。

　この地に根を下ろしたキリスト教は、多くの信者を生み出し、13の教会がその後平戸島に建てられた。西海岸線など荒々しい海際の地の果て感が漂う場所こそ、キリスト教という新教が入りやすかった地勢だったとも思えてくる。

所在地　長崎県平戸市
面積　163.40㎢
周囲　203.5km
最高所　536m（安満岳）
人口　1万6240人

長崎県

長崎県

所在地 長崎県平戸市　面積 0.25km²
周囲 3.0km　最高所 55m（遠見山）
人口 21人

高島 Taka-shima

平戸島南部・宮ノ浦港の西、約1.5kmにある。軍港佐世保を控えた平戸諸島の要衝であったため、太平洋戦争の時には島内に砲台が置かれた。

時折訪れる来訪者を迎える島民。

古くは水の確保を雨水と井戸に頼っていたが、海水の淡水化設備ができて、とりあえず水の不便からは解放されている。東に向いた集落は静寂の中にある。

所在地 長崎県平戸市　面積 3.57km²
周囲 12.0km　最高所 82m（丸島の飯盛山）
人口 620人

度島 Taku-shima

平戸島の北約2kmにある。
室町時代の1554（天文23）年、イエズス会宣教師が来島してキリスト教の布教活動を行った結果、500人もの島びとがキリシタンとなった。その後平戸藩の宗教弾圧で今度は改宗す

山盛りのご飯を連想させる飯盛山。

る人々が大半となり、今では浄土宗の信徒の島となっている。
平戸島の北端から眺めると、大きな的山大島の手前にある度島の全景がよく見渡せ、その右端には、ご飯を山のようにこんもりと盛った姿の飯盛山が実においしそうに見えている。

生月島

Ikitsuki-jima

キリシタンの聖地と断崖の絶景

断崖の景勝地「塩俵の断崖」。

長崎県

所在地　長崎県平戸市
面積　16.55㎢
周囲　28.6km
最高所　286m（番岳）
人口　4852人

国立

平戸島の北西にあり、最も近い600mの辰ノ瀬戸に生月大橋が架かり、本土から平戸島を経由して陸路で渡れる。

北部西海岸には「塩俵の断崖」があり、柱状節理の不思議な断崖景観が見られる。東側に展開する集落と緑の丘陵は、穏やかに見える。そうした場所はかつて、牛馬の放牧をしたところだったといわれる。

捕鯨の歴史も古い。西海地方の古式捕鯨は戦国時代末期頃、度島から始まったようだ。生月島では1725（享保10）年、12隻の船団の「突組」が操業を始め、1739（元文4）年には壱岐島まで漁場を広げている。のちに益冨と名を変えた捕鯨業の益冨組が1874（明治7）年までに、総数2万1790頭のクジラを捕った。

住人の多くがカトリック教徒の島として知られ、中には近年まで潜伏キリシタンとして信仰を守り続けてきた人々もいる。悲惨なキリシタン弾圧があった殉教地として、現在でも聖地を訪れる人々が多く、殉教の聖地は「幸四郎の森（サンパプロー様）」や「アントー様」など数カ所がある。

生月島と平戸島の真ん中に位置する無人島の中江ノ島は38人のキリシタンの殉教地で、国の重要文化的景観選定地であると共に世界文化遺産の構成資産のひとつである。

島北部の御崎浦にあるクジラを解体・加工する納屋場跡地。

長崎県

所在地 長崎県平戸市 面積 15.16㎢
周囲 38.0km 最高所 216m（平ノ辻）
人口 933人

島内各所にある棚田が美しい。

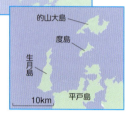

的山大島

Azuchi-ohshima

江戸期の港の景観と家並み

　平戸市の北、約11kmにある。古くは九州北部から出港した遣唐使船が、大陸を目指す際に寄港したのがこの島だったといわれる。的山湾、大根坂湾、神浦湾（こうのうら）と3つの重要な湾がある島で、神浦は浦役所が置かれて明治・大正まで栄えた港である。神浦の町は江戸時代の寛文年間（1661～1673年）、捕鯨組織「鯨組」の根拠地となり発展した。

　弘安の役（1281年）の際には島が戦場となりおびただしい戦死者を出したといわれ、その戦死者を弔い埋葬したという「千人塚」がある。また、秀吉の朝鮮出兵の時には兵士を乗せた船の寄港地としても使われ、昔から海上交通の要衝であったことがうかがえる。

　島は全体に起伏が多く、その傾斜地に開かれた棚田が美しく、米作りの盛んな島である。

　神浦港の路地には昔ながらの家々が軒を連ね、江戸期の港の景観を残す伝統地区は、国の重要伝統的建造物群保存地区に指定されている。

神浦の町並みは昔の面影を残す小道。

鷹島から見る青島の風景。

開田の七人塚。文永の役の際、山奥の一軒家に身を潜めていた8人のうち7人が元軍に滅ぼされたが、老婆ひとりが助かった。

長崎県

所在地 長崎県松浦市
面積 16.18㎢
周囲 430㎞
最高所 117m(牧ノ岳・宮地岳)
人口 1669人

鷹島 Taka-shima

元寇の海底遺跡が眠る

　佐賀県の東松浦半島の西に位置し、佐賀県境との間約2kmの日比水道を隔ててある。2009(平成21)年、鷹島肥前大橋で本土と結ばれ、陸続きになった。

　1274(文永11)年の文永の役では、モンゴル帝国と高麗王国の元軍が日本に襲来し、この島で激しく戦い、多くの死者を出した。

　1281(弘安4)年の弘安の役で、鷹島沖合での海戦の後、元軍は島に上陸して立てこもった。しかし台風の襲来が重なり元軍の船は破船、沈没が続出した。元軍は士気をそがれ、島内で自刃したりして壊滅した。

　2011(平成23)年、琉球大学の研究グループが島の神崎免米ノ内鼻沖約200mの水深20〜25mの海底の土中から元寇の遺物となる船を発見した。鷹島南岸部では鉄製冑、武器、武具などが出土していたが、13世紀の木造の船体が700年以上も経て見つかるのは珍しい。その後も2隻目、3隻目の元寇の軍船とみられる沈没船が見つかっている。

長崎県

黒島 Kuro-shima

所在地　長崎県松浦市　面積　0.82㎢
周囲　4.5km　最高所　73m
人口　32人

台状の島の形が印象的な黒島。

　佐賀県東松浦半島と長崎県北松浦半島の真ん中、鷹島北部の西側、約2kmにあり、40〜60mの切り立つ断崖に囲まれた台状の島である。

　元寇襲来の時にはおそらく鷹島の盾のようになった島だろうが、この周辺の小島は全て戦場になったと思われる。

　かつてこの島は「黒島石」という墓石材の産地だったが、現在はもう生産していない。

　明治から大正時代には「黒島浄瑠璃」という人形芝居があったと伝えられるが、これも今では島で知る人も少ない。

　鷹島から足を延ばして、かつての島の様子を探索してみたい。

飛島 Tobi-shima

所在地　長崎県松浦市　面積　0.50㎢
周囲　5.9km　最高所　85m
人口　33人

漁業の島の飛島漁港。

　松浦市北東部の金井崎の北、約3kmにある。元寇襲来の折には、この島も戦場になったと伝えられる。

　江戸時代から採炭が始まり、1939（昭和14）年に本格的に炭鉱が開発された。最盛期には月産1万トンが採炭され、島の人口も2000人を上回ったが、1969（昭和44）年に閉山した。現在、人口は50人を割り、島の規模はコミュニティ維持の限界点まで減っている。

　島の東部にボタ山がある。「ボタ」とは石炭層を掘った際に出る不要の土砂のことで、それを捨てて山状になったものがボタ山である。

　閉山後は養殖漁業を主体としている。

青島 Ao-shima

長崎県

所在地 長崎県松浦市　面積 0.90㎢　周囲 10.4㎞　最高所 58m　人口 182人

松浦市御厨港の北約4.5㎞の伊万里湾口にある。

鎌倉時代以降、松浦党が大陸との交易を盛んに行った島として知られる。港の北側にある石段を上ると七郎神社があり、途中から望む集落の見晴らしがよい。昭和初期に建てられた子安観音もある。

青島の港前の集落。

港の裏にあたる西海岸、宝の浜は、白砂で美しい浜辺。

江戸時代の干拓による田んぼ作りの時、土地の沈下や浸水で困難を極めた際に人柱を建てる代わりに犬柱を建てたという言い伝えが残る。

福島 Fuku-shima

所在地 長崎県松浦市　面積 16.94㎢　周囲 40.0㎞　最高所 180m　人口 2379人

伊万里湾を塞ぐようにあり、本土との間はわずか230m。佐賀県伊万里市との間に福島大橋が架かり、陸路で行ける。

入り江が深く手頃な瀬もあるため、釣り人に人気が高い。島全体を山林が覆い、北部には5万本ものヤブツバキ群生林がある。

1972（昭和47）年まで石炭が

福島を代表する「土谷棚田」。（写真AC）

採炭されていた島で、現在は液化石油ガスの備蓄基地が設置されている。

島の斜面を埋め尽くす「土谷棚田」が農林水産省の「日本の棚田百選」のひとつとしてよく知られている。美しい田の輝きが、四季折々違った風景を作り出す。

長崎県

所在地 長崎県壱岐市
面積 134.63km²
周囲 175.9km
最高所 213m（岳ノ辻）
人口 2万4678人

壱岐島北の玄関口、勝本港。周辺には野生のイルカが生息する。

壱岐島
Ikino-shima

半島との交流、一支国の原点

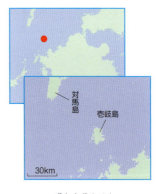

　福岡県博多港の北西約67km、佐賀県呼子港から北西約26kmの玄界灘にある。2004（平成16）年に島内4町が合併し、1島1市の壱岐市が生まれた。

　九州本土と朝鮮半島を結ぶ線上にあり、古くから大陸との交流が盛んだった。中国の史書『魏志倭人伝』に登場する「一大国（一支国）」はこの壱岐島ではないかと、本格的に発掘調査が始まったのは1923（大正12）年。以来約70年、その見解が1993（平成5）年、長崎県教育委員会からようやく発表された。

　壱岐島の原の辻遺跡のある場所こそ、一支国の集落の中心地と結論づけられたのであった。

一支国の王都に特定された原の辻遺跡。

6体の地蔵が並ぶ「はらほげ地蔵」。

大陸と一支国を行き交う交易船が入る内海湾にある小島。小島神社はその守り神だったことだろう。

　東西約350m、南北750mの環濠（かんごう）集落には3重の堀がめぐらされており、弥生時代の集落形態をよく表している。また祭祀遺跡も存在したことがわかった。原の辻が考古学的にも歴史的にも重要な場所であることから、国特別史跡に指定された。

　原の辻遺跡の雄大な風景を望む場所に2010（平成22）年3月、「壱岐市立一支国博物館」が開館し、出土品などが展示され、学びの場所となっている。

　さて、この博物館から一望できる原の辻は港のすぐ横ではなく内陸にあって、なぜ一支国の王都の地となったのか。その理由は4階の展望室の景色と館内説明でよくわかる。大陸からの交易船は内海湾に入り、荷や人々を小舟に移して川を使い王都へ運んだ。

　壱岐島では農村集落を"触（ふれ）"、漁港集落を"浦"と呼び習わす。江戸時代までは"触"には漁業権を与えず、"浦"には耕作権を与えず、農村と漁村を区分した。

　米も麦作りも盛んで、麦焼酎は壱岐の特産。壱岐牛などの畜産業も盛んで、産地指定も受けている。ウニやマグロなどの海産物も捕れる。博多港からの船便が便利なことから、名湯「湯ノ本温泉（ゆのもと）」とグルメを組み合わせて、日帰りの観光客も多く訪れる。

掛木古墳。6世紀末頃の円墳。

長崎県

所在地　長崎県壱岐市　面積 0.53㎢
周囲　4.3km　最高所 31m
人口　71人

原島 Haru-shima

　壱岐島郷ノ浦港の南西約3.5kmにある。壱岐島西の渡良地区に近いため、原島、大島、長島の3島を「渡良三島」と地元では呼んでいる。この島は江戸時代には平戸藩の流刑地になった場所とされる。

3島の中では最高所が31mと一番低く、ペタッとした形の島である。他の2島に比べるとこの島は農業が盛んで、原島スイセンという自生種には定評があり、園芸栽培も活発になっている。その花の時期に島を訪れる人もいる。

原島は平坦で台状の島。

所在地　長崎県壱岐市　面積 0.51㎢
周囲　4.5km　最高所 50m
人口　91人

長島 Naga-shima

　郷ノ浦港の西約5kmにある。珊瑚大橋という名前の橋が、1999(平成11)年大島との間に架けられた。

　江戸時代、この島は平戸藩の流刑地になっていたとされる。

　生活必需品などは壱岐島に定期船などで調達に行くこともしばしばあるという。自家栽培の畑で野菜を作り、小さな漁船で魚介を捕る生活を営む。

　サンゴは暖流に乗れば南の

1999年に完成した珊瑚大橋。

島から運ばれるが、この島の北にある大島周辺にまでやって来て、群体として生息しているというのは珍しい。

深い入り江の大島漁港。

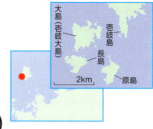

長崎県

所在地 長崎県壱岐市
面積 1.17㎢
周囲 8.0km
最高所 64m
人口 93人

大島（壱岐大島）
Oh-shima

　郷ノ浦港の西約4.5kmにあり、南隣にある長島との間に珊瑚大橋が架かる。

　地域名に「触」か「浦」が付く壱岐では、触は農村集落を指し漁業権を持たない。

　現代のこの時代になっても、ある程度の区分意識は存在するようで、大島はほぼ全世帯が、漁業者である。

　北部の無人島・児島周辺の海中にはサンゴの群落も観察され、対馬暖流の影響を受けていることがわかる。

若宮島
Wakamiya-jima

所在地 長崎県壱岐市
面積 0.56㎢
周囲 4.2km
最高所 100m
人口 15人

　壱岐島北部の勝本港の北約1kmにある。山林に覆われていて勝本からは人の住む場所は見えない。

　江戸時代の平戸藩が置いた遠見番所のひとつがあった場所で、外国船の監視が行われていた。明治時代には海軍省の監視用望楼があり、1936（昭和11）年には旧陸軍の砲台も設置された。

　その時代から現在も変わらず、日本の軍事上、重要な島である。1963（昭和38）年から海上自衛隊壱岐警備所が設置され、昔も今も、対馬海峡の東側を常時監視している。許可がなければ上陸できない、厳しい制限のある島である。

若宮神社祭礼。

金田城跡から浅茅湾を望む。

対馬島

Tsushima-jima

朝鮮半島との国境の島

所在地 長崎県対馬市
面積 695.74㎢
周囲 833.3km
最高所 648m（矢立山）
人口 2万8374人

福岡の北西約125kmの日本海にあり、対馬海峡を挟んでわずか53kmに韓国の釜山が位置する国境の島である。南北に約82km、東西は約18kmと縦に細長い島で、沖縄本島と北方領土を除くと日本の島の中で3番目に大きい。

島のほとんどが山岳地帯で、その山奥には今も国指定天然記念物のツシマヤマネコが生息する。わずかな平地や海岸線などを利用して農業を営む。米の他ソバなど畑作が行われ、山では林業やシイタケ栽培、希少な日本ミツバチの養蜂などが行われている。

佐渡島や隠岐などと同様、1島1国で暮らしていけそうな潜在力を持つ島といえるだろう。

島内の遺跡からも大陸文化の影響を受けたと思われるものが多く出土している。

『日本書紀』によると、天智天皇（中大兄皇子）のころの飛鳥時代、663（天智2）年に日本は百済復興支援のため朝鮮半島に兵を送った。唐と新羅の連合軍と戦ったが敗北し、百済も滅亡したとある。664（天智3）年、百済を滅ぼした新羅の来襲を恐れて、対馬に「防人」と「烽（のろし台）」を置き、667（天智6）年「金田城」を築いた。その後も鎌倉時代の2度にわたる元との戦いでは戦場となり、多くの戦死者を出した。

宗氏がその後の対馬を支

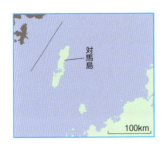

最北部・鰐浦に咲くヒトツバタゴ。

配する時代となり、朝鮮との貿易を通して国と国との通交を取り持った。しかし豊臣秀吉の朝鮮出兵で信頼関係が崩れ、対馬と朝鮮の通交は断絶した。その後、江戸時代には対馬藩の仲介によって両国の通交は復活し、対馬も明治維新まで様々な特権を保持した。古来この島は、大陸と日本本土の間の海上にある"国境の島"であり、常に時代に翻弄されてきた。

リアス海岸が生み出す自然は豊かで、島の中央部には大きく静かな浅茅湾があり、その海面では真珠貝の養殖などが行われている。「烏帽子岳展望所」(2024年4月から当面、道路工事のため通行禁止)からは浅茅湾が一望でき、天気がよいと海と森の素晴らしい風景が広がる。

また韓国の釜山が遠望できる場所として知られる最北部の集落・鰐浦地区では、4月下旬〜5月上旬になると「ヒトツバタゴ」という木に真っ白い花が一斉に咲き、春の対馬を彩る。

南部には国天然記念物となっている照葉樹林の竜良山原生林がある。この山の麓は天道法師伝説の地で、静かな森の聖地として禁足地となっているところもある。「お天道様はお見通し」という言葉に現れる、天道信仰発祥の地だ。

黒瀬観音堂の銅造如来坐像。国指定重要文化財。

宗氏の菩提寺である万松院。宗家墓地まで132段の石段を上る。

長崎県

所在地 長崎県対馬市 面積 0.09㎢
周囲 2.1km 最高所 29m
人口 51人

航空自衛隊の建物が見える海栗島。

海栗島 Uni-jima

韓国との国境を空から守る

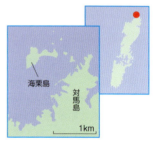

対馬島の北端、鰐浦(わにうら)地区の北約1kmにある。1903（明治36）年に旧陸軍の無線基地が造られ、その後砲台なども設置されて、長い間軍事上の機密の中にあった。今も航空自衛隊の分屯基地が置かれていて、一般人の渡島はできない。

島の高台には巨大なゴルフボールのようなレーダードームが建つ。韓国と対馬海峡を挟んで向き合う国境最前線の空域を、24時間監視している。

年に1度、5月にヒトツバタゴという真っ白な花の開花期に行われる鰐浦地区の春祭りに合わせて、1日だけこの島が一般に開放されていた。各施設を説明を受けながら歩いて回ることができ、島内に咲くヒトツバタゴもめでることもできたのだが、2010（平成22）年からこの開放は中止されている。

海栗島の港。

トーチカの跡。

島山島

Shimayama-jima

島山島の集落。

対馬島のほぼ真ん中の浅茅湾(あそう)にあり、対馬島との約50mの狭い瀬戸に「浅茅パールブリッジ」が架かる。

橋名がパールなのは、複雑な入り江の浅茅湾を活用して真珠貝の養殖が行われるところから名付けられた。漁業全般が活発で、タイやハマチの養殖が盛ん。

対馬島独特の景観である石屋根の材料となる島山石の生産地だが、板状に割って使えるこの独特な石も今では需要がなく、採石はされていない。

所在地 長崎県対馬市　面積 4.70km²
周囲 450km　最高所 118m
人口 25人

長崎県

沖ノ島

Okino-shima

住吉瀬戸。

対馬島中央部東海岸の住吉地区と、約50mの住吉橋でつながる島である。沖ノ島の奥に位置する赤島までを結ぶ道路が1本、島の中央部を貫き、その両側は原生林である。

浅茅湾は、その東側も複雑に入り組む海岸が多い。住吉瀬戸の深い海の色は美しく、それを見やりながらこの沖ノ島の真ん中を進んで行くと、みごとな原生林の中に入っていく。

所在地 長崎県対馬市　面積 2.66km²
周囲 23.0km　最高所 119m
人口 18人

赤島・泊島

Aka-shima / Tomari-shima

長崎県

所在地 長崎県対馬市　面積 0.58㎢
周囲 8.0km　最高所 72m
人口 34人

対馬島の中央部東側にのびる岬の先端の島で、泊島と赤島の間が埋め立てられてつながった。赤島大橋で沖ノ島との間は結ばれていて、泊島が道路の終点になっている。

沖ノ島と赤島を結ぶ赤島大橋。

明治時代に広島県と山口県からの入植者があり、集落ができた。その当時は水揚げが多く、対馬島有数の漁業基地として発展したが、その後衰退した。広大な敷地に漁網が干してあるなど、のどかな漁村の風情が漂う。

向島 Muku-shima

佐賀県

所在地 佐賀県唐津市　面積 0.30㎢
周囲 4.0km　最高所 67m（クラマ岳）
人口 50人

長崎との県境、星賀(ほしか)港の北約5kmにある。戦国時代、秀吉に滅ぼされた松浦の波多三河守一族ゆかりの島と伝えられる。

定期船が島に近づくにつれ、正面左端にそびえるように高みになった山が目立ってくる。これがクラマ岳で、屹立する崖の上に灯台が建つ。

北端の磯に続く山道をたどると途中に「金山ぶつぶつ」と呼ばれる森と岩場の一角が

クラマ岳と向島灯台。

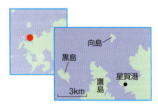

ある。金鉱を探した岩山で、結局鉱脈は見つからず、夜に話し声が聞こえるという伝説の場所。

玄海諸島最大の馬渡島。

馬渡島
Madara-shima

佐賀県
所在地 佐賀県唐津市
面積 4.24km²
周囲 12.5km 最高所 238m（番所ノ辻）
人口 280人

キリシタンと仏教徒が住み分け

呼子港の北西約12kmの玄界灘にある。島内消費分の野菜畑などがあるだけで、この島は漁業と観光の島である。

江戸時代中期、キリシタンの弾圧によって、居住地を追われた一家7人が長崎の黒崎村（現在の長崎市外海地区）から海に逃れ、やがてこの島に漂着し、山を開いて生活を始めた。

その後の1860年代にも長崎の平戸島などからのキリシタ

馬渡島カトリック教会。

馬渡神社。

ンの漂流者が移り住んだ。港のある宮の本地区（本村）は仏教徒の集落で、少し離れて二夕松と野中地区（新村）は後から入って開拓したカトリック教徒の集落というように、住み分けがなされている。

佐賀県

加唐島

Kakara-shima

所在地　佐賀県唐津市　面積　2.83㎞²
周囲　14.6㎞　最高所　123m
人口　117人

百済の王が生まれたというオビヤ浦

海食崖で一見険しそうな加唐島全景。

　東松浦半島の先端、呼子港の北約6kmの玄界灘にある。港から緩い坂を上って集落へ向かうと、家々が点在する。緩斜面に建つ民家には農作業用のトラクターなどがあり、それに乗って畑に出かけるようだ。

　この島にまつわる歴史は古く、"各羅島"という名前で『日本書紀』にも出てくる島である。神功皇后の新羅出兵の際、身ごもっていた皇后はこの島の海岸に立ち寄り、「着帯式」を挙げたと伝えられる。その海岸は「オビヤ浦」と呼ばれ、一角には小さな湧き水が残る。

　この島で、百済の第25代の王である武寧王（ムリョンワン）が生まれたといわれている。武寧王は高句麗に奪われ混乱の中にあった百済を鎮定させた王として知られる。

　『日本書紀』には「於筑紫各羅嶋産児。仍名此児曰嶋君。於是、軍君即以一船、送嶋君於国。是為武寧王。」という記述があり、その内容は、筑紫にある「各羅嶋」で側室は子を産んだ。その子は嶋君と名付けられて国（百済）に送られ、そして大人になり武寧王となった、というものである。オビヤ浦はその生誕地といわれる。

　朝鮮半島と日本を結ぶ歴史上、重要な島なのである。

神功皇后伝説を残すオビヤ浦。

上空から見た小川島。(佐賀県農山漁村課)

小川島

Ogawa-shima

佐賀県

所在地　佐賀県唐津市　面積　0.92㎢
周囲　4.0㎞　最高所　61m
人口　263人

近海捕鯨で栄えた島

　呼子港沖約6kmの玄界灘にある。島内をくまなく一周しても3時間ほどのこぢんまりとした島だ。

　黒潮から分流した対馬暖流の流れに乗り、江戸時代から近海捕鯨の島として栄えた。集落の西の位置に「小川島鯨見張所」が今も保存されて残る。1838（天保9）年には42艘の網捕鯨の船がこの島の港に

小川島鯨見張所。

連なっていたという。さぞや圧巻だったことだろう。

　近海捕鯨の歴史がある九州の北西岸一帯には、クジラをどう食したかという記録もよく残っている。

　クジラの軟骨を酒粕に漬け込んだ松浦漬は、明治時代からある珍味である。かつてクジラ関連の商品は平戸島周辺で手に入ったものだが、近年、すっかり見かけなくなった。しかし小川島への船が出る呼子では、今でもこの松浦漬が造られている。日本のクジラ利用と食文化はぜひ残し続けてほしいものである。

佐賀県

所在地 佐賀県唐津市　面積 0.63km²
周囲 3.6km　最高所 138m
人口 45人

全島が山という印象の松島。

松島 Matsu-shima

漁港の前には教会の尖塔

漁港の前にある松島カトリック教会。

　呼子港の北約7kmの玄界灘にあり、こんもりとした島の形でその全体は山林に覆われている。東松浦半島先端の波戸岬からは松島の全景をはじめ、東は小川島から加唐島、西には馬渡島、南西側の遠方には長崎県の的山大島も望める。

　江戸時代後期まで約600m離れた加唐島に住む一族が領有する無人島だった。安政年間（1854〜1860年）にその加唐島からの入植者が島を開いた。その後、長崎県佐世保の黒島からキリシタンの入植を受け入れ、その流れで現在まで島びとはカトリック信者である。

　小さな定期船が港に入ると、美しい水面に尖塔を映す松島カトリック教会のまばしい輝きが印象的である。日曜日は漁師も漁を休み、港の教会に集まり、集落には礼拝のためのアンジェラスの鐘の音が響き渡る。宿泊施設も商店もないが、1日ゆっくりと散策・見学ができる島である。

加唐島から見た松島。

空から見た加部島。

呼子の本土側から見た田島神社。

佐賀県
所在地　佐賀県唐津市
面積　2.72㎢
周囲　8.0km
最高所　112m（天童岳）
人口　458人

加部島 Kabe-shima

佐用姫伝説の石が残る

　呼子港の沖500mにあり、1989（平成元）年、島の南部と呼子本土が呼子大橋でつながり、北端の加部島灯台付近へ行けば、玄海諸島の4つの島々の素晴らしい眺めが一望できる。

　航海安全の神、古色を帯びて荘厳な田島神社は、島の東部にあり、県下最古の宮として知られる。かつては中国、朝鮮半島に渡る拠点だった。

　田島神社の境内社には佐用姫（ひめ）伝説の松浦（まつら）佐用（さよ）姫を祀る佐

加部島灯台のある島の北端からの眺め。

與姫神社（佐用姫神社）がある。佐用姫は唐津の豪族の娘で、同じく豪族である大伴狭手彦（おおとものさてひこ）は新羅の任那侵攻を受けて鎮定のため出征することとなる。その際加部島に立ち寄り、佐用姫と恋仲になるもついに出征となり、姫は泣きぬれたまま7日7晩が経ち、ついにその場で石となってしまったという伝説がある。神社の境内にあるその石が「望夫石（ぼうふいし）」だ。

　この悲恋の別れは『万葉集』巻五に、狭手彦と弟日姫子（おとひめこ）として詠（よ）まれている。

　「風の見える丘公園」は360度の景色を眺める絶好の場所である。

佐賀県

神集島

Kashiwa-jima

所在地 佐賀県唐津市　面積 1.39㎢
周囲 6.5km　最高所 85m
人口 261人

神を集めた島

東松浦半島北東部の湊沖の唐津湾にある。湊から島の一番近いところまでわずか700mの距離にある。

島名の神集は、神功皇后が朝鮮出兵の際に神々をこの島に集め、航海の安全を祈願したことにちなむといわれる。

漁港をかぎ状に囲む岬の先端に、玄界灘沿岸で見つかったという蒙古碇石（長さ2.68m、最大幅0.38m、最大厚み0.26m）がある。蒙古軍（元軍）の襲来があった文永の役（1274年）と弘安の役（1281年）で、元軍の船が使っていた碇といわれるが、宋の商船が使っていた碇の可能性もあるとみられている。

島内ではあちこちで旧石器時代から古墳時代にかけての遺跡が発掘され、鬼塚古墳群は石室古墳。漁港の先端に、住吉神社があり、近くには香りのよいハマユウも群生する。

かつてここは捕鯨の島だった。1895（明治28）年に建てられた鯨恵比須は、捕鯨事故の供養のためのものである。

神集島全景。（佐賀県さが創生推進課）

港前の集落。

住吉神社横にある蒙古碇石。

鉄かぶとのような山容の高島。

高島 Taka-shima

宝くじ当選祈願で話題の神社

宝当神社。(写真AC)

佐賀県

所在地　佐賀県唐津市　面積　0.62㎢
周囲　3.0㎞　最高所　170m
人口　187人

　海際にある唐津城の北約2.5kmの唐津湾にある。鉄かぶとのような特異な形をした島である。標高170mの山は、南斜面に裾野を大きく広げ、その大地にはマテバシイの群生が見られる。
　宝当(ほうとう)神社という名前の神社で宝くじの当選祈願をした人たちがことごとく当選したことから、宝くじが当たると縁起がいい神社として知られる。
　宝当神社はこの島の塩屋神社の境内に置かれた社である。塩屋神社はその昔、横行する海賊からこの島を守って死んだ野崎隠岐守綱吉を祀った神社で、1581(天正9)年に建立された。
　江戸時代に魚見台があったという展望所は遠く壱岐あたりまで見え、野崎綱吉が最後に戦ったという黒瀬岩、夫婦岩(宝当二見ケ浦)とも呼ばれる赤瀬は絶景だ。

福岡県

所在地　福岡県糸島市
面積　0.75㎢
周囲　3.8km
最高所　187m（鎮山）
人口　134人

姫島のゴーラー。

姫島 Hime-shima

江戸時代、福岡藩の流刑地

糸島半島の西約4kmの玄界灘にあり、円錐形の南斜面裾に集落が広がるツバキの咲く島である。1640（寛永17）年に鎮山に外国船監視の遠見番所が置かれ、寛政年間（1789〜1801年）は島の北部に牛牧があった。

江戸時代、この島は福岡藩の所領で流刑地だった。幕末に勤皇の女性志士とうたわれ

野村望東尼獄舎跡に建つ堂。

た野村望東尼は、「乙丑の獄」によってこの島に配流された。福岡藩士の夫と暮らしていたが夫が亡くなり、隠居所に勤皇家をかくまうなどしたため、藩の尊王攘夷派の弾圧によりこの島に流されたのだ。望東尼が幽閉された牢屋の跡に、現在は、小さな堂が建てられている。

島の南部の港には綿積神社があり、その先にはゴーラーと呼ばれる玉石の浜辺が、沖に延びている。ゴーラーとは「強浦」でごつごつとしたという意味なのだろうが、その名の由来はわからない。

道の分岐に建つ家。

相島 Aino-shima

西側上空から見た相島。(写真AC)

新宮町の北西、約7.5kmの玄界灘にある。

島の東端にある小山から海上に見える穴の開いた岩は、鼻栗瀬と呼ばれる。「はなぐり」とは鼻刳のことで、牛の鼻に通す鼻輪である。海上のそれを鼻刳と見立てたセンスは素晴らしい。

文永の役・弘安の役(元寇)の際に戦場となった場所といわれる。また豊臣秀吉の朝鮮出兵の際に、戦勝を祈願するため、兵士1人に1個ずつ積み石をさせたといわれる「潮井石(しおいのいし)」が残る。

所在地　福岡県新宮町
面積　1.22㎢
周囲　6.90km
最高所　77m(高山)
人口　215人

玄界島

Genkai-jima

博多港の北西約18kmの博多湾口にある。

船で約30分という都会近接の素朴な漁業の島。緩やかな傾斜面と中央部にひとつ山がある。バランスのよい形の島で、能古島(のこのしま)や志賀島(しかのしま)などからその景観がうかがえる。

2005(平成17)年、その美しい形の島が福岡県西方沖地震に襲われ、70%の民家が全半壊した。島の名物ともいわれた斜面に建つ家並みや、風情のある石造りの階段がすっかり壊れてしまった。その後、新しい住宅や道路、斜面移動のエレベーター、運搬用モノレールなどが設置され、近代的な新しい景観に生まれ変わった。

上空から見た玄界島。(福岡市)

所在地　福岡県福岡市
面積　1.16㎢
周囲　4.6km
最高所　218m(遠見山)
人口　353人

福岡県

所在地　福岡県福岡市
周囲　9.0km　面積　3.95㎢
人口　661人　最高所　195m

博多湾の能古島と福岡市街地。(Fumio Hashimoto＝福岡市)

能古島
Nokono-shima

福岡市民憩いの場

福岡市街の北約2kmの博多湾内にある。福岡市民が日帰りで訪れる憩いの場として、古くから親しまれている。

四季折々の花を咲かせる「アイランドパーク」。(のこのしまアイランドパーク)

古くは牛の放牧地になっていた島と伝えられる。博多湾の出入り口にあり、江戸時代には廻船問屋で栄えていたといわれる。

この島で1764(明和元)～1787(天明7)年までの短期間に焼かれた能古焼は、陶器のほかに磁器まであったという。能古博物館に展示物としてある。

能古焼古窯跡。(福岡市)

「思索の森」など全島自然林に覆われる島だが、四季の草花で覆われる「アイランドパーク」はこの島を代表する景勝地である。

小説『火宅の人』などで知られる作家の檀一雄が晩年を過ごした島で、近年まで旧宅は残っていたが、現在はその跡地に歌碑が建てられた。

島内を歩くと眼下に博多湾の海と漁船が絵のような風景を描く。

海の中道と志賀島。(写真AC)

福岡県

所在地 福岡県福岡市
面積 5.82㎢
周囲 11.0km
最高所 169m
人口 1438人

志賀島

Shikano-shima

金印が出土した島

博多湾を囲むように東側から延びる"海の中道"があり、その先端に砂州でつながるのが志賀島である。1930（昭和5）年、志賀島橋で本土とつながるもその後橋脚に砂が堆積し、完全に陸続きとなった。「漢委奴国王」の金印が、この島から出土したことはよく知られる。江戸時代の1784（天明4）年、田を起こしていた地元の甚兵衛が偶然、金印を発見する。

5世紀に中国で編纂された『後漢書』東夷傳に、後漢の初代皇帝「光武帝」が倭奴国の使者に金印を授けたと記されている。これは日本では弥生時代の西暦57年にあたる。なんとも古代のロマンがあふれている。

綿津見三神を祀る「志賀海神社」の境内にある鹿角堂には、1万本の鹿の角が奉納されている。『万葉集』に数多く登場する島でもある。

北部の休暇村がある勝馬海水浴場付近からは、糸島半島の西浦埼や玄界島方向に落ちる夕日がきれいに見える。

木々が生い茂る志賀海神社の参道。

勝馬海水浴場から見る落日。

福岡県

所在地 福岡県福岡市
面積 0.43km²
周囲 3.3km
最高所 109m
人口 158人

玄界灘にポツンとある小呂島。

小呂島
Orono-shima

七社神社。

福岡藩の流刑地となった島

　博多港の北西45kmの、玄界灘にポツンとある。太平洋戦争の時には砲台が置かれていたという、戦時中の要塞の島だった。

　巻き網漁が盛んでサバやアジが揚がるほか、ヒラメなどの高級魚を刺し網漁で捕る。また、真夏の海女たちによるアワビ漁も風物詩といってよい。海女は島の南、七社神社の横の東海岸からたらいを担いで海に集まり、ゴロタの磯から泳ぎ

夏に行われる海女漁。

出る。

　小呂小中学校までの道のりには畑や花畑などがあり、途中には希少植物「クロバナイヨカズラ」の自生地がある。

　福岡藩の学者であった貝原益軒（かいばらえきけん）は、19歳のときに2代藩主・黒田忠之の御納戸御召料方として仕えたが、2年余りで藩主の怒りに触れ、7年間の浪人生活のうち3年間をこの島に追放されていたという。同じく福岡藩の儒学者であった柴田風山（ふうざん）は、著書の筆禍が元となり、ここに流刑となった。

大島(宗像大島)

Oh-shima

所在地 福岡県宗像市　面積 7.22㎢　周囲 16.5km　最高所 224m(御嶽山)　人口 540人

福岡県

宗像市神湊の北西約7kmにある。中世以降は水軍の根拠地になったり密貿易の中継地になったりしたといわれる。江戸時代には遠見番所が置かれて異国船の監視が行われた。

この島には宗像大社三女神

港前の町地区。

の一神である湍津姫神を祀る中津宮がある。また北部の高台には、沖ノ島にある沖津宮を望む沖津宮遥拝所がある。沖ノ島は女人禁制のため、女性はここから参拝する。

毎年10月には海上安全・豊漁祈願の海上パレード「みあれ祭」が行われる。

地島 Jino-shima

所在地 福岡県宗像市　面積 1.62㎢　周囲 9.3km　最高所 187m　人口 122人

宗像市鐘崎の北西、約1.5kmにある。泊地区と豊岡地区の2つの集落があり、豊岡はかつて白浜と呼ばれていて、港ができる前までは美しい白砂の浜辺があった。

島全体が山林で、約6000本のヤブツバキが自生している。2つの集落を結ぶ舗装された道はほどよい起伏で、植

豊岡港。

物探索や野鳥観察が楽しめる。泊地区には、慶長の時代(1596～1615年)、参勤交代の黒田長政が島に立ち寄り、水をくんで使ったという「殿様井戸」や、航行する船に石の寄付を募り造ったという波止場「殿様波止」が残る。

福岡県

馬島 Uma-shima

所在地　福岡県北九州市　面積　0.26㎢
周囲　5.4km　最高所　34m
人口　28人

平坦で台状の形をした馬島全景。

　小倉港の北西約9kmの、関門海峡出入り口にある。北九州市本土、最短は3kmと近い。江戸時代には隣の六連島（山口県）と並び「小六連島」と呼ばれたこともあるほど、その距離は近いが、馬島は福岡県にある。ところが島の水は県境を越えて、六連島から海底送水されている。

　江戸時代に小倉の農民が移住して開拓したのが、定住の始まりと伝えられる。海峡が近く、速い潮流の瀬戸付近や日本海側の漁場に恵まれ、漁業が盛んな島である。宿はないが、釣り客が多く訪れる。

藍島 Aino-shima

所在地　福岡県北九州市　面積　0.68㎢
周囲　13.5km　最高所　25m
人口　188人

　北九州市の沖、約4.2kmの響灘にある。

　『日本書紀』にも登場し、1618（元和4）年に長門国（山口県）からの漁民が移住して、沿岸漁が始められたと伝えられる。

　江戸時代には密貿易船を見張るため、小倉藩の遠見番所が置かれた島。外国船の監視や唐船の密貿易の取り締まりに使われた。密貿易船を発見した時には、紺地に白い染め抜きの三階菱紋入り大旗を「旗柱台（はたばしらだい）」に立て、境鼻番所（小倉北区中井浜、櫓山荘跡）に連絡するように決められていたという。旗柱台は現存し、県史跡に指定されている。

旗柱台。

朝焼けの中の青島。

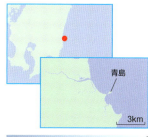

> 宮崎県
> 所在地 宮崎県宮崎市 面積 0.04km²
> 周囲 0.86km 最高所 6m
> 人口 7人

青島 Ao-shima

浦島伝説発祥の地

宮崎市の郊外約15km、日向灘にあり、海岸から約300mの弥生橋で結ばれている。

島全体が「青島神社」の神域で、古くは一般の立ち入りが制限されていた。

現在は島を取り囲むギザギザの岩盤である「鬼の洗濯板」(国指定天然記念物)で全国的に知られる観光地となっている。島内はビロウの群落をはじめとする亜熱帯植物が覆う。

この島は浦島伝説の発祥の地でもある。『古事記』の海幸彦山幸彦の神話では、ある日、兄(海幸彦＝火照命)から借りた釣り針を海で失くしてしまった弟(山幸彦＝火遠理命)が兄にひどく叱られる。弟が困り果てるところに潮流の神が現れ、小舟で海の国の海神の下へ探しに行くことを教える。弟

鬼の洗濯板。

は海神の宮殿に行き、そこで海神の娘、豊玉毘売命と出会う。恋仲となり結婚した弟は、海神の宮殿で3年ほど暮らす。

その後海神の力を借り、タイの喉に掛かっていた釣り針を見つけ、その針を手に元の場所に帰還する。最後には無理難題を課す兄を降伏させる、という神話である。

その弟が地上に戻った後に住んだのが、青島神社だ。

神話に彩られた青島神社。

宮崎県

所在地 宮崎県串間市　面積 0.24km²
周囲 2.2km　最高所 102m
人口 9人

対岸の䑓地区から手の届きそうに見える築島。(写真 AC)

築島 Tsuki-shima

築島さんが買った島

　宮崎県南部、串間市䑓漁港の東約500mにある。江戸時代から明治時代にかけての漁師たちは、より良い漁場を求めて、遠方の島々に移住をしていたようである。島名は、1882（明治15）年、四国宇和島の築島藤吉という漁師が、当時の金額にして61円（現代にして120万円ぐらい）でこの島を買い取り、住み始めたことに由来するといわれる。

　漁業をなりわいとする島で、アジ、サバなどの一般魚を捕る他、定置網漁やはえ縄漁も行う。とりわけ9月から10月に行われるイセエビ網漁では、毎年多くの水揚げがあり、

ひな壇状に家が建つ築島の集落。

高値で取引されていた。

　若い漁師は遠洋漁業に出ていて、年に1、2度帰郷するが、秋祭りの「山の神祭り」と新年大漁祈願の「恵比須祭り」は、子どもと大人全員で行う。

島野浦島

Shimanoura-shima

宮崎県
所在地 宮崎県延岡市 面積 2.84km²
周囲 15.5km 最高所 185m（遠見場山）
人口 710人

所狭しと漁船が並ぶ漁港。

延岡市の北東約17kmの日向灘（ひゅうが）に面した島である。元禄年間（1688〜1704年）に定住が始まったといわれ、幕末には人口1074人を数えたという。

全国的に知られる水産漁業基地で、巻き網漁を中心に行い、イワシ、サバ、キビナゴが捕れる。

島の周囲はリアス海岸に囲まれ、日豊海岸国定公園の一部となっている。海中公園にはオオスリバチサンゴやウミトサカなどの海洋生物が生息しており、グラスボートに乗ると船上から見ることができる。

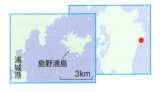

大島（日向大島）

Oh-shima

所在地 宮崎県日南市 面積 2.09km²
周囲 9.5km 最高所 206m
人口 統計なし

日南市目井津港（めいつ）の東約2.5kmの日向灘にある。幕末までは飫肥藩（おび）の馬牧だった島で、変化に富む海岸と山林が織りなす風景は素晴らしい。山王神社近くにあるアコウは、樹齢150年を超えるという大樹。

南端にある鞍埼灯台（くらさき）は1884（明治17）年に造られた白亜の灯台で、古さを感じさせない美しいデザインである。島の中央にある「大島アドベンチャーキャビン・コテージ」は宿泊と散策拠点で利用できる。

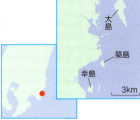

本土側から見た大島全景。

大分県

所在地 大分県佐伯市　面積 1.10k㎡
周囲 4.0km　最高所 98m
人口 17人

深島 Fuka-shima

　大分県の南東、蒲江港の南、約9kmにある。地殻変動などによって周辺域が溺れ谷のように沈降と浮上を起こした結果、最上部が島として残ったといわれる。

　江戸時代の1721(享保6)年に、本土から農民が移住して島が開かれたといわれる。その約20年後、佐伯藩により深島の住民は屋形島に移され無人化し、その後藩の流刑地となった。1872(明治5)年に

定期船後部から見た深島。

再び人が島に戻った。

　島の婦人たちが麦麹で手作りする「深島みそ」は風味が良い。このみそを使って作る貝汁は絶品である。

所在地 大分県佐伯市　面積 1.06k㎡
周囲 3.0km　最高所 199m (龍王山)
人口 15人

屋形島

Yakata-jima

　宮崎県境の深く入り組んだ海岸線沿いで、蒲江港の南約2kmにある。元禄年間(1688〜1704年)に開拓が始まり、その後佐伯藩の牧場となった。

海岸線に群生するハマユウ。

　北部の集落から西側にみごとな畑があるが、主な産業は漁業。温暖な海流が流れ込む海域にはサンゴが生育しており、港から集落に向かう海岸線には大きなハマユウの群生が見られる。初夏になるとこの道は、甘い芳香に包まれる。

大入島

Ohnyu-jima

大分県
所在地 大分県佐伯市 面積 5.65km²
周囲 23.2km 最高所 194m（遠見山）
人口 542人

佐伯港の北約700mにあり、100〜200mの山が連なる島である。リアス海岸の浦に集落があるが、平地がほとんどない。斜面を段々に開いて、集落の家々が建っている。島びとはイリコ、チリメンの原料のイワシ稚魚を捕る引き網漁や底引き網漁などを営む。

島の北部の海上には奇岩の名勝「人形礁（にんぎょうばえ）」がある。船

人形礁。

上から見るとその向きによって大名の裃姿（かみしも）に見える。全国の島々にもユニークな形の岩はあるが、この人形礁のように裃姿の大名に見立てられる岩は、他にはない。

中央部の白浜海岸は水遊びができる美しい砂浜だ。

大島（鶴見大島）

Oh-shima

所在地 大分県佐伯市 面積 1.63km²
周囲 11.9km 最高所 193m
人口 87人

豊後水道に突き出た鶴見半島の先端から600mにあり、豊後サバやアジの漁場にも恵まれ、大島の漁師の漁獲量は多い。またブリ、サワラ専門の一本釣り漁師が多いのも、この島の特徴である。

海況と魚の有無を判断する「魚見」ができる漁師、つまり

急潮の元ノ間海峡の向こうに大島が見える。

天気、気温、潮の状況を即時に判断できる目利きが多い。元ノ間海峡（もとのま）の急潮などを見て育つと、潮が見極められるいい漁師が育つのだろう。

大分県

地無垢島
Jimuku-shima

所在地 大分県津久見市　面積 0.29km²
周囲 3.0km　最高所 111m
人口 28人

津久見港の北東、約15kmにある。本土と最も近い楠屋鼻からは約7kmの距離にある。有人の地無垢島と接して歩いて渡れそうな距離に、無人の沖無垢島が見える。近隣や地元の人々はこの2島まとめて「無垢（むく）島」と呼ぶ人が多い。

島は海からいきなり屹立して洋上に見え、全島が険しい島山といった感じである。人口よりはるかに多いヤブツバキ5

漁港と地無垢島唯一の集落。

000本が植えられ、希少な特産品の椿油が作られている。

黒島　Kuro-shima

所在地 大分県臼杵市　面積 0.20km²
周囲 不明　最高所 27m
人口 1人

臼杵市尾本港の向かい300mにある。夏休みなどに海水浴などを楽しむ島として親しまれ、観光ミカン狩りができる島として知られる。

この小さな島には日蘭友好の歴史がある。のちに徳川家康の政治指南役となるウイリアム・アダムス（三浦按針）が、オランダからインド方面に向けて出航。その後船が漂流し、インドより近い陸地である日本の「ブンゴ」を目指した。2年

対岸から見た黒島。

の格闘の末、1600（慶長5）年、この島に船が漂着して救助されたのだ。

このときの航海士ヤン・ヨーステンとアダムスは、オランダと日本の交流の基礎を作った人物として後世に知られる。

保戸島全景。(写真 AC)

保戸島 Hoto-jima

マグロ遠洋漁業の拠点

若い漁師が担ぐ神輿が海へ突進する。

大分県

所在地　大分県津久見市
面積　0.86km²
周囲　4.0km
最高所　179m（遠見山）
人口　536人

　津久見港の東約14kmの豊後水道にある。終戦直前、米軍艦載機が島を襲来して爆弾が投下され、その1発が保戸島国民学校に命中。児童・教師127人もの犠牲者を出した悲しい歴史を持つ。海徳寺にある供養塔には、慰霊の花が今も絶えない。

　1890（明治23）年頃から始まったマグロ遠洋漁業は、今も島の基幹産業だ。最盛期には160隻を超えるマグロ漁船を保有し、南太平洋などに出

津久見市街で供される「ひゅうが丼」。(写真 AC)

漁した。現在も年に数回、マグロ船が帰港すると、持ち帰った新鮮なマグロが島に出回る。ぶつ切りにしてゴマだれに漬けて熱々のご飯の上に載せた「ひゅうが丼」は、島や周辺で供される伝統料理で、漁師飯らしい豪快な食べ方だ。

　マグロ漁関係者は高収入で、島の家々はほとんどがコンクリート3～4階建て。島の斜面に密集して立派な家が建つ景観は圧巻である。

　京都の上賀茂神社から勧請された別雷神（わけいかづちのかみ）が、集落と港を見下ろす加茂神社に祀られていて、夏の大祭のときはこの神社を発った神輿が石段を下り、漁港で海上渡御となる。何度も海に突進する度に大歓声が上がる。

大分県

所在地 大分県姫島村 面積 6.99km²
周囲 17.0km 最高所 266m（矢筈岳）
人口 1725人

姫島 Hime-shima

国生み神話由来の島

　国東(くにさき)半島国見町の北、約6kmにある。国生み神話に由来のある島で、伊邪那岐命(いざなぎのみこと)と伊邪那美命(いざなみのみこと)が最初の8つの島を生んだ後、次に女島を6つ生み、その4番目に生まれたのが姫島といわれる。

　瀬戸内海の最も西にあたり、伊予灘から周防(すおう)灘を抜ける航路において、最後に見る島となる。その重要な航路を照らすために1904(明治37)年、57mの高さの断崖に、御影石造りの「姫島灯台」が建てられた。八重桜が真っ白の灯台を囲むように満開となる光景はまた格別だ。

　「姫島の盆踊」は鎌倉時代の"念仏踊り"が根底にあるといわれ、子供たちが盆に踊るキツネ踊りはかわいらしい。

　大人の男たちが踊る「銭太鼓」は、中腰姿で踊る格好が実におもしろく、もうひとつの「アヤ踊り」は大きくのけ反りながら踊る勇壮な動きが魅力。どちらも男女がおりなす名人芸ともいうべき、芸能踊りだ。何度も歌い手が歌い継いでいく中で、それぞれの踊りが繰り広げられていく。

国生み神話に登場する姫島の景観。

月遅れ盆（8月）に行われるキツネ踊り。

1904年初点灯の姫島灯台。

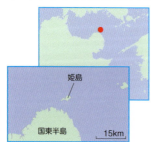

瀬戸内

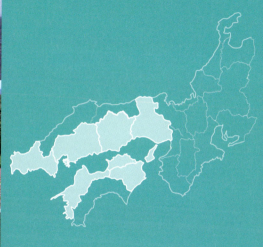

- ◆ 山口県
- ◆ 広島県
- ◆ 岡山県
- ◆ 兵庫県
- ◆ 愛媛県
- ◆ 香川県
- ◆ 徳島県

山口県

竹ノ子島
Takenoko-jima

所在地 山口県下関市
周囲 不明 最高所 112m
面積 0.18km²
人口 159人

本州の九州寄りの先端部にある島で、もともと彦島とは300mほどの距離が埋め立てられ、最後の70mほどの部分に竹ノ子島橋が架かり島に渡れるようになった。

関門海峡出入り口にあたる島の南西部には「台場ヶ鼻通航潮流信号所」がある。関門海峡を通行する船舶に、通航信号と潮流信号を出す場所である。

彦島との間を70mでつなぐ竹ノ子島橋。

また、竹ノ子島は最高所が112mと高く、彦島・南風泊港の西側にあって強風や高波から港を守る自然の防波堤になっている。

彦島　Hiko-shima

所在地 山口県下関市
周囲 不明 最高所 113m
面積 10.60km²
人口 2万3606人

下関市中心部の南西、関門海峡の北側にある。1157（保元2）年、島に落ち延びた伊予の勝山城主、河野通次が島の開祖と伝えられる。その後1185（元暦2）年には、平家一党が壇ノ浦の戦いを前にこの島に本陣を置いた。

1942（昭和17）年、下関の本土・竹崎と埋め立てによって接続し、造船、鉄工、水産施設の中心地となった。その後、1975（昭和50）年には小瀬戸をまたぐ彦島大橋が架かり、島は本土一体となった。

日清戦争の前（1888〜1890年）、彦島北部に設置された老ノ山砲台は、今は「彦島老の山公園」として、響灘を眺める格好の展望地になっている。

造船所のクレーンは本州の端で、その奥に彦島大橋が架かり、左側が彦島。

野島全景。

野島 No-shima

ハハハにちなむ
大笑い観音

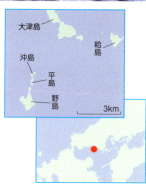

防府市の南東、約15kmにある。その昔鎌倉末期、防府富海(とのみ)という場所の一族がやって来て開拓し、その後島に入った石丸、西山、滝口、難波、松本、古城、阿部と合わせた「8軒株」が、島を発展させたと伝えられる。

江戸時代、島原の乱の際には、幕府側の水軍として野島の人々が活躍したと語り伝えられる。

今は人口も大きく減り、昔のにぎやかさはなくなってしまったが、夏の盆の時には現代の盆踊りの源流といわれる「念仏踊り」による盆踊りが行われる。海遊びも兼ねてこの時期に訪れると楽しい。

1996(平成8)年8月8日に「ハ、ハ、ハ」の読みにちなんで建てられた、高さ3mの「大笑い観音」がある。

夏ににぎわう津久美浜海水浴場。

山口県

所在地 山口県防府市
面積 0.73㎢
周囲 3.4km
最高所 77m
人口 71人

八立国

山口県

所在地 山口県周南市　面積 4.77km²
周囲 20.9km　最高所 174m（大津山）
人口 182人

人間魚雷「回天」発射訓練基地跡。

特攻兵器の人間魚雷「回天」。

大津島
Ohzu-shima

人間魚雷の訓練基地があった島

　徳山港の南西、約10kmにある。天然の良港・徳山湾を防御するかのように位置する。

　島はみごとな山林に覆われているが、石材を切り出す場所が露出しており、この島から切り出される御影石はかつて、大坂城築城の際に石垣に使われたという。

大坂築城で運ばれずに残った残石。

　太平洋戦争末期、日本海軍の特攻兵器・人間魚雷「回天」の訓練基地があった島である。

　回天は潜水艦の上に載せて移動し、目標が決まると切り離して発進させた。全長約14m、直径1m、乗員1人、1.5トンの爆薬を積み水中を時速約55kmで敵艦に突き進んだ。一旦発進すると戻ることはできず、「鉄の棺桶」と呼ばれた。

　1944（昭和19）年に付近の無人島で発進試験が行われ、大津島では発射訓練が実施された。ここで訓練し、尊い命を捧げた兵士は106人に上る。

笠戸島

Kasado-shima

山口県

所在地　山口県下松市
面積　11.67km²　周囲　36.0km
最高所　256m（高壺山）　人口　1027人

海上遊歩道（海上プロムナード）。

　下松市の南、瀬戸内海の周防灘にあり、笠戸大橋で本土とつながっている。

　島名の由来は、神功皇后が西国九州への旅の途中この島で1泊され、翌朝の出発の際に頭に被る笠を戸口に掛けたまま忘れていったことから名付けられたと伝わる。

　深浦集落には「笠掛けの松」の伝説がある。宮本武蔵を追いながら西へ下る佐々木小次郎がこの島に立ち寄って休憩したといわれる。その時に被っていた笠を掛けた松の木があったという。

　深い入り江が多い変化のある島で、車で行ける観光地としてにぎわう。

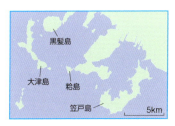

粭島 Sukumo-jima

所在地　山口県周南市
面積　3.33km²　周囲　不明　最高所　138m
人口　240人

海上渡御。（周南市観光振興課）

　周南市の南に延びる大島半島の先端に、徳山湾を囲むようにある。架橋されており、島の集落まで一本道で入っていくことができる。

　フグ漁で日本初のはえ縄漁法を開発した島として知られる。フグ延縄漁とも呼ばれるこの漁は、主軸のロープに枝分かれさせた餌付き釣り針の釣り糸をたくさん付けて流して捕る方法で、切られないよう鋼線を使い、今では効率よく漁獲できる一般的な漁法である。

　毎年7月に行われる「貴船まつり」は、海上を神輿が渡って歩く。白装束の男たちが勇壮な祭りを盛り上げる。

山口県

牛島 U-shima

所在地 山口県光市
周囲 1.0km 面積 1.90km²
人口 26人 最高所 155m（殿様山）

国立ハ

光市室積(むろずみ)港の南東約8kmにある。平安時代には牛の放牧場だったところから島名が付いたといわれる。

島の自慢は、船を静かに港に横付けするための「波止(はと)」があることである。数人の島びとが株主となり出資金で築造し、維持と管理は出資者が波止組合を作って行った。

やがて保守管理に手間のかからない桟橋に造り替えられていき、現在残っているもの

文化財の波止。

は藤田新次郎が1892（明治25）年に造った部分と、西﨑新左衛門が1887（明治20）年に造った「藤田・西﨑の波止」だけとなった。現役で使われている、味のある石積みの港である。

馬島 Uma-shima

所在地 山口県田布施町
周囲 5.8km 面積 0.70km²
人口 24人 最高所 110m（要害山）

国立ハ

田布施町麻里府港の南約3kmにある。2つの島が砂州で結合したのが馬島で、干潮時には南側にある刎島(はねしま)も馬島とつながる。平安時代から馬牧があったことから"馬飼い島"と呼ばれたことが島名の由来といわれる。

島が本格的に開拓されたのは1186（文治2）年以後で、その後水軍の根拠地にもなった。また、江戸時代には瀬戸内航路の中継地のひとつだった。

キャンプ場「のんびらんど・うましま」があり、小学生を対象とした「うましまこどもキャンプ」や、畑で野菜を収穫、野外クッキング体験などの交流イベントが開催されている。

上空から見た馬島。（田布施町）

佐合島 Sagoh-jima

定期船の接岸風景。

所在地　山口県平生町
面積　1.32㎢
周囲　5.5km　最高所　122m（立岩山）
人口　9人

平生町佐賀の南西、約2kmにある。白砂の美しい浜辺に、奇岩が点景になっている。かつて山の上には狼煙場(のろしば)があった。航行する船の情報を、上関の室津に狼煙で知らせるものだったといわれる。

俳人の久保白船(くぼはくせん)（本名・周一／1884～1941年）はこの島で生まれた。しょうゆ醸造の家業を継ぐため県立山口中学を卒業後、成人してこの島に戻り、中学時代からの親友である種田山頭火(たねださんとうか)と同時代を自由律俳句の世界で名を挙げた。生家跡には土塀の一部も残り、のどかな時の経過を感じる。

長島 Naga-shima

上関御番所。（上関町）

所在地　山口県上関町
面積　13.69㎢
周囲　350.0km　最高所　314m（上盛山）
人口　1249人

柳井市の南に延びる室津半島の突端にあり、室津と約100mの上関大橋で結ばれている。中心地は上関港で、昔から日本海航路の北前船が下関を回り込むと必ず寄港し、帆船が潮待ち風待ちをする港だった。

古くおもむきのある家々を残す集落を越えて、島の最も南にあるのが四代(しだい)集落で、ここは藩政時代の政治の中心だったところである。上関宰判跡、御茶屋跡、御客屋跡、越荷会所跡などの碑が建つ。かつて瀬戸内海を牛耳る地であったことが、まるで夢のようなのどかな場所である。

山口県

所在地 山口県上関町
面積 7.68km²
周囲 12.7km 最高所 357m
人口 281人

ひとつの山といった様相の祝島。

祝島 Iwai-shima

国立

家屋を風から守る「練塀」

上関港の南西、約16kmにある。万葉の歌人たちがこの島を伊波比之麻（伊波比島）と詠った時代から、九州国東半島と近畿を結ぶ瀬戸内航路にあたる要衝の島だった。

この島には4年に1度の「神舞神事」があり、これは886（仁

和2）年、東国東伊美郷（現大分県）の別宮社の神職が京都岩清水八幡宮から分霊を受けての帰途、海が荒れ、遭難して祝島の人に助けられた。その礼に神職が麦の種を祝島に贈ると島民の生活は向上、島から別宮社に参詣するようになったことが始まりという。

冬の季節風が強く吹く島だったことから、祝島では家の周りに石を練り込んで積み上げた塀を造り家屋を守った。練った土と石を漆喰で固めたこの塀を「練塀」という。石階段を歩き、独特な風情のある集落の景観を楽しみたい。

異国風の風情？　美しい練塀。

上空から見た八島。(上関町)

角地傾斜地のみごとな石垣。

空き地となった場所は花畑に。

山口県

所在地　山口県上関町
面積　4.16km²
周囲　16.7km
最高所　279m(西山)
人口　14人

国立八

八島 Ya-shima

古くも品格ある民家集落

上関町・室津港の南約10km、伊予灘北部にある。南北に連なる3島が砂州でつながっており、それを八島と呼ぶ。集落は島の南部の緩斜面にあり、その周囲には段々畑が作られたが、今ではそのほとんどが耕作放棄されている。

平安末期には京都・加茂別雷神社(かもわけいかずちじんじゃ)の荘園として開かれた。

また1697(元禄10)年の『畔頭差出文書(くろがしらさしだしぶんしょ)』によれば、島民は長島の鰯網の網子として雇われ、天保年間(1830〜1844年)には夏季に島外へ働きに出た数は毎年30人いたという。さらに冬季には長門仙崎、肥前五島有川の鯨組へ毎年100人余りが働きに出た。明治期にはイワシ地引き網の網元が5軒あり、1912(大正元)年には地引き網から船引き網に転換したが、昭和40年代に全てが廃業した。

植生では「八島与崎のカシワ・ビャクシン群落」が県の天然記念物に指定されている。

明治時代の中期以降に、ハワイへの移住者を多く出した島として知られる。

山口県

所在地 山口県柳井市　面積 1.656㎢
周囲 31.0km　最高所 468m（深山）
人口 247人

平郡東港と集落。（平郡東島おこし推進協議会）

国立／八／100

平郡島

Heigun-toh

イブキビャクシンの大木。（平郡東島おこし推進協議会）

平郡東港の端、浦集落。

平郡丸ゆかりの島名

　柳井市の南東約20kmにある。木曽義仲の子であった平郡丸（部栗丸）が、この島に落ち延び、その後しばらくして平郡丸は亡くなり、その名前を島の名に冠したという伝承がある。

　集落は東と西にひとつずつあり、農業と漁業で産業が成り立っている。集落の裏山に段々畑が開かれており、ミカンが多く栽培されている。西地区の氏神様である「重道八幡宮」には1280（弘安3）年の棟札が掲げられており、その古さを物語る。

屋代島
平郡島
長島
5km

166

笠佐島

Kasasa-jima

海上に笠が浮かぶような眺めの笠佐島。

所在地 山口県周防大島町
周囲 4.1km 面積 0.94㎢
最高所 115m（高尾山）
人口 7人

山口県

屋代島の西端、小松港の西約2kmにある。屋代島や対岸の柳井市側から眺めると、島の姿がこんもりと笠のように見える。

江戸時代には35ヘクタール

もの入浜式塩田が営まれ、島内の松の木を切り出して塩作りの燃料として使った。その後、燃料が石炭に替わると、移住者を入れて島を開拓した。

墓がなく、寺もなく、漁師はおらず、水が枯れず、忌み方位がなく、戸数が一定、蛇がいない、という"笠佐島の七不思議"が住民の間で語り継がれている。

前島 Mae-jima

スナメリは小型のイルカで、群れで生息する。4～11月頃がスナメリウォッチングツアーに最適。（写真AC）

所在地 山口県周防大島町
周囲 2.2km 面積 1.09㎢
最高所 125m
人口 5人

屋代島の久賀港沖、約6kmの瀬戸内海にある。

江戸時代に萩藩の藩有林となり、盗伐防止のために屋代島久賀村の農民を移住させた。農業と漁業がなりわいで、農業は稲作とサツマイモの自給

栽培が主だった。昭和30年代半ばに温州ミカンの栽培が盛んになったが、現在その農地の多くは耕作放棄されている。

集落外れの黄幡（おうばん）神社は金運・海運の神様として知られる。近年は「スナメリウォッチングツアー」が実施されている。

山口県

所在地 山口県周防大島町
面積 128.31km²
周囲 不明
最高所 694m（嘉納山）
人口 1万4477人

ハワイのビーチを思わせるビー玉海岸海水浴場。

屋代島
Yashiro-jima

民俗学者・宮本常一生誕地

　柳井市の東約7kmにある大きな島で、大畠との間の約1kmが大島大橋で結ばれている。民俗学者・宮本常一を輩出した島でもある。

　記紀神話には大八洲国の1島とされる。歴史と風格をそなえた日本の島といえよう。

　水軍が跋扈した安土桃山時代の1581（天正9）年に、この島は村上水軍一族・村上武吉

日本三文殊のひとつ、文殊堂。

戦艦陸奥の慰霊施設「陸奥記念館」。

の支配地となり、江戸時代になると毛利藩領地となった。

　多くのハワイ移民を送り出してきた島で「日本ハワイ移民資料館」は、移民の歴史を伝える貴重な施設である。

　近海の柱島沖で爆沈した戦艦陸奥に関する「陸奥記念館」、宮本常一関連の資料や文献を所蔵する「周防大島文化交流センター」は、研究者にとっての聖地となっている。

浮島 Uka-shima

江ノ浦漁港。（周防大島観光協会）

山口県

所在地　山口県周防大島町
周囲　6.8km
面積　2.27km²
最高所　167m
人口　180人

屋代島の北約5kmの瀬戸内海にある。浮島の北には頭島があり、浮島大橋が架けられているので島内散策に好適である。

中世末期には水軍の宇賀島衆の根拠地だったが、厳島合戦に敗れて全滅し、無人島となった後、1681（天和元）年に島の開拓が始まった。

島の基幹産業は漁業で、共同経営による船引き網漁でイワシを漁獲し、イリコに加工する。他にサワラ、スズキ、メバル、タイ、トリガイの漁獲高も多く、フグ、ハマチの養殖も行われている。春には江ノ浦集落の磐尾（いわお）神社付近のサクラがとりわけ美しい。

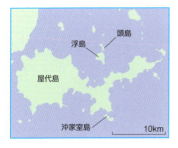

沖家室島

Okikamuro-jima

州崎集落から沖家室大橋の眺め。

所在地　山口県周防大島町
周囲　5.0km
面積　0.95km²
最高所　178m
人口　96人

屋代島南部の佐連（され）の南にあり沖家室大橋でつながる。

江戸時代には瀬戸内の海の要衝となり、本浦にある泊清寺は身分の高い人々が宿泊に使った本陣であった。この平地の少ない小さな島に江戸時代末期、約450軒、約2400人が暮らしていたという。

明治20年頃には人口が3000人を超え、人々は島外に新天地を求め、長崎県の対馬島南部・浅藻（あざも）という浜に開拓移住した漁民もいた。

ニホンアワサンゴというハマサンゴ科の東アジア固有種が発見され、瀬戸内海では極めて珍しいといわれる。

山口県

所在地　山口県周防大島町
面積　1.00km²
周囲　6.9km
最高所　171m(薬研岳)
人口　33人

情島 Nasake-jima

情島神社から本浦を見る。

屋代島の東端、瀬戸ヶ鼻から400m沖にある。古くは村上水軍の根拠地であったようで、荒神社は村上武吉が1601（慶長6）年に創建したといわれる。島内には油田漁港がある本浦、大畑、伊の浦、佛の浦の4集落がある。1672（寛文12）年、屋代島伊保田村から村上掃部（かもん）が入植し、開拓が進められた（『東和町誌』）。

昭和に入り、一本釣りの漕ぎ手として少年を年季奉公で預かる「舵子（かじこ）（梶子）」という風習もあった。

島の周辺は好漁場で、タイ、メバル、スズキなどの高級魚が一本釣りで揚がる。住民の大半は漁業者である。

端島 Ha-shima

所在地　山口県岩国市
面積　0.67km²
周囲　6.3km
最高所　128m(見壁山)
人口　18人

岩国港の南東約22kmにあり、柱島群島の1島である。

沈降によりできた2つの島が、堆積した砂などで接続してできた島といわれる。「端島海底遺跡」が島の北東・秋常島沖にあり、古墳時代のものと思われる壺が発見された。

無人島だった江戸時代に一度開拓されたものの、1658（万治元）年には島が遠く維持が難しいということで開拓が中止された。近代では太平洋戦争のさなか、祭りの日の集落に爆弾が落とされ、多くの死者を出す惨事があった。

端島漁港の正面に見える柱島の姿は秀景で、さらに北部の船瀬の浜のまぶしい白砂も美しい。

端島漁港と正面の島は柱島。

柱島 Hashira-jima

山口県

所在地　山口県岩国市
面積　3.12km²
周囲　8.5km
最高所　283m（金蔵山）
人口　93人

戦艦陸奥の投錨地

岩国港の南東約26kmにある。屋代島から倉橋島にかけて点在する島々が緩やかにこの海域を塞ぐため、潮の干満差がとても大きくなる。柱島の桟橋は通常の港よりかなり高く造られており、潮が引いた時には桟橋のはるか下の方で、船の乗降が行われる。

平安時代末期、この島は京都上賀茂神社領だった。産土神としてこの島には今も賀茂神社がある。かつてはこの島は

漁港風景と小柱島。

忽那水軍の根拠地になり、そのときの水軍を率いた将が藤原穂智（やすとも）、後に柱島氏の始まりとなる人物だった。

戦時中には、連合艦隊が投錨した地として知られる。戦艦陸奥は1943（昭和18）年、この柱島泊地で停泊中に大爆発を起こして沈没した。

金蔵山に登ると、多島海の風景がいっぱいに広がる。

浦庄の浜。

戦艦陸奥英霊之墓。

山口県
愛媛県

黒島 Kuro-shima

所在地 山口県岩国市　面積 0.54km²　周囲 4.0km　最高所 117m（樫山）　人口 9人

国立/ハ

岩国港の南東約23kmにある柱島群島の1島である。柱島島民の放牧地として使われていたが、1830（天保元）年

斜面を切り開いて建つ人家。

に柱島からの入植で定住が始まった。

終戦直前に空襲を受けて犠牲者を出した。現在の漁港や島内を眺めるにつけ、そうした過去が考えられないほど、のどかで平和な島である。

竹ケ島 Takega-shima

所在地 愛媛県宇和島市　面積 0.51km²　周囲 3.6km　最高所 172m　人口 12人

国立/ハ

宇和島市津島町の西、約10kmにある。1963（昭和38）年から母貝（アコヤガイ）の養殖が始まり、その後は真珠関連産業にほとんどの住人が関わった。近年では10世帯ほどが

竹ケ島漁港といけす。

真珠貝養殖に従事するも、世界的に市場が減退し低迷している。

北東側の無人の高島とは砂州でつながり、その海面には養殖用イカダが設置されている。この島ならではの珍味であるアコヤ貝のフライは、なかなか食べられない。

戸島 To-jima

愛媛県

所在地 愛媛県宇和島市
面積 2.75㎢
周囲 18.4㎞
最高所 191m
人口 216人

ネズミに襲われた島

宇和島港の西、約17kmにある。1575（天正3）年、長宗我部元親と争ったキリシタン大名の一条兼定は、土佐・四万十川の戦いに敗れ、戸島に逃げ落ちて11年間暮らした末に悲運の生涯を終えたと伝えられる。その墓は龍集寺の裏手にあって、命日には法要が営まれる。

山の斜面をみごとなほどに切り開いて段々畑が作られるなど、漁業以外にも盛んに農業が行われるのどかな島だったが、1949（昭和24）年に起きたネズミの大発生で、近海

本浦漁港。

の島々を巻き込んで大騒ぎとなった。農作物を食い荒らし、幼子をも襲うネズミの大群は甚大な被害を及ぼして、「ねずみ騒動」と後日語り継がれる事態の発端となった。吉村昭の小説『海の鼠』にはその様子が詳細に描かれている。海上を大群で波を起こすように島に向かって来るネズミの群れ。それに抗うこともできない島民の苦渋がみごとに描写されている。

ハマチ養殖は全国有数の生産量で、養殖ブリは「戸島一番ブリ」として知られる。

小内浦港。

愛媛県

所在地　愛媛県宇和島市　面積　3.74km²
周囲　30.3km　最高所　198m
人口　246人

日振島
Hiburi-jima

北部の島頭付近から宇和海の眺め。

宇和島港の西約25kmの宇和海にある。細長く入り組んだ湾が豊かな山林に覆われた島に、能登、明海、喜路と3つの集落があり、漁業の活気がみなぎる。島の山頂で灯台代わりに火を振って知らせたことから「火振り」が転じて「日振」の島名になったとの説もある。

939（天慶2）年、東国の平将門（まさかど）に呼応して兵を挙げた藤原氏が、この島に1000隻の船を結集させ拠点とした。

現在は一本釣り漁が盛んで、入り組んだ浦に養殖のいけすがたくさん設置されている。様々な魚料理を出してくれる味覚の島でもある。

所在地　愛媛県宇和島市　面積　3.37km²
周囲　10.7km　最高所　320m
人口　729人

九島
Ku-shima

宇和島港口にあり、最短で四国本土からわずか300〜400mと近く、468mの九島大橋が架かる。蛤、百之浦、本九島の3カ所の集落からなり、最高所の鳥屋ヶ森（とやがもり）山頂には権現様が祀られている。昔は山頂間際まで段々畑が続き、麦と甘藷が栽培されたという。

レンタサイクルもあり、一周できる遊歩道のそばにはゴジラ岩、モスラ岩といった新名所も誕生した。

急斜面の畑と住居。

嘉島 Ka-shima

急斜面の集落と石階段。

宇和島港の西、約19kmにある。『戸島村村誌』によれば、当初は加島と記したが、島の人口が増えた喜びを表して嘉島に改めたとある。

島全体が山になっている"島山"だ。集落は冬の北西からの季節風を避けるかのように、そのわずかな裾野にある。

急斜面の山肌は自家用の畑などとして開墾している。海村集落のたたずまいが実に素晴らしい。

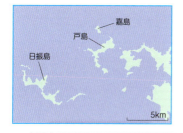

所在地　愛媛県宇和島市　面積　0.30㎢
周囲　3.3km　最高所　122m
人口　63人

愛媛県

国立

大島（八幡浜大島）
Oh-shima

大島。

八幡浜市の西、約12kmにある。この島は大島と地大島と三王島の3つの島からなる。

地大島の大入池には、国の特別天然記念物ニホンカワウソが生息していたが、長らく発見には至っていない。

クヌギやハマユウ、アコウの大樹などが多く繁茂している。陸路でつながる三王島には山王神社があり、その裏山には樹齢500年というウバメガシの大木がある。

所在地　愛媛県八幡浜市　面積　0.75㎢
周囲　6.4km　最高所　167m（美濃山）
人口　190人

広島県
所在地 広島県呉市　面積 2.62km²
周囲 9.3km　最高所 229m
人口 186人

鹿島 Ka-shima

広島市の南約12kmの瀬戸内海にある倉橋島の最南部、鹿老渡（かろうと）から340mの鹿島大橋で結ばれている。車で本土の呉市内から、陸路で行くことができる。

この島は平地が少なく、段々畑の耕作地が発達している。斜面の土地に石を積んで石垣を造り、上へ上へと広げていった。やがて島の多くの斜面が段々畑に埋め尽くされた。

島の南端、宮ノ口にあるこ

宮ノ口にある石積みの段々畑。

の段々畑は1997（平成9）年、「美しい日本のむら景観コンテスト」で農林水産大臣賞を受賞した。

倉橋島 Kurahashi-jima

所在地 広島県呉市　面積 69.56km²
周囲 不明　最高所 491m（岳浦山）
人口 1万5106人

広島市の南約12kmにある大きな島で、呉市南端から音戸ノ瀬戸に架かるふたつの大橋を経て、陸路で渡れる。

遣唐使の時代から、瀬戸内航路の要衝として重要な役割を果たし、江戸時代には造船で栄えた。

日本最古の西洋式ドックがある。元文・寛保期（1739〜1743年）に、島の船大工の棟梁（とうりょう）が小さな入り江に造ったドック

石造りの西洋式ドック跡。

である。その後、西洋式帆船の造船技術修得のために留学させていた大工を1882（明治15）年に呼び戻して、ここで洋式の造船が行われた。明治期より御影石の産地として知られ、国会議事堂の石材としても使われている。

沖野島

Okino-shima

能美島の南西部、新開の西にあり、24mたらずの橋で結ばれている。普通の歩幅だと、38歩で渡れてしまった。江田島・能美島の一部といった感のする島である。

静かな島の入り江を利用して作った「黄幡の生洲」といういけすが残る。うっそうと茂る木立の島山で、かつては

海洋レジャースポーツの基地となっている「沖野島マリーナ（おおがき海の駅）」。（沖野島マリーナ）

ミカン栽培などが行われていたという。夏場を中心に、静かな自然を求める観光客、海のレジャーなどを楽しむ人々が多く訪れる。クルーザーやモーターボートの一大基地となっている。

広島県

所在地 広島県江田島市　面積 0.75km²
周囲 6.1km　最高所 95m
人口 6人

国立

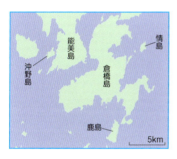

情島 Nasake-jima

呉市阿賀港の南約7kmにあり、第二次世界大戦時には、旧海軍の水陸両用戦車の格納庫がこの島に造られた。

終戦直前の1945（昭和20）年7月24日、米軍を中心とする連合軍による呉軍港空襲で、

情島。（呉市）

情島の沖に停泊していた戦艦日向が攻撃を受けて大破し、全ての機能を失った。この空襲で戦艦日向の死者は204人に及んだ。

島の北部の小さな海岸に瀬戸内海を眺め渡すように、戦艦日向の戦没者慰霊の碑が建っている。

所在地 広島県呉市　面積 0.69km²
周囲 4.4km　最高所 126m（高山）
人口 4人

国立

広島県

所在地 広島県江田島市 面積 91.52㎢
周囲 不明 最高所 542m（野登呂山（宇根山））
人口 2万1924人

上空から見た江田島・能美島の北部。（広島県）

江田島・能美島

Eta-jima / Nohmi-jima

旧海軍の拠点

広島湾の中央部にあり、南には安芸灘、東側には呉市がある。複雑な形をした江田島と能美島は地続きで、実際にはひとつの島である。

江田島には1888（明治21）年に東京から旧海軍兵学校が移転してきて、ここで多くの士官候補生が養成された。現在は海上自衛隊第1術科学校と海上自衛隊幹部候補生学校がある。赤レンガ造りの旧海軍兵学校生徒館、当時の英国建築の粋を施した、みごとな御影石造りの大講堂は必見だ。

また「のとろ山林道展望台」からの眺望、樹齢500年といわれる「大原（阿弥陀堂）のクロガネモチ」にも圧倒される。

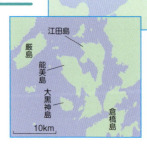

現在は海上自衛隊幹部候補生学校庁舎。

上空から見た阿多田島南東部と、防波堤で接続する猪子島。(大竹市)

阿多田島・猪子島

Atata-jima / Inoko-jima

広島県

所在地 広島県大竹市
[阿多田島] 面積 2.39㎢ 周囲 11.0km 最高所 204m(高山) 人口 207人
[猪子島] 面積 0.12㎢ 周囲 1.6km 最高所 82m

洋風でモダンな灯台官舎

大竹市の南東約8kmにある。猪子島まで防波堤で結ばれた穏やかな海面には、タイやハマチのほか、カキの養殖いかだなどが並び、養殖漁業が盛んな島だということを物語る。

西側にある長浦海岸は300m以上の白い砂浜と透明な水が美しい海岸だ。優良な釣り場のある島として、1年を通じ多くの釣り客が訪れる。

1903 (明治36) 年に建てられた灯台官舎が、現在、阿多田島灯台資料館となっている。レンガ造りの寄棟、洋瓦ぶきと全体に洋風を取り入れたモダンなもので、その歴史的価

阿多田島灯台資料館。(大竹市)

値から1996 (平成8) 年、国登録有形文化財に指定された。ここからの瀬戸内海風景はじつに美しい。

広島県

所在地 広島県廿日市市 面積 30.33km² 最高所 535m（弥山）
周囲 28.9km
人口 1453人

上空から見下ろした嚴島神社と大鳥居。（広島県）

厳島 Itsuku-shima

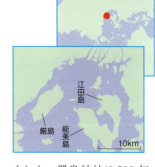

日本国宝級の要素をそろえた「安芸の宮島」

広島市街地から約20km西に離れた位置にあり、廿日市市に属する。本土側の連絡船の発着場である宮島口から1.8kmの広島湾の島である。「厳島」より、「安芸の宮島」といった方が、ピンとくる人も多いだろう。標高535mの霊峰「弥山」を中心に、全島が深い原生林に覆われた山の島で、嚴島神社を擁する。

日本三景のひとつとしてよく知られ、1996（平成8）年には嚴島神社が世界遺産に登録された。嚴島神社は593年、推古天皇の時代に創建された。後に平清盛が絶大な庇護の下で、神のご加護を願う鎮守神として崇拝した神社である。平安時代の建造物から江戸時代にかけての文化財や国宝、重要文化財など、多くのものが収蔵されている。

大鳥居も厳島のシンボルだ。朱塗りのクスノキ原木で

大鳥居。海底に置いただけで、自重で浮かずに自立している。

島内の参道。

造られ、高さ16mで自重だけで海の中に立っている。

紅葉谷からロープウェイに乗り獅子岩で降りてしばらく山道を歩くと「弥山」の山頂への最後の登り口に、弘法大師が修行したといわれる「弥山本堂（求聞持堂）」があり、その中には806（大同元）年に弘法大師が修行で焚き始めたという火が、今も絶えることなく燃やし続けられている。

太古の時代をほうふつとさせる弥山の原始林、国宝の社殿、重要文化財の数々を保有する。国立公園、特別史跡名勝地、日本三景、世界文化遺産と、日本の国宝級の要素をそなえた島は、なかなか他にはないだろう。

島自体に神霊が鎮まるとする山岳信仰により古くから神聖視され、この島の住人は昔から今でも、死者が出ても島内での火葬、葬式、埋葬は行ってはいけない決まりがある。かつては人が住むことも許されず参拝のみだった。この島では今も、この葬送のルールが守られている。

しかし、神の棲まうこの島にも、江戸時代になると山王社の横に人形芝居小屋が建ち、1625（寛永2）年には精進落としの遊郭の営業が許可されていた。参道の裏手の細い小路に迷い込むと、人々の生活が感じられる界隈があるが、当時の花魁が並んだ赤い格子窓のようなものはもうない。

弥山本堂の不消霊火堂には、弘法大師の修行当時から燃やし続けられる霊火がある。

広島県

所在地 広島県広島市　面積 3.84㎢
周囲 16.0㎞　最高所 278m（安芸小富士）
人口 694人

広島港のランドマーク、安芸小富士。

似島 Nino-shima

広島市街地から見える "安芸の富士山"

　広島（宇品）港の南、約3㎞にある。港の真正面に富士山のような形の「安芸小富士」が見える。そこが似島だ。広島市街地から船で20分たらずで渡れる。

　1895（明治28）年、この島に旧陸軍の似島検疫所が造られ、第二次世界大戦の終戦直前には野戦病院として転用された。1945（昭和20）年の広島市原子爆弾投下直後には、こ

レンガ造りの火葬場遺構。

こに多くの被災者が運び込まれて治療を受けた。島の南部には亡くなった多くの人々の慰霊碑が建つ。

造船ヤード。

金輪島

Kanawa-jima

広島県

所在地 広島県広島市　面積 1.05km²
周囲 5.3km　最高所 158m（金輪冨士）
人口 72人

軍事機密に包まれた島

広島市街の海の玄関、広島港の東、約1kmにある。

広島は日本の重要な軍都で1894（明治27）年、この島に船舶修理と造船などに関わる「旧陸軍運輸部金輪島工場」が置かれた。戦時中には旧陸軍船舶司令部（暁部隊）野戦船舶本廠に組み込まれた。終戦まで軍事機密に包まれた、秘密の島だったのである。

戦後はその造船設備が民間に払い下げられ、造船所に活気があった頃は500人もの従業員を擁して、島もにぎやかだったという。

今は造船所の外れの小さな集落で畑などを耕し、氏神様の金輪神社を守り続けている人々がいる。

市営桟橋からの散歩コースは人気がある。

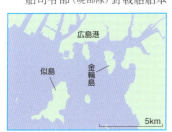

金輪神社。

愛媛県

所在地 愛媛県大洲市　面積 0.49㎢
周囲 4.2km　最高所 95m
人口 5人

国立

船上から見た青島全景。

青島 Ao-shima

島びとよりネコの多い島

長浜港の北約13kmにある。江戸時代初期の1617（元和3）年に大洲藩の馬の牧場となった。その後、周辺に出漁していた播州坂越（現在の兵庫県赤穂市）の漁師たちがイワシの大漁をものにしたことから、無人だったこの島に移住した

漁港前にあるかつての網元の家。

と伝えられる。

この島には死者を供養する「亡者踊り」という盆の踊りがある。盆に大漁踊りと亡者踊りのふたつを踊るのも珍しい。

近年は島びとをはるかに上回る数の、ネコたちの島として注目を集めている。しかし、決められた「餌場」以外で餌をやるのは厳禁。島ネコと島の住人と観光客がいつまでも共存できるようにしたい。

上空から見た興居島の船越付近。(まつやま里島ツーリズム連絡協議会)

愛媛県

所在地 愛媛県松山市　面積 8.40㎢
周囲 2.54km　最高所 282m（小冨士）
人口 913人

興居島

Gogo-shima

船上の舞台で「船踊り」

松山港の北西約1kmという至近にある。南北に細長く、山がちの島内にはミカン畑が多く、5月頃に島に渡ると海の上をタチバナ（ミカンの花）の香りが漂ってくる。

戦前はモモやビワなどの一大産地として知られたが、戦後は温州ミカンやキウイに栽培はシフトした。

船越地区にある「船越和気比売(わけひめ)神社」では、10月の秋の大祭（第一週の土曜日）が奉納される。

2艘の船を並べ、船上に作られた舞台の上で、太鼓や拍子木のおはやしにのせた武者

船踊り。(まつやま里島ツーリズム連絡協議会)

踊りなどが演じられる。実に華やかで見ごたえがある。

島の南部にある小冨士のふもとには興居島一周サイクリングコースが巡っている。

愛媛県

所在地 愛媛県松山市
面積 21.27㎢
周囲 30.0km
最高所 296m（大里山）
人口 2355人

中島。（まつやま里島ツーリズム連絡協議会）

中島 Naka-jima

国立八

忽那諸島最大の島

松山港の北西約15kmにある忽那諸島で最大の島。5月のミカンの花が咲く季節は、全島がタチバナの清々しい香りに包まれる。

天平時代の史料には法隆寺領の荘園「骨奈嶋」として、その名が残されている。平安末期には後白河法皇の荘園となり、その荘官となったのが忽那氏だった。

1986年から始まった歴史ある大会。（トライアスロン中島大会実行委員会）

桑名神社内の絵馬。

かつて忽那諸島全体の中心地だった時代を思わせる面影は、集落に残る。帆船の時代には海運で繁栄した島である。粟井地区にある桑名神社には江戸時代のものを中心に、氏子の廻船問屋が奉納した絵馬が数多く掲げられている。

400年にわたり忽那氏の城だった標高289mの「泰ノ山城跡」にも足を運びたい。

釣島 Tsuru-shima

愛媛県

所在地 愛媛県松山市　面積 0.36km²　周囲 2.8km　最高所 151m　人口 33人

松山市三津浜港の西北約7kmにある。釣島海峡は、斎灘と伊予灘を行き交う大型船舶の航路で海の要衝であることから、海峡の西に位置するこの島に愛媛県初の灯台が建てられた。

1873（明治6）年初点灯の釣島灯台は御影石製・設計はイ

灯台への途中から見た集落景観。

ギリス人技師リチャード・H・ブラントンによる洋式灯台である。集落から裏山に上がると、やがてチラチラと白くまぶしい建物が見えてくる。じつに美しい灯台である。そしてその横に建つのが旧官舎と倉庫で、1963（昭和38）年に無人灯台となるまで使われていた建物だ。

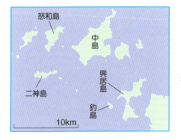

二神島
Futagami-jima

所在地 愛媛県松山市　面積 2.13km²　周囲 8.9km　最高所 184m（米山）　人口 85人

松山港の西約16km、忽那諸島から南に離れた孤島である。"二神文書"によると、室町時代に長門国から豊田氏という人物がこの島に住み始め、その後、二神氏を名乗ったといわれる。

裏山に上がると、瀬戸内の風景が絵のように捉えられ

港横のビャクシン自生地。

る。黒々とした瓦屋根の向こうに、こんもりとした自生のビャクシン（ヒノキ科の常緑高木）の森が見える。大きなものは根周りが約5mもあり、県の天然記念物に指定されている。170段の階段を上る宇佐八幡神社に茂る美しい竹林もみごとである。

愛媛県

津和地島
Tsuwaji-shima

所在地　愛媛県松山市　面積　2.85km²
周囲　10.4km　最高所　163m（旗山）
人口　225人

国立

津和地漁港に並ぶ漁船。

松山港の北西約23kmにあり、忽那諸島の最も西端に位置する。防予諸島と芸予諸島の境界にあり、広島県と山口県と、瀬戸内海上で県境を接する島。

江戸時代の海上航路の発展と共に、帆船の風待ち潮、待ちのための重要な港となり、小さな島ながら大いに栄えたといわれる。

大名を乗せた参勤交代の船や、朝鮮通信使の船が立ち寄る際の接待所として松山藩が「御茶屋」を置き、藩士を常駐させていた。御茶屋は現存せず、跡地に石碑が建っている。

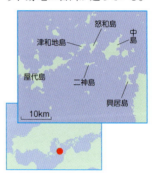

怒和島　Nuwa-jima

所在地　愛媛県松山市　面積　4.75km²
周囲　14.7km　最高所　206m
人口　278人

国立

松山港の北西約20kmにあり、広島県の倉橋島からの移住者が開拓したといわれる。

船が上怒和港に入ると「丸山鼻」と呼ばれる岬が右手に見える。ここには「丸子姫伝説」が残る。それは大みそかのこと。西国の大名と船に乗った丸子姫だったが、丸山鼻を過ぎるあたりで嵐となり遭難。船ごと消えてなくなる。それからというもの毎年、大みそかになるとその亡霊なのか海上に怪火が現れるという。

上怒和の天満神社では10月の秋の大祭で、「獅子舞い」が奉納される。

こんもりとした丸山鼻と海面養殖場。

睦月島
Muzuki-jima

松山港の北西、約12kmにある。忽那諸島の中では3番目に大きい島である。

江戸時代後期から明治にかけての日本で絣の着物が一般的に着られていた時代に、伊予絣の反物を全国に運んで販売する行商人の多くが、この島の人々だった。最盛期には売り歩くための50隻の帆船を擁していたといわれる。

今は静かなミカン畑の島。集落で見かける立派な長屋門が往時を感じさせる。

島内斜面に建つ家々とミカン畑。

愛媛県

所在地 愛媛県松山市　面積 3.81km²
周囲 9.6km　最高所 218m（高松山）
人口 182人

国立八

野忽那島
Nogutsuna-jima

松山市の北にある堀江湾の北西沖、約8kmにある。緩やかな山という島の外観で、山裾のわずかな平地に集落がある。

江戸から明治にかけては瀬戸内海を往来する風待ち、潮待ちの船に、まきなどの燃料から野菜などの食料まで売って商売をしたといわれる。忽那諸島の中でも土地が狭く農地の確保が難しいことから、戦前から京阪神や九州などへの出稼ぎが多い島だった。

島歩きのベストポイントは、島の東側にある白砂の美しいビーチ「ヌカバ海岸」と「皿山展望台」からの景観だ。

皿山展望台からの風景。

所在地 愛媛県松山市　面積 0.92km²
周囲 5.2km　最高所 96m（オイラン山）
人口 83人

国立八

広島県

所在地 広島県呉市
面積 7.96km²
周囲 16.8km
最高所 275m(大平山)
人口 1288人

国立八

下蒲刈島
Shimokamagari-jima

瀬戸内航路の「海の駅」

呉市仁方港の南約2.5kmにあり、川尻町小仁方との間に2000(平成12)年、安芸灘大橋が架かって本土と繋がった。

江戸時代の瀬戸内航路の要衝だったことから港が発展、「三之瀬」と呼ばれる地区は現在も重厚な建物を残している。かつて「海本陣」が置かれ、参勤交代などの人々がここで休んだ。朝鮮通信使の往来ではこの港で人々がもてなしを受けたと伝えられる。三之瀬漁港の奥には、広島藩主の福島正

福島雁木。

則が造ったといわれる、潮の干満に関係なく船に乗降できる階段状の桟橋「福島雁木」が今も残る。

「松濤園」には朝鮮通信使資料館や陶磁器館、ランプを展示する「あかり館」などがある。他にも広島藩の茶屋施設「侍屋敷」など見どころが多い。

松濤園の門。

朝鮮通信使の再現行列。(呉市)

海と島の自然を生かした「県民の浜」。（写真AC）

広島県

所在地 広島県呉市
面積 27.9km²
周囲 — 最高所 457m（七国見山）
人口 1423人

上蒲刈島

Kamikamagari-jima

宮大工による見事な山門

呉市仁方港の南東約3.5kmにあり、本土から安芸灘とびしま海道で行くことができる。

下蒲刈島を真向かいに置く向浦（現在の向地区）は、風待ち港として江戸時代に大いに栄えた。

宮盛(みやざかり)地区には5世紀前後の石棺が出土した「峠(たお)古墳」や

宮盛地区の亀山八幡宮と大クスノキ。

15世紀末の文明年間に創建されたと伝えられる「荘厳寺(しょうごんじ)」がある。荘厳寺の山門の彫りものは宮大工の芸術作品といえる素晴らしいもの。これを見るために島を訪ねる人もいるほどだ。亀山八幡宮には、樹齢数百年という大クスノキがある。かつては船上から見える姿が素晴らしかった。

愛媛県

安居島 Ai-jima

所在地 愛媛県松山市　面積 0.26km²
周囲 3.5km　最高所 55m
人口 15人

国立

北条港の北西約12kmの安芸灘にある、離れ小島である。

瀬戸内海の真ん中にあるため海路の要衝となり、江戸時代から松山藩と広島藩とで所属を争った結果、松山藩の所領となったあ。平地がなく、海岸線に沿って集落が開けた。

両腕を広げたような広く穏やかな浜辺は、帆掛け船を乗り着けるのに最適であった。江戸末期から明治期にかけて港町として栄えた。

弧を描く海岸線に家屋が広がる集落。

安居島／小安居島／5km

岡村島

Okamura-jima

所在地 愛媛県今治市　面積 3.17km²
周囲 11.1km　最高所 213m（甲ノ峰）
人口 278人

国立

今治港の北西約17kmにある。芸予諸島に連なる島のひとつで、広島本土の呉市から安芸灘とびしま海道で陸伝いに入れる。

農業の島でミカン栽培が特に盛ん。岡村港の裏手からミカン畑が広がる。

779（宝亀10）年に創建された「姫子隠神社（ひめこじま）」では、毎年2月11日に五穀豊穣の弓祈祷が行われる。

岡村港とミカン畑。

大崎上島／岡村島／大崎下島／小大下島／大下島／3km

広島県

豊島 Toyo-shima

所在地 広島県呉市
面積 5.64㎢
周囲 9.8km
最高所 317m（高雄山）
人口 921人

上空から見た豊島。

　呉市仁方港の東約12kmにある。本土から安芸灘とびしま海道で、橋を渡りながら行くことができる。

　小野浦集落は家々が密集し、甍の波が美しい集落である。毎年9月の第3日曜日に行われる「櫂伝馬」には、各地から見物客が多く訪れる。20人ほどの男たちが伝馬船の櫂をかき競い、海上を疾走するその勇壮な動きは圧巻。

　ミカンやレモン栽培と共にタイ漁をはじめとする漁業も活気がある島である。

斎島 Itsuki-shima

所在地 広島県呉市
面積 0.70㎢
周囲 4.3km
最高所 99m（たか山）
人口 12人

洋上からの斎島全景。

　安芸津町の南約22kmの瀬戸内海、斎灘にある。

　「斎」とは神を祀る場所の意味で、潔斎をする意味がある。古来神の宿る聖域として、人々はこの島に住まなかった。

　寛文年間（1661〜1673年）に豊島から人が移り住んだという記録があり、江戸時代末期には数十隻もの80石積船を持っていたという。

　かつてアビという渡り鳥がよく飛来し、その鳥を使って魚を捕るアビ漁が行われていた。しかし、1980年代以降はアビが激減し、現在、漁は行われていない。

広島県

所在地 広島県呉市
面積 17.37km²
周囲 26.0km
最高所 449m（一峰寺山）
人口 1748人

安芸灘とびしまサイクリングロード。（呉市）

大崎下島
Ohsakishimo-jima

国立八
100

伝統的建造物の町並みが残る

御手洗町並み保存地区。

　竹原港の南西、約17kmにある。本土側の呉市川尻町小仁方から「安芸灘とびしま海道」の4カ所の架橋部を渡り、陸路で行ける島であり、サイクリングで訪れる人も多い。

　瀬戸内海に千石船が往来し、交通の中心だったころ、東の燧灘(ひうち)と西の斎灘(いつき)を抜けるためには、来島の急潮の瀬戸や船折の瀬戸を通ったりする船が多かった。しかし動力船ではないので、風が止まったり潮の流れが逆方向になったりすると、近くの港で風待ちや潮待ちしなければならなかった。そうしたことから、この島の御手洗港は、多くの船乗りや商人たちの風待ち、潮待ちで大いににぎわったのである。

　江戸時代には参勤交代の諸大名も、ここで潮待ちするために寄港するのが通例になっていた。帆船の時代が終わり動力船や鉄道の発展で海運はやや衰退を始めたが、周辺の島々へ物資を集散するなどを維持しながら、御手洗の活況は続いた。昭和の初めには千砂子(ちさご)波止のそばの築地通りに旅館、料理屋、置屋があって、接客業が繁盛した。御手洗には芸妓以外に小舟（オチョロ舟）で海上から

待合い茶屋若胡子屋跡外観。

御手洗港の千砂子波止の石に彫られたツル。

停泊船に乗り込んで、船員の相手をする娼妓などもいた。

　港から一本奥へと入った御手洗地区には、遊郭や茶屋までもがあったといわれ、かつての面影を残す町並みが今も残る。歴史的なその価値が認められ、伝統的建造物群保存地区に指定されている。

　御手洗地区は狭かったため、近くの小島に出作して農耕した。港付近を干拓して船宿をつくり、桟橋などを整備した。港付近には石垣や鶴亀の彫り物などが残り、当時の繁栄ぶりが港町の雰囲気に現れている。

　港の外れに建つ「金子邸」は1867（慶応3）年11月、広島藩と薩長連合軍が討幕の合意、世にいう"御手洗条約"を交わしたところだ。金子邸には坂本龍馬も立ち寄ったと伝えられる。

　この島の大長(おおちょう)地区で作られる大長ミカンは、全国的に知られるブランドである。急斜面にミカン畑を耕して耕作地を増やし、天に届くほどの山頂まで続いている。

愛媛県

小大下島
Kohge-shima

所在地 愛媛県今治市　面積 0.90㎢
周囲 3.7km　最高所 118m
人口 26人

国立

島内の小道。

今治港の北西約16kmにある関前諸島の1島。

もともとは無人島だったが、明治時代にセメントの原料である石灰岩が採れるようになると人々が住み始め、戦中を通して活況をみせた。

第一次世界大戦を契機に大手企業の鉱業所が林立し、わずか周囲3kmあまりの小島ながら、最盛期の昭和30年頃には600人を超える人口を数えた。大正から昭和となってからは、多くの商店や病院、娯楽施設、映画館などが作られて活況を呈した。

資源が枯渇し企業の撤退が余儀なくされると、栽培と漁業の小島に戻った。

大下島 Ohge-shima

所在地 愛媛県今治市　面積 1.75㎢
周囲 7.2km　最高所 203m（イシ山）
人口 46人

国立

今治港の北西約15kmにある。山がちな島の畑にはミカンが植えられ、秋には実ったミカンで山が華やかに見える。

島の主産業は農業で、漁業者はいない。この島は浄土真

ミカン積み出し用クレーン。

宗の教えで殺生を嫌い、魚類を捕ることをしない教え（慣習）を今も守っているのである。

5月にはタチバナ（ミカン）の花の香りが、全島を包みこむ。

三角島

Mikado-jima

大崎下島久比港の北西約1.2kmの瀬戸内海にある、芸予諸島の1島である。

美加登神社がある。この神社は593年の嚴島神社創建の際に、福岡県宗像神社の祭神

集落とミカン畑。

「宗像三女神」の仮宮として創建されたと伝えられる。

1950年代に温州ミカンの栽培が行われるようになり、南斜面に多くの柑橘畑が作られた。

2015（平成27）年には、1日当たり最大4000kWの発電能力を有する太陽光発電所が完成し、集落の平坦地や造船所敷地内にも太陽光パネルが設置された。

広島県

所在地 広島県呉市　面積 0.78km²　周囲 4.1km　最高所 110m　人口 16人

大崎上島

Ohsakikami-jima

竹原港の南、約6kmにある。大きな島で、広島、愛媛両方への交通が便利である。

瀬戸内航海の時代には、風待ち潮待ちの船が島の港に停泊し、大いににぎわった。木江（きのえ）地区の港前には、当時をほうふつとさせるような木造3階建ての旧旅館があるなどして、いにしえの建築物が町並みに点在する。

木造3階建ての旧旅館。

塩作りが盛んで、文禄年間になってからは造船の島として栄えた。現在はかつてほどの造船景気はないが、ミカン栽培と共に島の主産業となっている。温州ミカンやネーブルなどが栽培されている。

所在地 広島県大崎上島町　面積 38.27km²　周囲 60.9km　最高所 452m（神峰山）　人口 7084人

広島県

所在地　広島県東広島市
周囲　5.8km　最高所　109m
面積　1.69㎢
人口　128人

国立

大芝島
Ohshiba-jima

大芝大橋。

　安芸津町小松原から470mの大芝大橋で本土とつながる。明治時代に対岸の小松原や上蒲刈島、大崎下島などから開拓者が入り、大正期の最も人口が多くなった時は80戸余りの家があった。

　島の基幹産業は農業で、1987（昭和62）年に0.6ヘクタールのハウス団地ができると、早速ビワとミカンを栽培し、とりわけビワは露地栽培のものより3カ月も早く出荷される「安芸津ハウスビワ」のブランド果実として知られる。

　島の北端にある"褶曲した地層"は、中生代白亜紀流紋岩の地層で、堆積した地層が地滑りなどで曲がりくねった模様になった珍しいものである。

長島 Naga-shima

所在地　広島県大崎上島町
周囲　7.3km　最高所　74m
面積　1.04㎢（長島山）
人口　30人

国立

　大崎上島の向山地区の海岸から北西約300mにあり、大崎上島とは長島大橋でつながっている。1839（天保10）年に内海村（現呉市安浦町）の地元民が塩田築造を出願して、もともと2島（男島と女島）に分

大崎上島の神峰山から見た長嶋。煙突は休止中の大崎発電所。（百島純）

かれていた間を埋め立て、両島はやがて一体化した。製塩には多くのまきを必要としたことから、周辺の森は伐採されてハゲ山となった。

　2000（平成12）年に石炭火力発電所が操業開始したが2011（平成23）年に運転を休止し、その後は石炭ガス化発電の実証実験施設に転用している。

生野島

Ikuno-shima

生野島。

大崎上島の北、約400mにある。縄文・弥生時代の横穴式の石室や土器、石斧などが出土した島として知られる。

1935(昭和10)年、放浪の俳人種田山頭火（たねださんとうか）が、この島の陶芸家迦洞無坪（かとうむへい）を2度にわたり訪ねている。迦洞無坪は、生野島に農と法悦の理想郷を求め、その布教活動で入植していた僧侶の足利浄圓（あしかがじょうえん）という人物に共感し、この島にやって来た。そしてその理想郷に暮らす迦洞無坪に引き寄せられるように山頭火もやって来たのだろう。理想を掲げこの島に入植した人々を思い、旅したい場所である。

広島県

所在地　広島県大崎上島町
面積　2.25km²
周囲　12.5km
最高所　159m (二ツ頭)
人口　11人

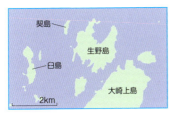

契島 Chigiri-jima

島の高台から見た工場建物群。

竹原港の南約4kmにある、東邦契島製錬株式会社の工場の島である。江戸時代の地誌『芸藩通志』で、知幾利（ちぎり）と記載され、もともとは2つにちぎれた形の島だった。

1899(明治32)年に南北それぞれの島の山を切り崩し、島の間を埋め立てて銅の製錬所が建設された。1950(昭和25)年に東邦亜鉛が買収、現在は鉛地金の生産量が国内最大である。

長崎県の端島（軍艦島）と外観や雰囲気に共通するものがあり「もうひとつの軍艦島」として注目されている。無機的な産業景観で、明治の近代化から高度経済成長期の産業を支えてきた島である。

関係者以外は上陸不可。

所在地　広島県大崎上島町
面積　0.09km²
周囲　1.6km
最高所　34m
人口　33人

愛媛県

比岐島 Hiki-jima

所在地 愛媛県今治市　面積 0.3㎢
周囲 3.5km　最高所 58m
人口 統計なし

今治港の東約7kmにある。慶長年間（1596～1615年）に日吉村（現今治市）の百姓利右衛門が、草山の比岐島に松1万本を植樹したのが始まりで、後に松の茂った島の守役として上神宮村（現今治市上徳）の庄屋・曾我部三郎衛門の三男、左衛門が島に入り、定住が始まった。

1905（明治38）年に島民は独自に家庭教育場を作った。現在は1世帯の1人が、小規模

比岐島港。（今治市地域振興課）

なミカン栽培と漁業を営んでいる。井戸水を使い、自家発電の生活で、対岸の町の自宅とを行き来している。

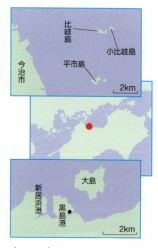

大島（新居大島）
Oh-shima

所在地 愛媛県新居浜市　面積 2.14㎢
周囲 9.1km　最高所 147m（神田山）
人口 131人

新居浜市の東、黒島港沖約1.2kmにある。

伊予水軍の村上義弘が生まれた島ともいわれ、南部に村上が築城した大島城跡が残されている。木の幹が赤肌で痛々しいバクチノキというバラ科の

大島全景。（新居浜市観光物産協会）

木は、成長するとその皮が剥げて赤い幹になるところから、ばくちに負けて着ぐるみ剥がされた博打打ちを表して名付けられた。

漁港の西端には大元（おおもと）神社、八幡神社など格式の高い社寺がある。

来島。

来島 Kuru-shima

所在地 愛媛県今治市　**面積** 0.04㎢　**周囲** 0.9㎞　**最高所** 42m　**人口** 14人

愛媛県

伊予水軍の根拠地

今治市波止浜港の北、約240mという至近にある。わずか5分たらずで渡れる目の前の島だが、小さな船は急潮を舵でかわしながらまっすぐ島の港に向かう。

伊予水軍が根拠地のひとつとした島である。小さな島だが中央に42mの小山があり、島内には水軍城の本丸跡や出丸跡などが今も残る。そして昔は桟橋があったという島の東側の岩礁には、干潮時になると無数の柱穴が見られる。山頂は3段に削平され、山麓には石垣、武家屋敷、井戸などの跡、矢竹の林なども残されており、島全体がどことはな

八千矛神社。

しに天然の要塞という印象を受ける。

船を降りるとすぐに、1186（文治2）年創建の八千矛神社が姿を見せる。小ぶりながら風格がある社で、玉石垣なども素晴らしい。

愛媛県
所在地 愛媛県今治市　面積 0.50 km²
周囲 3.0 km　最高所 100 m
人口 7人

馬島から見る小島。

小島 O-shima

未使用の要塞が残る島

今治の北、約600mにある。

中部砲台将校地下室跡。

元禄年間（1688〜1704年）開拓者により島が開かれ、初めに移り住んだ8軒は北風の影響で全戸が倒壊し、現在の南側に集落を作ったといわれる。

1899（明治32）年から日露戦争に備え、瀬戸内海防衛のための芸予要塞として、島内に3カ所の砲台を構築した。島内を歩くとレンガ造りのいろいろな施設が見られるが、保存状態はどれも良い。なぜならこの要塞は3年かけて造ったものの一度も使われることなく1922（大正11）年に廃止されたからである。

小島には「岩戸漁業（たきよせ）」という独特の伝統漁法がある。4隻の船をつなぎ、各船がアセチレンガスをともしてイワシを集め、1隻を残して全て消灯し、1カ所に集まったイワシを大きな玉網ですくい取る。現在では3月のイカナゴ漁の時だけ行われる。

砲台を巡る遊歩道はツバキが植栽された小道で、歩くほどに潮風を受けて心地よい。

馬島漁港。

愛媛県

所在地 愛媛県今治市
周囲 3.7km
面積 0.50km²
最高所 88m
人口 9人

国立

馬島 Uma-shima

急潮の海峡を大型船が通る

今治市の北、約2kmにある。全体に60〜80mの丘が連続したような島で、その上を巨大な瀬戸内しまなみ海道の橋が東西に貫いている。

江戸時代初期に越智大島からの入植者があり、その後、中期には今治藩の馬の放牧場として使われた。現在、その面影を残すものはない。

急潮で知られる来島海峡

島を東西に横切る瀬戸内しまなみ海道。

で、最も流れの速い場所が馬島と四国本土の間で、しまなみ海道の高架橋の真下を大型船が航行していく光景が目の前で見られる。海峡を挟んで四国本土を望む島の西側には素晴らしい白砂の浜辺がある。

馬島神社。

愛媛県

所在地 愛媛県今治市　面積 1.49㎢
周囲 6.5km　最高所 176m（津島山）
人口 7人

国・八・立

津島 Tsu-shima

集落景観。

今治港の北約8.5km、大島・吉海（幸）港から海路で約4kmの位置にある。

中世には河野水軍の根拠地のひとつとなり、近世には今治藩に属した。良質な花崗岩の島で、山麓から産出された津島石は島内の石段などにも使われている。

大正時代から温暖な気候を生かしてビワやイチジクの栽培が行われ、とりわけ段々畑で作られる「津島イチジク」はブランド化された。第二次世界大戦後にはほとんどが柑橘畑に替わったが、イチジク栽培は温州ミカンが衰退した現在も栽培が続けられている。

所在地 愛媛県今治市　面積 0.76㎢
周囲 6.1km　最高所 84m（上ノオタテ山）
人口 19人

国・八・立

鵜島 U-shima

今治の北東約16kmの瀬戸内海にある。北側は伯方島、南は越智大島に挟まれる小島である。

室町時代、足利義満が御下賜品の鵜を放鳥したところ、

伯方島から見た鵜島。

島に鵜が増えたことから島名が付いたといわれる。

この付近は速い潮流の海域で、南西部に隣接する能島と共に村上水軍の本拠地となった島だ。この島は能島村上水軍の船の係留地（船隠しの場所）だったといわれる。

江戸時代には佐島の農民が移住し、島には多くの耕作地が開かれたという。現在はミカン栽培が営まれている。

亀老山展望台から見る来島海峡。

高龍寺・村上義弘の墓。

よしうみバラ公園・ローズ館。

愛媛県

所在地 愛媛県今治市
面積 41.87㎢
周囲 49.9㎞
最高所 382m（念仏山）
人口 5355人

大島（越智大島）

Oh-shima

亀老山からの眺めが秀逸

　来島海峡を挟んで今治港の北、約5㎞にある。島の北側には能島水軍、南には来島水軍と、戦国時代には水軍の本拠地となった。

　南部の下田水港近くの「高龍寺」は、村上水軍の統領であった村上義弘の菩提寺。そこから1㎞ほど北に、村上義弘を祀る「村上水軍神社」がある。

　瀬戸内海有数の眺望地としてよく知られるのが、下田水港の南東の位置にある亀老山展望公園だ。来島海峡をせわしなく行き来する船の動きを一望できる。

　瀬戸内しまなみ海道が通り、便利なため移住者もいて、島でのびのびと仕事をする人の中にはパン焼き工房で成功した人もいる。

愛媛県

所在地 愛媛県今治市　面積 20.93㎢
周囲 53.5km　最高所 304m（宝股山）
人口 5715人

伯方島。（写真AC）

伯方島
Hakata-jima

国立八

今治と尾道の中間にある島

喜多浦八幡神社の扁額。

本州の広島県尾道と四国の愛媛県今治を結ぶ島々の、ほぼ真ん中に位置する。瀬戸内しまなみ海道の通る島として知られている。

1945（昭和20）年、島々の急潮で起きた海難事故を受けて、瀬戸内海に大きな架け橋を渡したいという住民や国の長年の悲願が、1999（平成11）年、尾道と今治を結ぶ瀬戸内しまなみ海道の完成につながった。

「伯方の塩」のルーツをたどると江戸時代になる。瀬戸浜に1819（文政2）年、塩田が造られ、塩の出来高も良かったので今治藩が次に古江浜塩田を開発。そうして1864（元治元）年には北浦塩田を造り82町歩の大塩田を有し、働く浜子は500人を超えた。

長く続いた塩田の伝統もその後は、イオン交換膜法の導入により1970年代に終わりを告げた。

大山祇神社。

大三島 Ohmi-shima

国宝の殿堂、大山祇神社

今治市の北、約15kmにある愛媛県最大の島である。

古代より海上活動が盛んで、中世にはこの島に三島水軍が拠点を置いた。大山祇神社はその水軍が信仰したシンボル的な存在で「海の神・武人の神」だった。こうした背景があって、ここには国宝や重要文化財が勢ぞろいすることになっていった。

大山祇神社の御神木、大クスノキ。

正面の大クスノキが御神木である。大山祇神社は719(養老3)年、伊予の豪族が創建したといわれる伊予国一の宮。武人や海にかかわる神として広く武士、朝廷などから信仰を集め、武具甲冑(かっちゅう)など、名だたる武将が奉納したとされる品々が多い。

国宝館と紫陽殿には、源義経が奉納したとされる赤絲威(あかいとおどし)鎧や、鎌倉初期の作といわれる頼朝の紫綾威鎧(むらさきあやおどしよろい)などがあり、その実物が見られる。

愛媛県
所在地 愛媛県今治市 面積 64.53km² 最高所 436m(鷲ヶ頭山)
周囲 88.8km
人口 4963人

愛媛県

赤穂根島
Akahone-jima

所在地 愛媛県上島町　面積 2.09km²
周囲 7.0km　最高所 165m
人口 2人

国立

岩城島・積善山展望台から岩城島の中心地（手前）と正面中央の赤穂根島の眺め。（上島町）

　新居浜港の北西約32kmの瀬戸内海にある。近隣の岩城島からは300mの水路を挟んである。

　終戦後からの国の離島振興策により、この島にも人々の定住があったが、その後10年と経たぬうちに無人化した。

　岩城島の出作地として、島に通って耕作する人がいたが、2000年以降には1世帯が居住と通いを繰り返すようになった。水の豊かな島で、牛やニワトリを飼育しながら循環型自給農法という新たな農業を模索・試行している。

佐島 Sa-shima

所在地 愛媛県上島町　面積 2.68km²
周囲 9.8km　最高所 120m（横峰山）
人口 428人

国立

　新居浜港の北西約31kmの瀬戸内海にある。弓削島と生名島の2島とそれぞれ弓削大橋、生名橋で架橋されている。

　中世には岩城・生名と共に石清水八幡領で、全体が荘園だったという。また中世には烽火台が置かれ、村上水軍の見張り所もあったとされる。近世には今治藩領となり、元禄以降、農地の開発が進んだ。

　明治以降は出稼ぎ、移民など、海外に活路を求める島民が多く出た。また因島の日立造船をはじめとして、その他の造船業、建設業への就労も多かった。タチバナ（ミカン）の花が香る5、6月は清々しい。

弓削大橋。右が佐島。

生名島 Ikina-jima

三秀園に鎮座するメンヒル。(上島町教育委員会)

広島県尾道市中心部の南、約15kmという広島寄りの位置にある。500mの瀬戸を挟む対岸の因島(広島県)が造船業で盛んだった時代には、生名島から多くの労働者が船で通勤していた。

今東光の小説『悪名(あくみょう)』に、唯一実名で登場した女傑・麻生イトが作った小さな公園「三秀園」があり、ここには弥生時代の遺物と見られる巨石「メンヒル」が鎮座する。この島にあった石ではなく、高さ約5m、数トンもの巨石をどうやって運んできたかは謎である。

愛媛県

所在地 愛媛県上島町
周囲 140km 最高所 141m (鉢巻山)
面積 3.67km²
人口 1389人

国立(ハ)

弓削島 Yuge-jima

広島県尾道港の南約14kmにあり、因島(広島県)とは約1kmの弓削瀬戸を挟む島である。島名の由来は、古くから弓作りを行う弓削部(ゆげべ)を名乗る一族が、この島に移り住んだことにちなむといわれる。

この島には1901(明治34)年に開校した国立弓削商船高等専門学校がある。船員養成の教育機関で、全国に5カ所し

美しい松林と白砂青松の法王ケ原。

かない。国内だけでなく外国航路の船乗りさんたちも育っていく学校である。

樹齢300年を超える松林が続く法王ケ原(ほうおうがはら)が素晴らしい。その松林とまぶしく輝く白砂青松の光景は、離島の中でも東西随一といってよいだろう。

所在地 愛媛県上島町
周囲 18.0km 最高所 325m (三山)
面積 8.68km²
人口 2599人

国立(ハ)

愛媛県

所在地 愛媛県上島町 面積 8.95㎢
周囲 17.4km 最高所 370m（積善山）
人口 1942人

積善山の満開のサクラ。（上島町）

岩城島

Iwagi-jima

「青いレモン」の島

岩城八幡神社の秋の大祭東地区のだんじり。（上島町）

　広島県と愛媛県の島々が入り組んだ上島諸島のひとつで、広島県の生口島の南東約1kmにある。

　周辺の島はミカンをはじめ柑橘類の名産地である。1980年代後半に国産の「青いレモン」の産地としてPRされたことで、島は全国的に知られるようになった。

　「青いレモン」とは本来の旬のレモンの色と酸っぱさを、

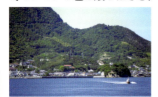
積善山の南側に集落が開ける。

あえて青いレモンと表現したもの。レモンは通常、黄色くなる前に収穫される。そのフレッシュな色彩をライムグリーンならぬグリーンレモンと名付けたのには多くの人が意表を突かれた。

　積善山（せきぜんさん）は瀬戸内海を一望できる景勝地で、春には道沿いに3000本ものサクラが咲き乱れ、山が明るくなるほどだ。

高井神漁港と集落。(上島町)

愛媛県
所在地　愛媛県上島町　面積　1.34㎢
周囲　5.3㎞　最高所　257m（行者森）
人口　11人

高井神島
Takaikami-shima

千石船の守り神だった関道神社。

船の安全を祈願する神社

　今治市の北東、約30㎞の燧灘(ひうちなだ)にある。広島県鞆の浦と愛媛県新居浜のほぼ中間点に位置する。

　船が近づくにつれて、急峻な島の景観に圧倒される。江戸時代に塩飽諸島の高見島(しわく)からの入植者によって開かれたと伝えられる。港からは徒歩で島の北部を中心に探勝できる。

　隣の魚島と同様、漁業の島である。千石船が航海の安全を祈願したという由緒ある関道神社が島の最北部にある。その境内にはナタオレノキやシマモクセイの大樹が茂り、とりわけツバキはみごとである。神社の後は、灯台を回るとよいだろう。瀬戸内の大海原が一望できる。

愛媛県

所在地 愛媛県上島町　面積 1.36km²
周囲 6.5km　最高所 170m
人口 138人

上空から見た魚島全景。（上島町）

国立

魚島 Uo-shima

「魚」の名がつく島

今治市の北東約35kmにあり、高井神島とは4km離れている。島名のとおり魚がよく捕れ、昔から漁業者が多い島といわれる。魚島ノリを筆頭にタイ、エビなどの水揚げが多い。

島の北西部にある大木遺跡は5～6世紀の祭祀跡といわれ、青銅鏡や勾玉など古代朝鮮との交流をうかがわせる遺物が出土している。

篠塚漁港と集落景観。

島のほぼ真ん中に亀居八幡神社がある。重厚な瓦を載せた社殿は総ヒノキ造りで明らかに世俗とは違った風格がある。創建された1693（元禄6）年の頃は、江戸幕府が新寺建立を禁じていた時代だ。

境内の裏手には立派な宝篋印塔が建つ。新田義貞の旗将、あの太平記に登場する篠塚伊賀守の墓といわれるものが、木立の下でひっそりと建っている。

上空から見た大久野島全景。

大久野島
Ohkuno-shima

広島県

所在地 広島県竹原市　面積 0.70km²
周囲 4.3km　最高所 97m
人口 21人

毒ガス兵器を製造していた島

　竹原市忠海港の南約2.5kmにある。この島では1929（昭和4）年、旧陸軍により毒ガス兵器を製造するための施設が造られ、イペリットガスなどの毒ガスが製造されていた。軍の統制下に置かれていた時代の日本地図には、最高機密という秘匿性から大久野島は抹消されており、民間人の立ち入りも許されていなかった。

　戦後の平和な時代になり、多くの国民が知ることとなった戦争遺跡の島である。廃墟となった毒ガス製造所の一部や毒ガス貯蔵庫跡、研究所跡、発電所跡の他、1988（昭和63）年に世界初の「大久野島毒ガス資料館」が建てられ、これらの負の遺産を見学することから学ぶことは多い。

　また、レクリエーションも楽しめるようビジターセンターがあり、名物のウサギと触れ合うこともできる。

大久野島毒ガス資料館。

広島県

所在地 広島県尾道市　面積 31.21㎢
周囲 33.6km　最高所 472m（観音山）
人口 8407人

潮音山公園から向上寺三重塔と瀬戸内海の眺め。

生口島 Ikuchi-jima

国立八

レモン谷の地名が残る

　三原港の南、約12kmにある。国産レモンの発祥地として知られ、島には「レモン谷」という地名も残る。

　かつて中世には畿内と西国を結ぶ重要な航路にあたる島として、後に海運業で栄えた。こうした商業で力を蓄えたこの島には、1403（応永10）年、潮音山の中腹に向上寺が建立され、1432（永享4）年には同寺に三重塔（国宝）ができた。江戸期から幕末には入浜式塩田の塩作りで栄えた。

　1980年代から始まった瀬戸内海の島からの文化発信では、コンサートホールの「ベル・カントホール」や、現代アートの「島ごと美術館」など文化施設が、近隣の島に先立ち造られた。

　名所の耕三寺の参道は商店街で、その近くには「平山郁夫美術館」がある。

耕三寺の孝養の門。

右の山が高根島。手前は生口島の造船所。

高根島の斜面を埋める柑橘の木々。

広島県
所在地 広島県尾道市
面積 5.60km²
周囲 10.8km
最高所 322m
人口 432人

国立

高根島 Kohne-shima

名産のミカンで有名

　三原港の南約7kmにあり、至近の本土対岸とは約1kmの距離。にぎやかな生口島と高根大橋でつながり、尾道や愛媛県今治から陸路で行くこともできる。

　農業に特化し、現在は温州ミカンが名産の島だが、柑橘が導入されるまでは、麦、大豆、小豆、木棉などが栽培された。温州ミカンは1894(明治27)年頃に栽培が始まり、1900(明治33)年から除虫菊、1913(大正2)年に葉たばこなどの生産も行われたが、その後は生産性の低い水田をミカン園に転換し柑橘栽培が主となった。

　広大な柑橘類の畑が島の山肌を埋める光景は圧巻。この島でできる「高根ミカン」は箱に「㊵」印が付き、特に品質の良いミカンとして知られる。

　小さな島ではあるが隧道(トンネル)がひとつあり、そこを出ると山の斜面にみごとなミカン畑の風景が広がる。

広島県

所在地 広島県三原市　面積 8.71km²
周囲 18.2km　最高所 268m（大平山）
人口 585人

佐木島 Sagi-jima

向田港にある磨崖和霊石地蔵。

三原港の南、約3kmにある。芸備諸島の最も島が混み合っている中のひとつで、隣の島や本土と1kmという至近にある。江戸時代には入浜式塩田で塩作りが行われた。

向田港の船着き場横にある「磨崖和霊石地蔵」は、鎌倉時代の1300（正安2）年、仏師念心による作である。丸く大きな花崗岩に彫られた地蔵様は、満潮になると肩まで沈んでしまうため、刻まれた銘文も含め、海浸食による風化が激しい。すでに銘文の判読が難しい箇所もあり、何らかの保存策が望まれる。

現在はトライアスロン大会の先駆地として知られる。

小佐木島
Kosagi-jima

所在地 広島県三原市　面積 0.5km²
周囲 3.2km　最高所 76m
人口 5人

三原市の南、約3kmにある。佐木島に比べるとかなり小さい島で、島の斜面には柑橘類の畑が広がる。

昭和の初めには小型船の造船所があり、造船の島といわれた時代もあった。また、戦時中には陸軍兵器廠・燃料貯蔵庫が設置されていた。かつてこの島も含め、周辺の島々では除虫菊が栽培されていた。

東の細島や南西の高根島が、平成の町村合併で尾道市に編入されたが、この島と佐木島は三原市の経済圏にあったので、そのままとなった。

石積みの小さな波止が小島の風情。

景観保存で人気の高い馬神除虫菊畑。

因島 Inno-shima

水軍から
フラワー鑑賞の島へ

1983（昭和58）年の因島大橋開通で本州本土とつながり、1999（平成11）年にはしまなみ海道全通で四国ともつながり、さらに便利な島へと変化した。

戦国時代、村上水軍の拠点だった島である。その村上家の菩提寺は島の中央部にある「金蓮寺」で、宝篋印塔をはじめとして墓石を残している。そのすぐ横の丘には、1983（昭和

因島水軍城。

58）年に再現された「因島水軍城」が立ち、本丸は資料館となっている。

因島の産業は造船と除虫菊といわれてきたが、それはもう過去のものとなった。「白滝山と五百羅漢」の風景は今も変わらず、「尾道市因島フラワーセンター」の四季の草花観賞も楽しい。近年では標高226mの白滝山へのトレッキングを楽しんだり、そのふもとにあるしゃれた洋館の白滝山荘を訪ねたりする人が増えている。

広島県

所在地 広島県尾道市　面積 35.04km²
周囲 31.9km　最高所 390m（奥山）
人口 2万435人

広島県

細島 Hoso-jima

所在地 広島県尾道市　面積 0.76㎢
周囲 5.3km　最高所 63m
人口 27人

国立

島々が密集する芸備群島の中にある細島（中央）。

　三原市東部の木原地区から南約2kmにある。

　6世紀の頃の蘇我氏がこの島に「細部（ほそべ）」と呼ばれる水先案内人を置いたことにちなんで、島名が付けられたという説がある。また島内からは古墳時代中期の箱式石棺の円墳や製塩遺跡が発見された。

　この島は対岸の因島・重井との結びつきが強く、就業者は農業を除きほぼ因島に通勤している。井戸水に頼る生活も1997（平成9）年に海底送水の通水で解決した。

　かつて春の島の緩斜面一帯は、蚊取り線香を作るための原料・除虫菊の真っ白い花で覆われていた。

岩子島 Iwashi-jima

所在地 広島県尾道市　面積 2.45㎢（西岩岳）
周囲 7.5km　最高所 130m
人口 483人

国立

　尾道水道の西寄り、三原市との市境を挟んだ南にある。

　この島は大正時代からワケギの特産地として知られる。5百人程の住民のおよそ4割がこの仕事に従事するという島の一大産業である。その栽培農家はワケギとして販売する青果生産以外にも、種球となる球根を自家採取することで、より優れた品種を作り出してきた。岩子島で作られる種球は「広島わけぎ」の出荷者以外には原則として譲渡禁止である。

　標高130mの島の最高峰・西岩岳の頂上にある「ゆるぎ岩」は、少しの振動でも落ちてしまいそうな不安定な岩に見えるのだが、決して揺らぐことのない岩である。

岩子島（左）と向島に架かる向島大橋。

尾道大橋。(尾道観光協会)

広島県

所在地 広島県尾道市
面積 22.22㎢
周囲 不明
最高所 283m (高見山)
人口 2万994人

国立

向島 Mukai-shima

尾道の真向かいの大きな島

尾道の街から尾道水道を挟んで真向かいにある大きな島だ。尾道の平地からてっぺんまでくまなく見渡すのに絶好の場所である。

尾道の代表的な観光地、千光寺付近から島を見ると、山が多い割には、平地部分もあることがわかる。これは塩田の干拓が行われた後の姿で、かつて島全体はもっと細

向島と尾道間を結ぶフェリー。

切れだった。浅瀬を埋め立て干拓した結果、現在の島の姿になった。造船所のクレーンが何基も立つ姿が印象的だ。

1968(昭和43)年に尾道大橋、その後、新尾道大橋も架かり、尾道の街と一体になった感もある。

高見山から見る瀬戸内海の風景も素晴らしいが、坂の町・尾道と海峡を挟んだ向島の景色という尾道の代表的景観はまた格別なものである。

広島県

所在地 広島県福山市 面積 4.06㎢
周囲 10.6km 最高所 258m（王城）
人口 921人

横島 Yoko-shima

シーパーク大浜。（内海町観光協会）

　福山市沼隈町から内海大橋（832m）、田島、睦橋を経て陸路で渡れる島。

　西端の大浜にある「シーパーク大浜」は瀬戸内海特有の薄黄色の砂の浜辺で、コンサートなども行われる場所である。広島県東部の海浜レジャーの拠点で、夏は多くの人々が訪れる。

　近世以降は漁業の島として発展し、隣の田島と共に船大工と製網の島として知られた。さらに鯨網を作り西海捕鯨へ進出した。田島が西廻り航路の寄港地となり、漁網が商品としても取引された。

所在地 広島県福山市 面積 8.62㎢
周囲 16.0km 最高所 328m（高山）
人口 1327人

田島 Ta-shima

　田島と横島は睦橋でつながり、両島は標高200～300mの山が連なる島である。海浜部は瀬戸内海の島らしく明るく開け、両島が海浜・親水公園をコンセプトにした連携を図っている。北東部にはクレセント（三日月形）ビーチがあり、美しい白砂が590m続く。

　睦橋がある「町」地区には明治時代末期の白壁瓦屋根の古民家が建ち並び、港町の風情が漂う。内浦地区の「皇

町地区に建つ風流な石灯籠。その昔はこの石灯籠の前が広場で、網結き（＝漁網を編むこと）をしたという。

森神社」には3本のムクノキの大樹がある。

百島 Momo-shima

広島県
所在地 広島県尾道市
面積 3.08km²
周囲 11.9km
最高所 184m（十文字山）
人口 380人

泊集落遠望。

尾道港の南東、約7kmにある。中心地の本村(ほんむら)に桃の木が多くあったことから桃島という名が付き、その後、百島と変えられたといわれる。

室町時代、嘉吉(かきつ)の変で6代将軍足利義教を暗殺した赤松満祐の一族が幕府軍に追われ、落ち延びて住んだ島といわれる。毎年1月第3日曜日に八幡神社で行われる「お弓神事」は、無病息災や厄除けの行事といわれるが、追手の来襲に備えて弓の稽古をしたことが起源という説もある。北西端には別荘地がある。

走島 Hashiri-jima

広島県福山市
所在地 広島県福山市
面積 2.16km²
周囲 7.8km
最高所 180m（高山）
人口 343人

村上家の庄屋旧宅跡。

福山市鞆(とも)の浦の南東、約6kmにある。江戸時代初期に村上水軍の流れをくむ村上太郎兵衛義光(よしてる)が来島し、村上庄屋として支配する一方、島の開拓にも尽くした。その庄屋屋敷跡が現在も残る。

島の東部海岸線に唐船という地区がある。室町時代に遣明船(けんみんせん)が往来した港があり、港の沖には「千軒町海没地」と呼ばれる津波で海底に消えた場所があると伝えられる。

江戸時代にタイの縛り網(元網)を発明した鯛網発祥地。現在も漁業は健在だ。

香川県

所在地：香川県観音寺市　面積 1.01km²
周囲 6.2km　最高所 122m
人口 323人

活気あふれる伊吹漁港（真浦港）。

国立

伊吹島 Ibuki-jima

バイクが並ぶ港が壮観

観音寺港の西、約10kmにある。島の産業は漁業だが、とりわけカタクチイワシ漁を中心とした煮干しイワシ（イリコ）生産に特化している。

漁師同様、この島には早起きして対岸の四国本土の勤め先に通勤する人々もいる。定期船が入港すると下船した住人たちが一斉に朝、港に置いたオートバイにまたがり、自宅に急ぐ光景は壮観。

港前のバイク群。

かつては坂道だらけの島内で荷物を山ほど積み、勢いよくエンジン音を轟かせて走り回る「バタバタ」と呼ぶオート三輪車が活躍していた。現在はもう1台も走っていないが、細い道を曲がりやすい三輪のこの乗り物は、他の島にはないものだった。

島の中央部の「西の堂」から「泉蔵院」にかけて四国八十八ヶ所霊場の仏像が安置され、春に巡礼者が訪れる。

島の漁業などについては「伊吹島民俗資料館」を見学するといい。

粟島全景、左の山は標高222mの城山(じょうのやま)。

香川県
所在地 香川県三豊市 面積 3.67km²
周囲 17.4km 最高所 222m（城山）
人口 154人

粟島 Awa-shima

日本初の海員学校

　詫間(たくま)港の北西約5kmの瀬戸内海にある。最も近い詫間町・積(つむ)からは海上1kmの距離である。

　かつて北前船の西廻り航路の寄港地として廻船業などで栄えた。廻船業で潤った島らしく、伊勢神社には北前船を描いた天保年間の奉納絵馬がある。

粟島海洋記念館本館（旧海員学校本館）。

　この島には1897（明治30）年、日本初の国立粟島海員学校が開設された。多くの船員を育成したが1987（昭和62）年、90年間の歴史に幕を下ろした。旧海員学校本館は1920（大正9）年の建築物で、国の有形文化財に登録されている。また跡地は粟島海洋記念公園に生まれ変わり、島のシンボルになっている。

香川県
岡山県

所在地 香川県三豊市　面積 0.74㎢
周囲 3.8km　最高所 109m（横尾の辻）
人口 19人

志々島 Shishi-jima

天空の花畑。（香川県観光協会）

詫間港の北西、約5kmにある。昭和20年代当時には、漁業の島として栄えていた。かつては本村、宮ノ浦、横尾、北浦の4カ所の集落があり、自家栽培の花や野菜などが段々畑で作られている。

本浦の桟橋から小高い山を越えた北側に、樹齢1200年以上といわれるクスノキがある。樹高22.5m、根回り12mというみごとな大木で、香川県の天然記念物に指定されている。

港の南の石段を上ったところに、日本武尊を奉った十握神社がある。安産の神様として江戸時代から信仰を集める。

所在地 岡山県笠岡市　面積 1.02㎢
周囲 4.6km　最高所 185m（大石山）
人口 48人

六島 Mu-shima

六島灯台とスイセン。（笠岡市観光協会）

笠岡港の南約22kmにあり、笠岡港から渡る場合は小飛島で船を乗り継いで渡る（二次離島という）数少ない島である。

六島の港は、昔の瀬戸内ののどかな漁村集落の姿を今に残す風情がある。

作家、横溝正史はよく島を題材に推理小説を残しているが、『獄門島』は笠岡の島々の南端という設定からしてこの島がモデルで、映画の撮影には六島の港が使われた。

1周4kmほどの島内を歩いたり、釣りをするのもよいだろう。

大飛島 Ohbi-shima

大飛島から小飛島に向かって延びる砂州。

笠岡港の南約18kmに位置し、岡山県の島々としては最も広島県寄りにある。

東部の大浦地区から小飛島に向けて、長さ350m、幅30mの砂州が伸びていた。現在は潮流などが変わったためか、以前ほど大きなものではなくなったが、1962（昭和37）年、この砂州の付け根付近で中学生が見つけた土器片が、奈良時代から平安時代のものであることがわかり、その後周辺の遺跡発掘につながり、この遺跡は「洲の南遺跡（すのみなみ）」と名付けられた。この大飛遺跡（大飛島遺跡）は日本遺産の構成文化財となっている。

所在地　岡山県笠岡市　面積　0.96㎢
周囲　6.4km　最高所　152m（荒神山）
人口　42人

小飛島 Kobi-shima

笠岡港の南約17kmにある。1692（元禄5）年に笠岡の神島（こうのしま）から入植者があり、開かれたと伝わる。大きく弓なりに弧を描く小飛島港のちょうど裏手にある浜辺は、潮通しがよく美しい砂浜を保っている。

集落は港の前にあるだけで、軒と軒をつなぐ路地が迷路のように巡らされ、民家を歩いて見るだけでも楽しい。

この島と大飛島に共通の氏神様である「嶋神社」に、夏には帰省した家族親戚が総出で集まり、大いににぎわう。

葉の先が3つに分かれた「金魚ツバキ」がある。

所在地　岡山県笠岡市　面積　0.33㎢
周囲　3.7km　最高所　81m
人口　17人

白石島の高山展望台から飛島・六島を望む。右が大飛島、左が小飛島。

岡山県

香川県

所在地 香川県多度津町 面積 2.33km²
周囲 6.7km 最高所 297m（龍王山）
人口 25人

島の南部を占める龍王山。

高見島
Takami-jima

真っ黒で重厚な屋根瓦

冬から春の味覚、タチ貝の出荷作業。

多度津港の北西、約7kmにある。島全体が山になっており、特に南側にある龍王山は標高297mと高く、その姿は遠く本土からも見分けられる。

浜地区と浦地区にはみごとな石垣の連なりと共に木造建ての日本家屋がある。真っ黒で重厚な屋根瓦が載り、戦前の日本の集落や離島集落の景観を求める邦画などの撮影地になることが多い。

塩飽諸島の他の島と同じく、近世は幕府領で、自治を任される「人名（にんみょう）」は77株だった。なりわいは廻船業で、1790（寛政2）年にはタイ網が4帖あり、運上銀144匁を納めたとあるが、その後イワシ網漁に転換した。明治期には遠洋漁業に乗り出したこともあった。大正時代の一時期には除虫菊栽培が行われた。

浦地区町並み。瓦屋根の屋敷が続く。

本浦集落と小島を望む。

佐柳島
Sanagi-jima

所在地 香川県多度津町
面積 1.83㎢
周囲 7.2km
最高所 248m（高登山）
人口 57人

国立

珍しい両墓制の島

多度津港の北西約14kmにある。北部に長崎、南部には本浦の各集落があり、本浦の集落を見下ろす丘に立つと、無人の小島が点景となって素晴らしい瀬戸の島の風景を作り出す。

この島は日本の葬制の中でも珍しいといわれる、両墓制の島である。両墓とは、ひとりの墓を「埋め墓」と「拝み墓」

塩飽諸島の夕景。左から高見島、佐柳島、牛島。

長崎集落の埋め墓。

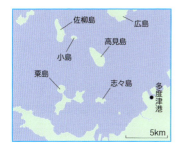

に分けて葬る独特な葬制である。長崎集落にも本浦集落にも海ぎわの砂地に埋め墓があり、そこからやや離れて、拝み墓が建ち並ぶ。

岡山県

所在地　岡山県笠岡市
周囲　7.5km　面積　1.49km²
人口　147人　最高所　127m（城山）

国立

真鍋島
Manabe-shima

かつては花畑の島

　笠岡港の南東約18kmにあり、全体に山がちである。緩やかな山肌には作物を作る畑や、花を栽培する畑が広がっている。昭和50年代には「花の島」として、寒菊やマーガレットなどが切り花として全国に出荷されていった。島のどこを歩いても、集落以外は全て花畑という時代もあった。

　狭い路地が入り組む本浦と岩坪地区では、昔の面影を残す家々や、変わった造りの家などが見つかるだろう。山の小

真鍋島ふれあいパーク。（笠岡市観光協会）

岩坪の五輪石塔群。

美しい浜辺の福原浜。（笠岡市観光協会）

道には野仏などもたたずむ。

　今も、花畑の島を忘れないように、島内には観賞用のキク畑が少し残るほか、港の北西の天神社そばには、現代によみがえった花畑というべき「真鍋島ふれあいパーク」がある。

　平安末期に藤原氏の一族が真鍋氏を名乗り、真鍋島を水軍の本拠地とした。全盛期には周辺の島を支配したといわれる。島内には源平合戦で平家方についた真鍋氏の城趾や供養塔など史跡が残る。

北木島。(岡山県観光連盟)

所在地　岡山県笠岡市　面積　7.48㎢
周囲　19.1km　最高所　226m（芸栗山）
人口　580人

岡山県

国立

北木島
Kitagi-shima

近代建築を支えた北木石

採石場展望台。(岡山県観光連盟)

笠岡港の南、約13kmにある。古くから御影石を産出する石材の島として知られる。北木石は江戸時代初期の大坂城修築や、明治時代以降は日本銀行本店などの建築物にも多く使われてきた。1930年代の石材生産の最盛期には、700人以上の石切り職人がいたといわれる。

昭和の中頃に130カ所あった丁場（採石場）は、現在は2カ所だけとなった。安い輸入石材に押されて採石量は大きく減退したが、今はそれを逆手にとって観光資源に活かし始めて成功している。今まで一般の人は丁場に近づくことも入ることもできなかったが、露天で掘り進んだ現場を目の当たりにする見学コースもできた。

岡山県

所在地 岡山県笠岡市　面積 2.95㎢
周囲 10.0km　最高所 169m（立石山）
人口 346人

北側から見た白石島。右手前は弁天島。
（岡山県観光連盟）

白石島
Shiraishi-jima

国立八／100

外国人も多く訪れる

鎧岩。

笠岡港の南約10kmにある。主に花崗岩からなり、地表が雪をかぶったように白く見えたことから、白石島と呼ばれるようになったとされる。花崗岩の岩肌を貫いて噴出したアプライトの岩脈が作り出した「鎧岩（よろい）」は、岩肌の模様に特徴がある。

古くから瀬戸内海の要衝で、江戸時代には備後・鞆と備前・下津井を結ぶ地乗り（沿岸）航路の中継地となり栄えた。

外国の旅行ガイド本でも紹介されたことがある島で、関西や広島などを旅した外国人が、西ノ浦の白石島ビーチなどに足を延ばしてやって来る。

平安時代末期の源平水島合戦から伝え継がれる供養の盆踊り「白石踊」（国指定重要無形民俗文化財）は、優美と勇壮さを交じえ、夜通し踊り明かす念仏踊りである。

平家戦死者を弔う開龍寺。神仏習合の聖地。

上空から見た高島全景。(岡山県)

岡山県

所在地 岡山県笠岡市
面積 1.05km²
周囲 5.9km
最高所 84m
人口 58人

高島 Taka-shima

神武天皇東征時の行宮

　笠岡港の南約8kmにある。先土器時代からの遺跡が多くあり、遺跡調査では縄文時代晩期の西日本の在り様が明らかにされた。

　笠岡諸島で最も本州側にあり、笠岡から定期船に乗ると最初に寄港する島。『古事記』にある神武天皇が東征の際に置いた「高島行宮（あんぐう）」は、この

高島行宮遺趾碑。(笠岡市観光協会)

島ではないかともいわれる。

　東部には神卜山（かみうらやま）があり、道をたどれば天つ神に供える水をくんだとされる眞奈井（まない）がある。神武天皇はここで吉凶を占ったと伝えられる。

　神卜山の山頂には高島行宮遺趾碑が立ち、ここからは笠岡諸島の島々の展望もよい。また島の南には尾根伝いに約2kmの遊歩道が続き、多島海の景観を楽しむことができる。

香川県

広島 Hiro-shima

所在地 香川県丸亀市
面積 11.72km²
周囲 18.4km
最高所 312m（王頭山）
人口 170人

石材が主産業

多度津港の北、約9kmにある。塩飽諸島の中では最大の面積を有する。

戦国時代は本島と同様、塩飽水軍の拠点で「人名(にんみょう)」の島だった。幕府領だったが人名制をとり、塩飽七島全部で650株、広島はそのうち76株の人名株を持っていた。塩飽本島の年寄(としより)・年番の下で、各浦々の庄屋による自治が認められていた。

東部の立石地区には、江戸時代に北前船の廻船問屋で繁盛した豪壮な旧尾上邸がある。

江戸時代末期、日米修好通商条約批准のため太平洋を横断した随行艦の咸臨丸には、中浜（ジョン）万次郎の他、この島の水夫11人が乗り組んだ。航海術や操船術に

石材の島。

島の南約1kmにある羽節岩灯標。

長けた塩飽水軍衆への信頼があり、水夫が多く起用されたことに違いない。

古くから御影石の産地として知られ、現在も青木石という名で採石が続けられ、この島の主産業を維持している。島内には出荷前や加工後の石材が積み置かれ、石の島であることを実感する。

手島 Te-shima

手島全景。

所在地　香川県丸亀市
面積　3.41㎢
周囲　7.1km
最高所　217m（尾方山）
人口　22人

丸亀市の北西約15kmにある。海流や浅瀬、港の特徴、操船などの知識を持つ海賊衆がいた島であり、自治制度の一種、人名制の島だった。

豊臣秀吉によって特別に自治権が認められた海賊衆は人名と呼ばれ、その中でさらに長となった人物は年寄と呼ば

今も残る御触書を掲示する「制札場」。

れた。現在は沿岸漁業と農業を営む島。塩飽海賊衆の気風が今に伝わるのか、島びとに質朴さを感じる。

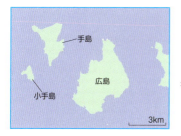

小手島 Ote-shima

所在地　香川県丸亀市
面積　0.53㎢
周囲　3.7km
最高所　95m
人口　38人

丸亀市の北西約15kmにある。江戸時代には天領だった島で、末期に隣の手島から、明治時代には岡山県の北木島と真鍋島からの移民が開拓した島といわれる。

のどかで小さな港、裏山を背にした小集落、港の突き当たりには鎮守の森、丘を越えて裏の浜辺へと続く道、とい

紅白がきれいな源平桃。（丸亀市）

う典型的な瀬戸内小島の光景が見られる。漁業は盛んでイカナゴ漁はよく知られる。

芸術を学ぶ大学生と島びととのアートを通した交流が行われている。島内には新しい活気が生まれ始めている。

香川県

所在地 香川県丸亀市　面積 6.75㎢
周囲 17.4km　最高所 204m（小阪山）
人口 292人

国立／八／100

朱印庫。

本島(塩飽本島)
Hon-jima

塩飽諸島を代表する島

塩飽勤番所跡（復元）。国指定史跡。

　丸亀市の北約9kmの瀬戸内海にあり、塩飽諸島の中心的ともいえる島である。

　塩飽とは"潮"が"湧く"という意味だといわれる。この海域は潮流の激しい航海の難所で、戦国時代の1587（天正15）年、豊臣秀吉の九州攻めの際、兵を運ぶ御用船を塩飽の島々から調達し、操船に長けた船方650人を出した。この功績からこの島を中心とした周辺の「塩飽七島（しちとう）」に、自治権が与えられた。その後徳川家康の世となってからも同様の扱いで安堵（あんど）を受け、船方は人名（にんみょう）株で世襲された。

　塩飽七島の中心となったのがこの本島で、勤番所が置かれ、4人の「年寄」が執務に当たった。明治維新の1870（明治3）年まで人名制は続き、戦国時代を中心にしたまさに"歴史に彩られた舞台"であった。

　塩飽諸島を統率した証である政所（まんどころ）の塩飽勤番所は、集

木烏神社。

落正面にたたずむ。1860（万延元）年に改築されたものが復元されており、当時の面影をよく残している。ここには"朱印状"を保管した朱印蔵や実際の朱印状などが展示され、興味深い。

勤番所から少し離れた「笠島のまち並み」は江戸末期から明治時代の家々が建ち並ぶ集落で、重要伝統的建造物群保存地区である。虫籠窓を付けた重厚な家や格子窓の家などいにしえの町へ来た感じがする。付近には歴史の古い「専称寺」や「長徳寺」がある。

島の随所に残る社寺や町並みに、この島が昔からこの海域に与えた影響力がうかがいしれる。

例えば木烏神社は現在、海岸部を一段上げて道路を造り、神社と海を遮断しているが、かつて参詣者は砂浜に船で乗り付け、そこに船を留めてお詣りしたのである。

鳥居の横には制札場があり、そこで御触書をしっかりと読んだことだろう。各地からやって来る人々はお詣りの後、境内の千歳座で芝居を楽しんだのである。この島は文化的な楽しみも味わえる場所としても、人気があったのだ。

木烏神社の境内に現存する芝居小屋の千歳座。

香川県

牛島 Ushi-jima

所在地 香川県丸亀市　面積 0.84㎢
周囲 3.7km　最高所 95m
人口 8人

国立

牛島全景。

丸亀市の北、約8kmにある。

江戸時代に廻船業で瀬戸内海を席巻していた丸尾五左衛門の本拠地がこの島だったが、現在は当時の屋敷跡に石垣を残すだけである。屋敷のあった場所、港の大きさや造りから想像するにつけ、この島全体が経済的にも潤い、瀬戸内海の島々の中でも大きな力を持っていたことがわかる。しかし、現在は数人の住人となってしまった。

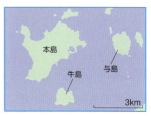

この島のすぐ南側は、数万トンクラスの客船などがすり抜けていく航路で、客船の最上階デッキから見える牛島の姿はじつに美しい。

櫃石島
Hitsuishi-jima

所在地 香川県坂出市　面積 0.93㎢
周囲 5.4km　最高所 78m
人口 151人

国立

坂出港の北西約16km、岡山県下津井からわずか900mの距離にある。

櫃石ビーチ。

1988（昭和63）年に本土と四国を結ぶ瀬戸大橋が開通して、島の家々の屋根の上を巨大な構造物である橋梁が通るようになった。

南部には島名の由来ともなる「櫃岩」があり、ここに平家の武者が宝物を隠したという伝説が伝わる。島の中央に櫃石島の氏神様「王子神社」があり、県指定無形民俗文化財の「ももて祭」が行われる。これは小笠原古流の弓術による豊凶占いといわれる。

島の周囲は潮流の速い瀬戸で、冬から春先が旬のタイラギ漁は、この島の最も意気の上がる漁である。

与島 Yo-shima

瀬戸大橋。(写真 AC)

所在地 香川県坂出市　面積 1.13㎢
周囲 6.6km　最高所 71m
人口 65人

坂出港の北約10kmにある。

1988（昭和63）年に開通した本州と四国を結ぶ瀬戸大橋では、この自動車道最大の駐車・観光型商業施設「与島プラザ」が、島の西側に造られた。かつて主産業が石材産出と漁業だった与島は、観光の島へと大きく舵を切った。

島の南東に防波堤でつながる鍋島灯台は、イギリス人のリチャード・H・ブラントンが手掛けた洋式灯台。石造りの白亜の灯台で、初点灯は1872（明治5）年である。

小与島 Koyo-shima

かつての石の島の港。

所在地 香川県坂出市　面積 0.26㎢
周囲 1.5km　最高所 44m
人口 2人

坂出港の北約11km、与島の東側約400mにある。

大正時代から石材産出の島として知られ多くの御影石を切り出したが、周囲わずか1.5kmの島では資源が枯渇し、現在は輸入石材の加工などに転換した。

瀬戸大橋の架橋風景をパノラマで見渡すにはこの島から見るか、橋を挟んで西側の牛島から見るのがベスト。

1988（昭和63）年に瀬戸大橋を眺めるリゾートホテルが島で開業したが経営難により数年で閉鎖、現在も時代の遺物として残されている。

香川県

岩黒島
Iwakuro-jima

所在地 香川県坂出市　周囲 1.4km　面積 0.17km²　人口 55人　最高所 28m

坂出港の北約13kmの瀬戸内海にある。

古くから瀬戸内海の漁業の島として知られた。江戸時代のころは刺し網による沿岸漁業で栄えたようだ。

島の南部は白い花崗岩、北部は島名の由来となる黒い岩（閃緑岩）からできており、黒い浜辺の「黒浜」がある。江戸時代には島の粘土で瓦が生産され、上方に出荷された。

真ん中の小さい島が岩黒島。（写真AC）

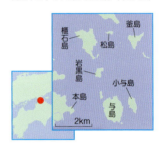

大島 Oh-shima

所在地 香川県高松市　周囲 4.2km　面積 0.73km²　人口 53人　最高所 70m

庵治港の北西約2.5kmにある小さな島で、島全体が国立ハンセン病療養所である。らい予防法が1996（平成8）年に廃止となり、この島への往来が自由になったことで、人権学習を目的とする来島者も増えている。

島の中央には1909（明治42）年に建てられた国立療養所大島青松園があり、治療を終えた入所者が温暖な気候の下、この島で暮らしている。

上空から見た大島全景。

六口島

Muguchi-jima

象岩。

下津井港の南西約2kmにある。これほど本土に近いのに、定期航路はない。

島内からはサヌカイト石器や縄文式土器などが数多く出土している。

慶長年間の1602年頃から大坂城修築用の石を切り出した島で、当時の遺構も残されている。島全体は平地が少なく険しい姿だが、海岸部には象が海辺に座って水浴びをするかのような格好の天然花崗岩「象岩」がある。現在は風化も進み、鼻先がだいぶ短くなってしまった。

夏には海水浴や休みを過ごす人々が訪れる。

所在地　岡山県倉敷市
面積　1.09k㎡
周囲　5.9km
最高所　140m
人口　6人

松島 Matsu-shima

児島半島の先端、久須美鼻沖400mにある。

平安時代、瀬戸内海全体に勢力を伸ばしてきた藤原純友は、その拠点のひとつとして松島に水軍城を築いた。島内にある「大丸城址」と呼ぶその場所は、今ではすっかり竹藪で覆われてしまい、当時の様子を示すものは何ひとつ残されていないが、そばには藤原純友を祀る純友神社が往時を伝えるかのようにたた

櫃石島から遠望する松島。

ずむ。近世初期には無人島期もあった。六口島、釜島と共に讃岐国塩飽諸島との間で帰属争いが起きたが、1646（正保3）年に備中藩領と決着した。

所在地　岡山県倉敷市
面積　0.08k㎡
周囲　1.2km
最高所　27m
人口　2人

香川県

所在地 香川県高松市 面積 2.62km²
周囲 7.9km 最高所 216m
人口 125人

港付近にそびえる「オオテ」。

女木島 Megi-jima

桃太郎伝説の洞窟がある島

高松港の北約3.5kmの瀬戸内海にある島で、岡山県の宇野と高松を結ぶフェリーに乗ると女木島、男木島を海上からよく見ることができる。南北に細長く全体に山がちな島山といった感じで、別名を「鬼ヶ島」という。中央の鷲ヶ峰(187m)から南西へ山が続き、鷲ヶ峰展望台から瀬戸内海の眺望がよい。

隣の男木島と共に、雌雄島とも呼ばれることがあり、1890(明治23)年の町村制施行の時には雌雄島村になったときもあった。

1914(大正3)年に奥行き400m、空間面積4000m²もある大洞窟が鷲ヶ峰山頂付近で発見され、ここが桃太郎伝説の場所であるともいわれる。大洞窟の中は歩いて見学でき、鬼が住んだという居間や番人の部屋などがあり、洞内には手掘りの跡なども残りなかなか

船から女木港を望む。

リアルだ。かつての石切り場ではないかという風情のない説もあるが、いずれにしても伝説に彩られた島である。

船から港に降り立ちまず目に付くのは、頑丈で巨大な石

防波堤上に並ぶウミネコのオブジェ。

垣に囲まれた集落の家々。4mの高さにもなる「オオテ」と呼ばれるこの石垣塀は、昔からこの島に吹き荒れる季節風や潮風から家屋を守るために造られたといわれる。現在は港周辺が整備されたため、船が着く岸壁からオオテはやや後退してしまったが、以前はこのオオテが「鬼ヶ島のとりで」といった感だった。

現代アート作品が島内至る場所に設置されている。

鬼ヶ島大洞窟の出口。

241

香川県

所在地 香川県高松市
面積 1.34㎢
周囲 5.9km
最高所 213m（コミ山）
人口 132人

国立八

男木島のフェリー待合所は瀬戸内国際芸術祭のアート作品。

男木島 Ogi-jima

美しい集落景観

　高松市の北、約10kmにあり、島全体が山のような島山である。集落は男木港周辺の1ヵ所だけで、港前の急斜面に家々が建ち並ぶ集落景観は素晴らしい。家々を結ぶ路地が迷路のように張り巡らされ、探索しているとあっという間に時間が過ぎる。絵になる集落の美しさがここにはある。

　島を半周ほど歩くと北端に、国内では2ヵ所しかない御影石造りの男木島灯台に着く。洋式灯台と洋上の船が風景に溶け込む。

　映画「喜びも悲しみも幾歳月」のロケ地になった場所で、現在は無人化されてはいるが、かつての灯台職員住宅が灯台資料館になっている。

　島内で育つ牛を高松周辺の農村へ春・秋の農繁期だけ貸し出す「借耕牛（かりこうし）」があった。代価の米3俵は水田のない島にとって、貴重な稼ぎだった。

男木島灯台。

アーティストの大竹伸朗が手掛けた直島銭湯「I♥湯（アイラブユ）」。

直島 Nao-shima

所在地　香川県直島町
面積　7.82km²
周囲　21.7km　最高所　123m（地蔵山）
人口　3071人

現代アートの島

高松港の北約12kmにあるが、岡山県玉野市から約3kmと近く、電気と水道は岡山県側から送られている。

1917（大正6）年、島の北側に三菱合資会社の銅精錬所ができて工業の島へと大きく転換した。しかし、精錬所から出る亜硫酸ガスなどで島の木々は枯れ落ちた。現在も植樹などを行い、再生作業が続けられている。

島の中央部から南部にかけてが、"現代アート"のエリアである。巧みに取り込んだ自然光で地中の作品を鑑賞する「地中美術館」や、古民家を現代美術で表現する「家プロジェクト」が点在する。野外展示作品や高級ホテルを備えた美術館、実際に入浴できる美術作品など、島全体がアートの舞台となっている。

枯死した木々と褐色の山肌が痛々しい島の北部。

香川県

所在地 香川県直島町
周囲 4.5km
面積 0.74㎢
人口 12人
最高所 80m

国立

向島 Mukae-jima

　直島の本村港（ほんむら）沖約100mにある直島諸島の一島で、定期航路はない。

　これまでに、先土器時代から弥生時代にかけての竪穴古墳や製塩遺跡、遺物などが発

向島港。対岸は直島。

見されている。また、記録によれば1672（寛文12）年に7戸29人の人口があった。

　直島から出作をする人もおり、現在はIターンでゲストハウスを営む人がいる。

所在地 香川県直島町
周囲 2.6km
面積 0.12㎢
人口 20人
最高所 31m（金比羅山）

国立

屏風島 Byohbu-jima

　直島の北、約5kmにある。定期船がないため、島びとは個人の船で、最も近い岡山側の玉野市に買い物に出かける。島の向かいにある喜兵衛島（きへえ）との間を簡易な防波堤で結び、板の橋を渡して往来できるようにしている。

　いけすが島の港周辺を埋め尽くし、外海に出る漁師と養魚場を見る漁師たちが、せわしく立ち働く。農地はなく、漁業に特化している島だ。

海面に浮かぶいけす。

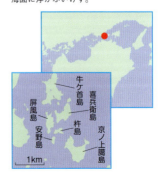

石島(井島)

I-shima

ノリ養殖業で活気のある石島港。

岡山県玉野市宇野港の東、約5kmにある。島の北半分が玉野市の「石島」、無人の南半分が香川県直島町の「井島」という、ひとつの島に別の名前がある珍しい島。

この理由は江戸時代の領地だった時代にさかのぼる。直島と岡山藩胸上村との間の漁業権と領有権の争いごとがあった。幕府評定所は10余年の歳月を経て、石島山から北側を胸上村、そしてその南側を直島のものと裁定し、それが現在の県境となっている。

所在地 岡山県玉野市・香川県直島町
面積 0.82km² 周囲 2.3km
最高所 156m〔石島山〕 人口 54人

香川県・岡山県

沖之島

Okino-shima

沖之島全景。(©cubic-tt〔島空撮〕)

小豆島の北西部にある小江地区沖、約100mにある。小江の漁師が江戸時代にこの島に定住したと伝えられる。明治20年代には30軒ほどがあった。

水路のように狭くなっている「小江の瀬戸」は、舟の漕ぎ手にとっては難所だった。昭和に入り、瀬戸内海では花嫁が渡し舟に乗り、島々へ嫁ぐことがよくあった。1970年代の名曲「瀬戸の花嫁」は、この島の花嫁が嫁ぐ姿を歌ったものともいわれる。

漁業の島でカレイ、シタビラメの他、底引き網漁が盛ん。

所在地 香川県土庄町 面積 0.18km² 周囲 2.0km 最高所 34m 人口 58人

香川県

豊島 Te-shima

所在地 香川県土庄町 面積 14.50km² 周囲 17.9km 最高所 340m（檀山） 人口 768人

後方が豊島。手前は小豊島。

小豆島の西約4kmにある。古来より米がとれる豊かな島というところから、島名が付いたといわれる。

平安末期ごろから長きにわたり、島の特産でもある「豊島石」が檀山のふもとで切り出された。加工しやすい石で、庭に置く灯籠などに多く用いられた。その石の切り出し現場であった「丁場」跡が今も残っている。

1990（平成2）年に産業廃棄物の不法投棄場所が発覚、社会問題化する。20余年をかけて産廃処理が行われているが、未だ原状回復には遠い。

小豊島 Ode-shima

所在地 香川県土庄町 面積 0.10km²（水門ノ尾） 周囲 4.3km 最高所 133m 人口 9人

小豆島の西、約2km沖、小豆島と豊島に挟まれた位置にある。

300〜400年ほど前に石の切り出しのために人が住み始めたのが定住の始まりと伝えられる。

牛専用運搬船。

2009（平成21）年、北東の浜辺にある「積遺跡」から縄文土器とサヌカイトの剥片が発見され、縄文前期末に始まるとされてきたこの島の歴史が、前期末ではなく、さらに以前であった可能性が出てきた。

小豆島のオリーブ搾油かすを飼料に混ぜた「小豆島オリーブ牛」がブランド牛として高く評価されている。

前島 Mae-jima

岡山県

所在地 岡山県瀬戸内市
周囲 16.51km　最高所 136m
面積 2.42km²
人口 118人

国立

牛窓瀬戸を挟んで300mの位置に横たわる細長い島。昔ここで10艘もの船で大格闘の末クジラを仕留めたこともあり、大鯨供養塔がある。

キャベツなどの野菜を中心に農産物作りが盛んで、瀬戸

キャベツ畑。（瀬戸内市観光協会）

内海を望む日当たりのよい緩斜面の畑では、季節の野菜が実る。夏はキャンパーをはじめ多くの観光客が訪れ、美しい砂浜で海水浴などを楽しむ。海草の一種、アマモが生育する海でもある。温暖でリゾート人気のある牛窓ブランドの影響で、島の別荘も人気が高い。

長島 Naga-shima

所在地 岡山県瀬戸内市
周囲 16.0km　最高所 99m
面積 3.52km²
人口 364人

国立

日生諸島の鴻島の南に位置し、東西に5kmと細長い島。1988（昭和63）年、本土から邑久長島大橋が架かり、長い間不便だった島が陸路でつながった。

この島には1930（昭和5）年、日本初の国立ハンセン病療養施設である長島愛生園と、

長島。（NPOハンセン病療養所世界遺産登録推進協議会）

1938（昭和13）年、国立療養所邑久光明園が創設された。ハンセン病に対する偏見による"島で隔絶する"という国の隔離政策が、医学の進歩と共に撤廃の方向となり、陸路で自由に出入りできる記念すべき島となったのだった。

岡山県

所在地 岡山県岡山市
面積 0.54km²
周囲 3.6km
最高所 36m
人口 36人

国立

淺井裕介／妹島和世作「太古の声を聴くように、昨日の声を聴く」。

犬島 Inu-jima

産業遺産を活用した
アートの島

　岡山市の東部、宝伝地区の南約4kmにある。

　菅原道真が太宰府へ向かう途中、立ち寄ったこの島の石が自分の犬と似ていたことから、その石を犬石と名付けた伝説が残る。その石こそ、犬ノ島の犬石宮だといわれる。

　人が住みはじめたのは1688年以降の元禄年間といわれる。古くは御影石の石材産地として知られており、この島から切り出された石は大坂城や江戸城、大阪港の礎などに使われている。かつて石材の島だった面影は随所に残っていて、石を切り出した

精錬所跡のレンガ煙突。

犬石宮がある犬ノ島全景。

跡に水がたまり、深い池のようになっている。

明治時代末期から1919（大正8）年まで銅の精錬が行われていた。発電所や様々な精錬施設が建てられて操業し、最盛期にはこの島に、6000人もの人が暮らしていたという。レンガで造られた当時の煙突や精錬所の火力発電所などは風化に任せてそのまま廃墟となっており、それが実に味わい深い造形的な美しさを誇っていた。いったんこのエリアに迷い込むと、不思議な世界に入り込んだ錯覚を起こしたものである。

しかし、そんな経験ができ

乾の方角を向く犬石宮。

S邸に設置された作品「コンタクトレンズ」（荒神明香／妹島和世作）。

たのも1980年代までで、現在はその精錬所施設の遺構を生かして、2008（平成20）年、直島福武美術館財団（現福武財団）によって美術館として再生された。瀬戸内国際芸術祭「家プロジェクト」「犬島時間」など、様々なアートプロジェクトのイベントが開催された。何も手を加えていなかった静謐な犬島の産業遺産が、今日のアートプロジェクトを通じて現代アートの島として息を吹き返したのもまた素晴らしい。

集落には犬島石のちょっとした垣根などがあり、栄華の時代をしのび現代アート作品を見学しながら散策してみるのも楽しい。

香川県

所在地 香川県小豆島町・土庄町　面積 153.25km²
周囲 不明　最高所 816m（星ヶ城山）
人口 2万5881人

恋人の聖地「エンジェルロード」は干潮時にだけ歩ける道。

小豆島
Shodo-shima

渓谷の秀景と 瀬戸内海の風景

　高松港の北、約18km、岡山県の日生（ひなせ）町からも約20kmとほぼ同じぐらいの距離にある。淡路島に次ぐ瀬戸内海で第2位の大きな島である。
『古事記』の国生み伝説では、10番目に生まれた島といわれ

醬（ひしお）の郷（さと）のしょうゆ造り。

る。歴史に登場する時期も古く、この島が瀬戸内海の要衝の島であったことがうかがえる。
　平安時代の初期から南北朝時代まで皇室御領だった。豊臣秀吉の時代を経て徳川の世になり、「池田」（現在の池田地区）は初め天領地だったのが後に津山藩の領地となり、「内海（うちのみ）」は幕府天領地として倉敷代官

所に支配され続けた。江戸時代になってからも藩領や天領が島を分け、明治維新を迎えて県の合併などで所管がたびたび変わった。

島の中央部を分けているのは山岳地帯である。標高816mの「星ヶ城山(ほしがじょうさん)」がそびえ、その山を頂点に400〜500m級の山々が島の真ん中に連なっている。

この山稜には寒霞渓(かんかけい)と呼ばれる渓谷があり、渓谷奇岩の風景は『日本書紀』には神懸山(かんかけやま)などの名で登場する。瀬戸内海の島に、このような深い渓谷がたたずんでいることにはとても驚く。

寒霞渓と名付けたのは儒学者の藤沢南岳で、寒暖の四季の変化を映し出し、海面から屹立する渓谷の情景を込めた名前だろう。

陽光うららかな小豆島の典型的なイメージは、島の南側にある。緩斜面いっぱいにオリーブ畑の木々が葉をなびかせ、しょうゆ蔵や佃煮工場のある町並み、手延べそうめんの干し場風景が見られる。

島の北側に行くと風景が一変する。山並みが海にまで迫

寒霞渓ロープウェイ。

る険しい景観が続く。この付近一帯は採石場となっていて削り取られた山肌が痛々しい。そして大坂城築城のために切り出されたが送り出すことができなかったといわれる「残石」も残る。

この島出身の壺井栄が書いた小説『二十四の瞳』の舞台としてもよく知られ、2度にわたる映画化などにより全国区の島となった。素朴な島の風土の中で描かれる"純真な子どもたちと大石先生"の話を通して、主題である"平和"を、今も静かに島から発信し続けている。内海湾の向こうにある「岬の分教場」には今でも多くの人々が訪れる。

農村歌舞伎が今日も行われている他、施餓鬼供養(せがき)の「川めし」や「安田おどり」「虫送り」など、多くの民俗・伝統行事も残されている。

岡山県

所在地 岡山県備前市　面積 0.40㎢
周囲 5.0㎞　最高所 41m
人口 47人

国立

頭島から見た大多府島の景観。

大多府島
Ohtabu-jima

江戸時代の防波堤が残る

元禄波止の防波堤。（岡山県観光連盟）

　日生港の南約6㎞にある。江戸時代に瀬戸内航路の要衝として、北岸の港は1698（元禄11）年、岡山藩の支藩・備前池田藩が西国大名の参勤交代の風待ち港として築港し、在番所・御用家・加子番所などを置いた。また同年、港の高台に建てられた灯籠堂は、1868（明治元）年まで火がともされた。現在の灯籠堂は、1986（昭和61）年に復元されたもの。

　1699（元禄12）年から1701（元禄14）年にかけては、無償で移住者に提供する町人長屋が建てられた。島の開拓は1707（宝永4）年以降に進められ、瀬戸内海の要衝として大いに繁栄した。

　港には岡山藩の土木技術者・津田永忠が築いた元禄防波堤がある。300年を超える歳月を経て石垣状の堅牢な防波堤は今も使用され、1998（平成10）年、防波堤として初めて国有形文化財に登録された。

東斜面に建ち並ぶ別荘。

鴻島 Koh-jima

静かな別荘集落地

岡山県
所在地 岡山県備前市 面積 2.07㎢
周囲 120km 最高所 147m（鴻の鳥山）
人口 50人

八立国

鴻島定期船待合所。（備前観光協会）

日生港の南西、約3kmにある。島名の鴻島は、鴻（ヒシクイ：鳥類のガンの一種）の飛来地だったことから名付けられた。古くは甲島、香島とも書いた。

1679（延宝7）年に岡山藩の馬牧となり、1697（元禄10）年に流刑地となった後、長く無人だった。1927（昭和2）年、日生町によって開墾が奨励され、1930（昭和5）年に頭島から18世帯が入植して開拓が始まり、葉たばこの栽培などが営まれた。

急峻な山が海まで迫り、わずかな平地以外はほとんどが傾斜地に家屋を構えている。

1980年代に関西資本の土地開発が行われ、300軒を超える「別荘の島」となった。その後人口減少が進み島は寂れた感があったが、近年は新しい購買層が中古別荘を購入し移住してくるなど、京阪神方面から家族連れや若者の来島が多い。

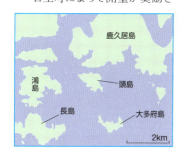

岡山県
所在地 岡山県備前市　面積 0.60km²
周囲 4.0km　最高所 55m
人口 362人

たぬき山展望台を望む。

頭島 Kashira-jima

本土と大橋で陸続き

漁港の景観。

　日生町の南約3.5kmにある。頭島への入植は、岡山藩の風待ち港として大多府島が開かれた1698（元禄11）年頃のようだが、定住したのは享和年間（1801～1804年）といわれる。

　島では、子どもたちの中で長男から順に分家して最後に残った末子が相続する「末子相続」の習慣があった。島は明治時代に人口が増加して、その後も日生諸島では最も人口が多い。

　2004（平成16）年、頭島と鹿久居島の間が架橋され、2015（平成27）年に本土と鹿久居島とを結ぶ備前♡日生大橋が完成したことで、頭島は本土とつながった。

　港から徒歩でなだらかな丘陵台地を進むと、島の最高所「たぬき山展望台」に着く。ここから風光明媚な日生諸島が一望できる。

　本土から20分足らずで、春の「日生サワラ」、鍋ひとつで出される「ゆでシャコ」など島料理が楽しめるのも魅力のひとつである。

鹿久居島と備前♡日生大橋。
（岡山県観光連盟）

岡山県

所在地　岡山県備前市
周囲　28.0km
面積　10.13k㎡
最高所　245m
人口　11人

国立

鹿久居島

Kakui-jima

古代生活の
体験ができる宿舎

古代体験の郷まほろば。（備前観光協会）

　日生港の南約600mにある。東西に大きな島で、江戸時代は岡山藩の狩り場であった。現在、山林深く覆われた島内はほとんどが国の鳥獣保護区になっており、その中にミカン狩りなどできる畑もある。

　縄文、古墳、鎌倉時代などの遺跡が島内から多く発見されている。江戸時代後期の『古備温故秘録』によれば、かつて島の南側に漁業者が多く居住していて「鹿久居千軒」と呼ばれたといわれる。

　島には「古代体験の郷まほろば」という宿泊施設がある。高床式住居と竪穴式住居で寝起きし、自分たちで煮炊きをして古代生活の体験ができる。鳥のさえずりや海や風の音で目覚めるのも、ここならではの経験である。

　本土や頭島への橋ができ便利になったが、野生のシカが頭島へ越境して問題化した。

男鹿島

Tanga-shima

所在地　兵庫県姫路市　面積　4.53㎢
周囲　10.0km　最高所　193m
人口　27人

石の積み出し港の現場。

　姫路港の南西、約18kmにある。神功皇后が家島群島の海を航行した際、雌雄のシカがへさきを泳いだ。雌が姫路の妻鹿へと泳ぎ、雄は男鹿に泳ぎ上陸したことから、この島を男鹿島と名付けたといわれる。

　石材の島で、戦後は大型重機が採石場に投入され、島の形が変わるほど採石された。神戸や大阪の湾岸、関西空港、神戸新空港埋め立て工事、1995（平成7）年の阪神・淡路大震災からの復興工事など、大規模な公共事業などで、最盛期には約百軒の業者がこの島で操業した。その後は新たな大規模公共工事がなくなり、昔の島に戻った。

西島

Nishi-jima

所在地　兵庫県姫路市　面積　6.52㎢
周囲　21.0km　最高所　276m
人口　4人

　姫路の南西沖約18kmにあり、家島群島で最大の島。外観は削り取られた島である。

　標高187mの東大寺山頂（一等三角点「頂ノ岩」）付近に、高さ6〜7mの石英斑岩の巨石が突如として現れる。近年はパワースポットとして注目を集める。「夜に光る」「表情を変える人面岩」「磁石が狂う」「古代文字が書かれている」などのうわさがあるが、真偽はわからない。

　この巨岩は家島の真浦区の所有物で、住人の信仰の対象である。巨岩は採石場の中にあるため見学には採石会社の許可が必要である。

山肌を削り取られた景観。

化粧旗の漁船。

兵庫県

所在地 兵庫県姫路市
面積 1.90km²
周囲 12.3km
最高所 71m
人口 1911人

国立

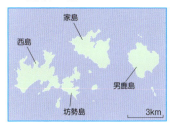

坊勢島 Bohze-jima

漁師の豪気が爆発する祭り

練りこみ前の男衆。

　姫路の南西約20kmにあり、漁業に特化した家島群島の一島である。

　瀬戸内海有数の漁業の島で、漁船数は漁船数は853隻(2021年)と、1漁港としては日本一の漁船数を誇っている。ブランド認定魚種では「白鷺鱧（はも）」「ぼうぜ鯖（さば）」など多種で、鯖ずしは定評がある。

　年1度の秋祭り「恵美酒（えびす）神社の大祭」では、漁師たちが豪気を爆発させ、神輿のように"屋台"を揺らして練り歩く「屋台練り」や、10m以上もある真竹をぶつけ合わせて割りながら神社へ奉納に向かう「竹割り」、恵美酒神社の天井にぶら下がるタイの飾りを奪い取る「練りこみ」など、男たちの勇壮な祭り行事が繰り広げられる。

兵庫県

所在地：兵庫県姫路市　面積　5.40km²
周囲　15.4km　最高所　134m
人口　2137人

家島十景「宮浦夜泊」。

家島 Ie-shima

石材を運搬した島

姫路の南西沖、約18kmにある、家島群島の中心島。

家島の名前の由来は、神武天皇が大和橿原に向かう途中に家島に立ち寄った際、港内が波穏やかであたかも家の中にいるのと同じような静けさで

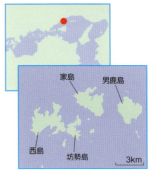

水天宮として崇められる奇岩「どんがめっさん」。

あったところから、家島と名付けたといわれる。西島と男鹿島から産出された石材は、かつてこの島の石材運搬船「ガット船」が運んでおり、島はその基地だった。

家島港に沿って東に歩くと、やがてその先端の天神鼻から石段を上ったところに、ムクロジやシイなどの原生林に覆われた家島神社が現れる。急傾斜に建ち並ぶ家々と路地裏を迷いながら見学していると、「家島十景」と呼ばれる由緒ある場所が点在している。

対岸の淡路島南部から見た沼島全景。

沼島 Nu-shima

兵庫県

所在地 兵庫県南あわじ市
周囲 10.3km
面積 2.73km²
最高所 125m（石仏山）
人口 360人

国生み神話の島

淡路島の南部、土生港の南、約4kmにある。京阪神ではハモがよく捕れ、味わうことができる島として知られる。

『日本書紀』『古事記』などの国生み神話は伊弉諾尊と伊弉冉尊が、「天沼矛」で大海原をかき回してその矛を持ち上げた時に、矛先から落ち

上立神岩。

た潮のしずくが固まって「おのころ島」ができたといわれる。

おのころ島の場所は淡路島とも沼島ともいわれるが、どの説も結論をみていない。

港から南東に丘を越えて海岸部に突き当たると、海上に高さ30mの上立神岩がそびえる。子孫繁栄などを祈願し、崇められたものであろう。

伝説のおのころ神社には二神が祀られている。

兵庫県

所在地 兵庫県淡路市・洲本市・南あわじ市　面積　592.51km²
周囲　約215km　最高所　608m（諭鶴羽山）
人口　12万6980人

国立

南部の田園地帯。

淡路島
Awaji-shima

日本で4番目に大きな島

本州とは明石海峡を隔てて3.8kmにある。北方領土を除くと日本の島では4番目に大きい。

弥生文化を代表する銅鐸や銅剣の出土が多く、国の重要文化財に指定されているものもある。記紀神話の中では伊弉諾尊と伊弉冉尊が最初に造り出した島である。

漁業はあまり盛んではなく、サービス業に就く人や農業が

盛んだ。南部には広大なタマネギ畑があり、工夫を凝らしたタマネギ料理は島の名物になりつつある。神戸も近いことから、高級志向の淡路牛（淡路ビーフ）の生産も盛んである。

南あわじ市では野生のスイセンが美しい「灘黒岩水仙郷」、淡路人形浄瑠璃が上演される「淡路人形座」、淡路市の「伊弉諾神宮」と兵庫県南部地震で出現した「野島断層保存館」は見学しておきたい。

南あわじ市のタマネギ畑。

島田島

Shimada-jima

小鳴門新橋から見た景観。

四国本土と淡路島の南部から大鳴門橋で結ばれた大毛島と、堀越橋で接続する島。四国本土とは小鳴門新橋で陸続きとなっている。

大和時代末期から奈良・平安時代にかけての農耕遺跡が出土している。

大毛島との間の内海はウチノ海と呼ばれ、釣り愛好家や夕日をめでる人が訪れる。

山林越しに見える港の景色も素晴らしい。播磨灘を行き来する漁船なども一幅の風景となる。また秋には、500年前から伝わるという阿波井神社の例祭がある。

所在地 徳島県鳴門市　面積 5.72km²
周囲 不明　最高所 165m
人口 373人

大毛島・高島

Ohge-shima / Taka-shima

大毛島は淡路島と四国をつなぐ大鳴門橋の、四国側最初の島。広く知られる「鳴門のうず潮」はこの島の北東先端、鳴門海峡に現れる。鳴門公園から鳴門海峡をまたぐ巨大な橋の景観は素晴らしい。

ラッキョウと鳴門金時（サツマイモ）が特産で、高島には旧塩田地帯の名残をとどめる塩田屋敷「福永家住宅」がある。

所在地 徳島県鳴門市　面積［大毛島］7.26km²／［高島］2.59km²
周囲［両島共］不明　最高所［大毛島］199m／［高島］100m
人口［大毛島］3007人／［高島］4069人

鳴門のうず潮。

徳島県

所在地 徳島県阿南市
面積 1.44km²
周囲 9.5km
最高所 124m（のろし山）
人口 125人

伊島の集落。

水揚げ後に漁協で行われる計量。

伊島 I-shima

海士漁の魚供養

　四国最東端、紀伊水道に突き出た蒲生田岬の東、約5.5kmにある。

　夏の盆には漁港に島びとが総出で、盛大に魚供養を行う。というのもこの島は男たちによるアワビやサザエの潜水漁が盛んで、命懸けの海士漁ゆえの安全と縁起、大漁祈願が込められているのである。海への感謝の供え物を献じて祈祷し、終わると供物を海へ流して終わる。

　1950（昭和25）年の漁業法施行令によれば、瀬戸内海の東の境界は「和歌山県紀伊日ノ御埼灯台から徳島県伊島及び前島を経て蒲生田岬灯台に至る直線」である。つまり伊島までが瀬戸内海である。

太平洋

◆ 高知県
◆ 徳島県
◆ 和歌山県
◆ 三重県
◆ 愛知県
◆ 静岡県
◆ 神奈川県
◆ 東京都
◆ 千葉県
◆ 宮城県

高知県

所在地 高知県宿毛市
面積 1.0㎢
周囲 20.0km
最高所 404m（妹背山）
人口 119人

対岸の四国本土から沖の島遠望（奥）。

沖の島
Okino-shima

国境で分けられた島

　宿毛市の南西約25kmにある。母島と弘瀬の2集落が、室町時代からの領地争いの結果、母島が伊予、弘瀬が土佐として国境で分けられた。江戸時代にも領地問題が再燃し、土佐と伊予の国境が引かれたが、明治時代に全島が高知県に編入された経緯をもつ。今も2つの地区は、一島の中で文化の違いを残す。

海食崖の七ツ洞。（宿毛市役所）

　島の保健師で弘瀬出身の荒木初子は、1949（昭和24）年から20年以上にわたり、保健衛生の向上、風土病フィラリア症（象皮病）撲滅のために闘い、地域医療の先駆けとなった。荒木は1967（昭和42）年に第1回吉川英治文化賞を受賞。1968（昭和43）年公開の映画「孤島の太陽」のモデルとなった。

　母島の急斜面の集落は、家々の建ち方とその家を結ぶ石階段がみごとである。

　黒潮の流れに近く、その流れで運ばれて来たサンゴや熱帯性の魚が集まるダイビングポイントとして、西日本各地からもダイバーが多くやって来る。

鵜来島港と集落景観。(宿毛市観光協会)

高知県

所在地 高知県宿毛市　面積 1.31km²
周囲 6.7km　最高所 250m(竜頭山)
人口 23人

鵜来島

Uguru-shima

黒潮洗う断崖絶壁の島

　宿毛市の南西約23kmにある。江戸時代には伊予の領地だったこともあるが、明治時代に高知県に編入された。

　豊後水道に洗われる断崖絶壁の島で、深くカギ状に入り組んだ場所に港がある。集落は港の背後の急峻な山肌に開ける。島びとたちが長年をかけて積み上げてきた段々畑は、かつてイモやムギなどの

春日神社の提灯をつけた御下がり。(宿毛市観光協会)

緑で埋め尽くされていた。

　豊後水道の入り口という軍事的に重要な位置にあったため、島中央部の竜頭山には、太平洋戦争時に砲台が造られ、その跡が今も残る。

　春日神社の秋祭りは大勢の担ぎ手が櫓や神輿を担いで急な階段を駆け下りる。

高知県

所在地 高知県宿毛市　面積 1.01㎢
周囲 4.2㎞　最高所 91m
人口 429人

1万本のサクラが満開の大島。(宿毛市)

大島(宿毛大島)
Oh-shima

1万本のサクラが咲き誇る

咸陽島公園では磯遊びもできる。(宿毛市)

　沖の島や鵜来島への定期船が発着する高知県南西部の片島地区と、50mの大島橋でつながる宿毛(すくも)湾内にある。

　1615(元和元)年に浜田久兵衛が本格的な開拓を始め、14戸が移り住んだ。

　島の海岸線を一周道路がめぐっている。静かな内湾で、周囲の海面に養殖場が広がっている。

　島内には猿田彦神社や恵比須神社など6つの神社があり、1万本のサクラが咲く花の名所として有名で、開花の季節はみごとである。大島の咸陽島(かんようとう)公園一帯は県立自然公園で、「日本の夕陽百選」に選定されている。

柏島 Kashiwa-jima

所在地 高知県大月町
周囲 3.90km　**面積** 0.57km²
最高所 145m
人口 225人

高知県 国立八

四国の西南端、大月町浅瀆崎の西にある。1967（昭和42）年に柏島橋、1993（平成5）年に新柏島大橋が完成し、本土と陸続きになった。

藩政時代に野中兼山によって築かれた石堤は、今日の柏島漁港の基礎になっている。周囲の海は黒潮の影響を受けるため、南の海の生態が手軽に観察できるダイビングスポットとして人気が高い。

よさこい節の「♪坊さんかんざし買うを見た」の坊さんこと、僧慶禅の墓がある。

柏島全景。

中ノ島 Nakano-shima

所在地 高知県須崎市
周囲 1.7km　**面積** 0.23km²
最高所 75m
人口 58人

須崎から野見湾を抱えこむように突き出た半島の先端にある。須崎市にある人の住む2島のうちのひとつがこの島である。

1982（昭和57）年に中の島大橋が架かり本土と陸続きになり、100mほどの橋を渡って行ける島になった。1994（平成6）年には上水道が引かれた。

かつては定置網漁が盛んだったが、現在ではタイやハマチなどの養殖が盛ん。休日には本土の釣り人たちが堤防にずらりと並ぶ。

四国本土と島を結ぶ「中の島大橋」。

高知県
徳島県

戸島 He-shima

所在地 高知県須崎市　面積 0.11㎢
周囲 不明　最高所 113m
人口 中ノ島に含まれる

野見岬の沖、約2kmにあり、本土と架橋されている中ノ島とは大瀬戸の水路を挟んでわずか150mという距離にある。

そのむかし「戸島千軒、野見千軒」といわれたという記録がある。それがあるとき忽然

交通（航海）の神を祀る戸島神社。

と消えてなくなる。このあたりは684（天武天皇13）年、大地震に見舞われた。そのとき須崎やその周辺の海岸部の地形が、大きく変わったようである。

普段は静かな内湾で春に潮干狩りができ、観光客でにぎわう。

竹ケ島 Takega-shima

所在地 徳島県海陽町　面積 1.30㎢
周囲 4.0km　最高所 98m
人口 150人

徳島県の海岸部の最南にあり、高知県境と接する位置にある。四国本土からわずか100mほどしか離れておらず、1960（昭和35）年に橋が架けられて陸続きになった。

マグロ漁業を中心に漁業全

般が盛んで、島で提供される食事はマグロ料理やイセエビ料理が豪華である。

黒潮の流れに乗って流れ着いた海の生物などが、四国や紀伊半島の海岸線で見られることがあり、この島も以前からサンゴの群生が見られる海としてよく知られている。

半潜水艇型の海中観光船展望室。

整然と漁船が並ぶ出羽島漁港と集落。

徳島県

所在地 徳島県牟岐町　面積 0.65km²
周囲 3.1km　最高所 77m
人口 68人

出羽島 Teba-jima

縁台が雨戸を兼ねる家

シラタマモが自生する大池。

　牟岐港の南、約4kmにある。島の北部の一端が開き、大きく島内に入り込む形の内湾になっている。そこが天然の港となり、集落も港を囲むように発展してきた。

　集落を一本道が貫き、その狭い小路の両側に「蔀帳造り（ミセ造り）」と呼ばれる独特な家々が点在する。玄関横にある板壁が普段は雨戸のように閉められているが、開ければ腰掛けにも物売りの縁台にもなるというものである。

　島内をひと回り散歩できる遊歩道がある。港から集落を抜けて灯台展望台まで歩き、次に南西部の海岸にある「大池」へと歩く。この池には世界で4カ所しか自生していないシラタマモがある。

島内の道。

和歌山県

所在地　和歌山県串本町　面積　9.47㎢
周囲　28.0km　最高所　171m（大森山）
人口　1043人

くしもと大橋。（写真AC）

国立

紀伊大島
Kiioh-shima

日本とトルコ交流の地

　本州最南端の潮岬の東にある島で、1999（平成11）年、くしもと大橋で本土と結ばれた。

　島の東端は荒磯の断崖が続く海の難所で、荒々しい景色を描く海金剛と裏金剛はその

トルコ軍艦遭難慰霊碑。

ハイライト的な場所だ。

　1890（明治23）年、荒天でトルコ軍艦エルトゥールル号が島の東端で座礁し、大破した。587人もの乗組員が犠牲となったが、生存者を地元が献身的に救護したことがその後、日本とトルコの親交に大きく寄与することとなった。今も慰霊碑の前で、追悼式典が行われる。

中ノ島

Nakano-shima

上空から見た中ノ島全景。

所在地 和歌山県那智勝浦町
周囲 1.6km
最高所 41m
面積 0.07㎢
人口 統計なし

和歌山県

　近海マグロの漁港として知られる勝浦港から約500mの湾口にある。

　島全体が勝浦温泉の湯元となる温泉ホテルである。6本の源泉を持っていて、その豊富な湧出量が魅力である。こんこんと湧くその湯量はたいしたものである。海と一体になるように設計された露天風呂「紀州潮聞之湯」は、周辺の岬風景などと調和して、この島を楽しむ最大の場所となっている。宿泊客のみ利用できる。

間崎島

Masaki-jima

静かな英虞湾の中の間崎島。

所在地 三重県志摩市
周囲 7.4km
最高所 22m
面積 0.36㎢
人口 56人

三重県

　英虞湾の美しい島影の中のひとつで、近畿日本鉄道の終点「賢島駅」の沖、約2kmにある。

　1532（天文元）年頃に本土から4戸の移住者があったという記録がある。

　島の周囲は深いリアス海岸で、海面のところどころに、真珠貝の養殖イカダが設置されている。島の主産業はこの真珠養殖と観光だ。

　なによりこの島から見る英虞湾の風景が素晴らしい。夕日が沈む景色はみごとである。英虞湾の奥座敷ともいえるこの島で1泊して、海鮮料理をゆっくり楽しみたい。

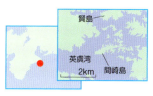

三重県

所在地 三重県志摩市　面積 0.06㎢
周囲 不明　最高所 21m
人口 賢島に含まれる

横山島
Yokoyama-jima

　賢島港の正面の海上、約400mにある。この島の売りものが「1島に1軒だけの宿」。50年以上続く宿泊施設の1世帯だけが住む。その宿以外に集落もない。宿泊客の送迎は宿が行う。

　本土から送迎船でわずか5分という近い距離にあり、海に沈む夕日や朝日をめでつつ、おいしい海鮮料理を楽しむことができる。

横山島唯一の民家（民宿）石山荘の船着き場と夕日。（石山荘）

所在地 三重県志摩市　面積 0.69㎢
周囲 6.0km　最高所 30m
人口 160人

渡鹿野島
Watakano-jima

　志摩市の北東に位置する沿岸部はリアス海岸が広がり、真珠やカキ養殖のイカダが浮かぶ的矢湾がある。波静かな的矢湾は、かつて太平洋を航行する船の一時避

港近くにホテルがある。

難場所としてよく知られていて、そうした中で自然発生した「はしりかね」と呼ばれる船乗り相手の海上遊女たちがいた。

　現在は行楽の島としてにぎわう。毎年7月の2日間行われる氏神様の祭り、八重垣神社の「天王祭」は古式ゆかしく、一見の価値がある。

賢島大橋から見る英虞湾。

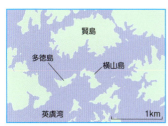

観光ホテルが並ぶ。

三重県

所在地 三重県志摩市
周囲 7.3km 面積 0.66km²
人口 95人 最高所 30m

賢島 Kashiko-jima

鉄道の終着駅がある島

　入り組む海岸線の英虞湾の中心島で、鉄道の終着駅がある珍しい島である。周囲の深い浦々に真珠貝養殖のイカダが浮かび、波静かで養殖に最適な海だということがわかる。

　享保年間(1716～1736年)の頃の農民が、潮が引くと志摩半島から歩いて(古語で「かち」)島に渡ったことから「かちごえ島」→「かしこ島」となったのが語源といわれる。

　賢島の名が知られるようになったのは1970(昭和45)年、近鉄特急が島に乗り入れるようになってからだ。現在は英虞湾のクルーズ船の発着港がにぎわい、観光ホテルが建ち並ぶこの地域の観光拠点となっている。

　この島の西端にある「宝生の鼻」には、野鳥が数多くやって来る。昭和天皇がこの地にご滞在された折には、好んで来られたといわれる。

三重県

所在地 三重県鳥羽市 面積 0.51km²
周囲 3.8km 最高所 112m（浅間山）
人口 243人

上空から見た坂手島。（鳥羽市観光商工課）

坂手島
Sakate-jima

江戸川乱歩、作家の原点

鳥羽市街地の真向かいの沖約600mにある。10分足らずで渡れる島だ。

三重県生まれの作家・江戸川乱歩は小説家になる前、鳥羽にあった造船所で働いていた。その折に、島の教師だった村山隆と出会い結婚した。『パノラマ島奇譚』はこの時代

アヤメ池。（鳥羽市観光商工課）

のことがモチーフになっているといわれ、坂手島は乱歩の作家としての出発点となった場所でもある。隆の生家は今も商家跡としてある。

5月中旬頃からみごとなカキツバタの群生を見せてくれるアヤメ池などがある。乱歩と隆もこのあたりを散策したのだろう。

林昌寺。（鳥羽市観光商工課）

菅島漁港。

所在地 三重県鳥羽市
面積 4.41km²
周囲 13.0km
最高所 236m（大山）
人口 455人

白亜の菅島灯台。（写真AC）

菅島 Suga-shima

海女が初捕りを奉納

　鳥羽港の沖約3kmにある。海に潜りアワビやサザエを捕る海女が多い島として知られる。

　毎年7月11日直近の土曜日、海女たちにより豊漁・海上安全祈願祭「しろんご祭」が行われる。ホラ貝の音を合図に、海に入った海女たちが雌雄一対のアワビを競い捕る。初捕りを果たした海女がそのアワビを白髭神社に奉納する。

　1873（明治6）年に建造された菅島灯台は、日本最古のレンガ造りの洋式灯台である。

　英国人の「灯台の父」、リチャード・H・ブラントンの設計による灯台で、竣工式には西郷隆盛など多くの政府高官が列席した。

豊漁と海上安全の祈願祭、しろんご祭。

三重県

所在地 三重県鳥羽市　面積 0.76km²
周囲 3.9km　最高所 171m（灯明山）
人口 290人

船から望む神島。

神島 Kami-shima

小説『潮騒』の舞台

　鳥羽港の北東、約12kmの伊良湖水道の中央部にある。隣の愛知県渥美半島の先端、伊良湖岬からは海上約5kmの距離にある。

　伊勢湾の出入り口にあたり、伊勢神宮に近いこともあって、島名にあるように「神」が強く影響した島である。奈良、平安時代より海上交通の要衝として栄えた。

　氏神である八代神社には、兜や太刀、和鏡、唐式鏡、陶磁器など、古墳時代から室町時代に至るものまで、数百点が所蔵されている。

　周辺の海は潮流が速いことで知られる。産業は昔から漁業で、カタクチイワシやイセエビ、ワカメ漁を中心にタイ、イカなど水揚げは多い。新鮮な海産物を楽しみに、観光客は夕食を目当てに宿泊する。この海で採れるワカメなどは島

階段状に町並みが密集する集落。

の特産で、海女によるワカメ採りは春の風物詩として名高い。

その若き海女と島の青年の青春小説『潮騒』は、1954（昭和29）年、三島由紀夫がこの島をモチーフに書いた。小説には「歌島」として登場するが、三島はこの島の漁業協同組合長宅に1カ月ほど滞在し、綿密に取材した。

その後何度も映画化されたことで、島は全国的に知られるようになった。小説に登場する八代神社、青年が捕れた魚を届けた灯台も、青年と海女のロマンスの場所である監的哨跡なども実在する。

三島由紀夫はその中で、神島の年間漁獲高の8割はタコで、磯では無数のタコ壺が沈められていると記している。伝統的な海女の漁と神島のタコの「壺獲り」はよく知

春のワカメ漁にいそしむ海女。

られているが、現実的なところでは、神島の海女は1997〜2017（平成9〜29）年の20年間で125人から38人（海の博物館調べ）と、驚くべきことに70％も減少・衰退してしまった。

大みそかの年越し行事「ゲーター祭」は、数多い島の祭りの中でも"奇祭"といわれてきた八代神社で受け継がれてきた神事だが、担い手の高齢化と継続者の不在などの理由で、2017（平成29）年元日を最後に休止状態が続いている。大みそかから夜通しで行う年越しの奇祭は、ぜひまた復活してもらいたいものである。

島の氏神である八代神社。

三重県

所在地 三重県鳥羽市　面積 6.96km²
周囲 26.3km　最高所 167m（宮谷峠）
人口 1657人

和具漁港。

国立

答志島
Tohshi-jima

迷路のような路地裏

　鳥羽沖約2.4kmにある。万葉の歌人、柿本人麻呂にも詠まれた志摩諸島で最大の島。山がちな島で、変化に富んだ入り江の風景など眺望がよい。

集落の路地。

　答志と和具地区の集落は、家々が隙間なくつながって建っている。そんな狭い路地裏に迷い込んで、歩き回ってみるのもおもしろい。狭い路地に物を置かない当たり前の美しさがここにはある。

　16歳になると男子は、週末に同い年の男子のいる家を親代わりの家として共同生活をする。独特な連帯を生むこの「寝屋子（ねやこ）」制度は、現在も続いている。

日間賀島から見た篠島。

愛知県
所在地 愛知県南知多町
面積 0.94㎢
周囲 8.2km
最高所 49m
人口 1,518人

篠島 Shino-jima

伊勢神宮に奉納する おんべ鯛

　知多半島の南端から約4kmの位置にある島である。古くから三河湾から伊勢への海路の要衝だった。

　1000年以上前から伊勢神宮に「おんべ鯛」を奉納する行事がある。篠島は古くからこの「おんべ鯛奉納祭」と関わりが深く、タイを塩漬けにして作るおんべ鯛の調製は、篠島と陸続きの中手島で行っている。中手島を所有・管理しているのは伊勢神宮である。

　伊勢神宮の御遷宮と深い関わりのある「神明神社」、加藤清正にまつわる「清正の枕石」など見どころも多い。

　篠島は三河湾の有人3島の中でも漁業が盛んで、特にシラス漁従事者が多く、「篠島のシラス(ちりめんじゃこ)」のブランドは、水揚げで全国1、2位を競っている。

知多四国三十九番札所医徳院。

日間賀漁港(北港)上空から見た日間賀島全景。(日間賀島観光協会)

所在地 愛知県南知多町　面積 0.77km²
周囲 6.6km　最高所 32m
人口 1716人

愛知県

日間賀島

Himaka-jima

タコ料理で知られる島

知多半島の先端から約2kmにある。西と東地区の2つの集落があり、小さな島ながら社寺が6つもあり、東地区に多くある。

信仰にあつい知多半島といわれるだけあって、この島にも「知多四国八十八ヶ所」の霊場のひとつ大光院があり、弘法大師ゆかりの地を訪ねる「お大師めぐり」の地でもある。

赤穂四十七士のひとり、大高源吾はこの島の出身で、呑海院にはその「へその緒塚」がある。

昔からタコ料理でよく知られてきたが最近はフグ料理、そして、シラスの島として、名古屋方面からの1泊旅行地として多くの人が訪れる。

近年、奈良・平城宮跡から出土した木簡の再調査が行われ、そこに書かれていたことから驚くべき発見があった。それは、日間賀島からサメ肉の塩干しや多くの海産物が都へ献納されていたということであった。

大高源吾「へその緒塚」。

上空から見た佐久島全景。
（西尾市佐久島振興課）

愛知県

所在地　愛知県西尾市　面積　1.73㎢
周囲　11.8km　最高所　38m
人口　196人

佐久島 Saku-shima

集落を芸術作品に

佐久島クラインガルテンのアート作品。

西尾市の海浜部、一色（いっしき）の沖約5kmにある。西と東それぞれに定期船が入る港があり、黒壁の古い家並みが見られる。大正時代からの民家などが残る中、西港前にある「弁天サロン」は明治時代に建てられた民家を修復して、交流施設に活用したものだ。

西地区は静かな港集落である。黒塗りになった民家や漁具小屋が、不思議に統制感のある集落に見える。これは集落をインスタレーションアートとして創り出した作品である。アーティストが旧来の黒壁に呼応して、西地区を黒塗りの景観に仕上げたのである。

島としては全国で初の、ドイツが発祥地である宿泊滞在型農業体験施設「佐久島クラインガルテン」が開園したのは2012（平成24）年。都市住民と島びとの相互交流が活発化する拠点でもあり、定住体験場所ともなっている。

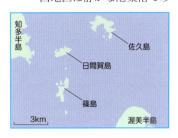

静岡県

所在地 静岡県熱海市　面積 0.44㎢
周囲 4.0km　最高所 58m
人口 268人

初木神社の祭礼で行われる「鹿島踊り」。

GEO JP
UN GEO

初島 Hatsu-shima

熱海から散歩気分で散策

熱海港の南東、約10kmにある。美しい松林が島を囲み、海岸線は昔のままの磯が続く。

真夏の初木神社の祭礼で（7月17〜18日）、白装束を着た男たちによる「鹿島踊り」が奉納される。幻想的な宵宮

船を下りると名物の食堂街は港横。

は、暮れなずむ境内で焚かれる炎の中で勇壮な踊りが繰り広げられる。威厳と風格に心打たれる。

1923（大正12）年の関東大震災では、海岸部一帯が2mほど隆起した。また、2018（平成30）年にはユネスコ世界ジオパークに認定されて「伊豆半島ユネスコジオパーク」のジオサイト（地質、地形がわかる所）になった。熱海から20分ほどの船旅で、足を延ばせるのが魅力。一周約4kmで距離もほどよい。

江の島 Eno-shima

上空から見た江の島。

所在地	神奈川県藤沢市
周囲	5.0km
最高所	60m
面積	0.38㎢
人口	312人

　湘南海岸で一番の景勝地で、相模湾に突き出した陸繋島(りくけい)である。

　日本三大弁財天の江島神社には、裸の弁財天として知られる「妙音弁財天(みょうおんべんざいてん)」が祀られている。海面からの高さが120mにもなる江の島シーキャンドル（展望灯台）からの景色も素晴らしいが、島内を歩いてよく観察すると、「かながわの美林50選」である林にはタブノキ、ヤブツバキ、クスノキなどが密生してじつに美しい。南部の海岸線は変化に富む荒々しい岩場が続く。

城ケ島 Johga-shima

城ケ島。（写真AC）

所在地	神奈川県三浦市
周囲	9.4km
最高所	35m
面積	0.99㎢
人口	449人

　三浦半島の先端にある島で、1960（昭和35）年に全長575mの城ケ島大橋が架かり、陸続きとなった。首都圏から車で行ける観光地である。

　江戸時代の1781（天明元）年には68戸のうち67戸が漁師で漁業の島だった。幕末には首都を防衛する東京湾の要塞島であった。

　関東大震災の際には、三崎港が隆起によって干上がり、数日間は歩いて城ケ島に渡ることができたという。

　「日本の地質百選」の1カ所で、灘ヶ崎の互層など独特な地層が見られる。

神奈川県

東京都

南鳥島
Minamitori-shima

所在地　東京都小笠原村　面積　1.52㎢
周囲　7.6km　最高所　9m
人口　9人

沖合の練習艦「かしま」にエールを送る。（海上自衛隊）

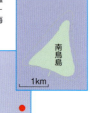

東京都心から南東、約2000kmにある日本最東端の地。別名をマーカス島という。近年はこの水域内に有望な超高濃度レアアース、マンガンノジュールの存在が明らかになり、国際的な注目も浴びている。

1896（明治29）年、小笠原諸島の母島から開拓民が入り、カツオ漁業とアホウドリの羽毛採取を始める。島民は最大70人を数えたが資源も枯渇し、昭和に入って無人となった。

戦後を経て現在は、海上自衛隊、気象庁、国土交通省（関東地方整備局）が駐在する。

硫黄島 Ioh-toh

所在地　東京都小笠原村　面積　23.73㎢（摺鉢山）
周囲　22.0km　最高所　170m
人口　359人

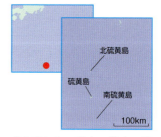

東京都心の南約1200kmの小笠原諸島のほぼ南端、父島から275kmの距離にある。

明治時代に硫黄の採掘で開拓が始まる。その後サトウキビ栽培なども行われた。

太平洋戦争の激戦地で、日米両軍で2万8900人もの戦死者を出した。現在は航空、海上の両自衛隊基地がある。関係者以外は立ち入り禁止の島。

改めてこの島は火山島である。2014（平成26）年の国土地理院の調査で、その面積が父島を抜いて拡大していることがわかった。

島の最南端にある摺鉢山。

父島の固有種、オガサワラビロウ。

東京都

所在地　東京都小笠原村
面積　23.45km²
周囲　52.0km　最高所　321m
人口　2,114人

国立／八
世界遺産

父島 Chichi-jima

世界自然遺産の島

東京都心から南に約1000kmの小笠原諸島の主島である。

江戸時代の1830（天保元）年、欧米とハワイから本格的な入植者がやって来たといわれる。1876（明治9）年には日本の領土に編入された。太平洋戦争後アメリカ統治下に置かれ、

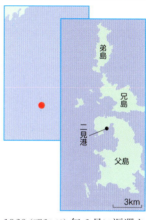

咸臨丸乗組員の墓がある。

1968（昭和43）年6月に返還され、本土復帰を果たした。

美しい浜辺、ダイビング、クジラ観察、なんとなくアメリカンな雰囲気が残る集落や南洋の植物が生い茂る島中部など、父島は亜熱帯の島である。

島の生成以来、大陸に接したことがないため、固有の動植物、その進化の過程が貴重で、2011（平成23）年、世界自然遺産の島として登録された。

東京都

所在地　東京都小笠原村
周囲　58.0km
面積　19.88km²
最高所　463m（乳房山）
人口　447人

島南端の南崎から中心部を望む。
（小笠原村観光局）

母島 Haha-jima

国立
世界遺産
100

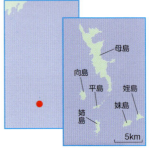

捕鯨で栄えた異国風の小島

母島は東京から南約1033km、父島で小さな「ははじま丸」に乗り換えておよそ50km、約2時間の場所にある。南北に約11kmの細長い島の中央には200〜400mの山が連なり、斜面は海に落ちている。

1823（文政6）年、英国の捕鯨船トランジットが現在の沖港にやって来て、船長の名にちなんで母島を「コッフィン島」と名付けた。幕末の頃には欧米の捕鯨船が小笠原近海によくやって来て、母島の近くでクジラを捕ったことが記録されている。欧米からはるばるやって来るその目的は「鯨油」だった。食用ではなく、クジラの脂を灯油として使ったり工業用などにするためだった。やがて欧米を中心に世界的な捕鯨漁隆盛の時代に入っていき、

小剣先山から見た沖村の景観。

286

石次郎海岸。島では珍しい白砂が広がる小さな浜。
(小笠原村観光局)

そして小笠原はその捕鯨の拠点として世界的に注目されていたのである。

1830(天保元)年、ナサニエル・セボレーらが父島に初の入植。その翌年の1831(天保2)年に父島にやって来たポルトガル人のジョーキン・ゴンザレスが、4年後の1835(天保6)年に母島に一家で移り住んだ。これが母島に人が住み始めた最初であるといわれる。

港と集落全体を見わたせる絶好の展望場所は15分ほど高台に上ったところにある「小剣先山(しょうけんさきやま)」。母島の人はここから見る集落を「沖村」と呼ぶ。

江戸末期に移住し、1869(明治2)年には特産のロース石を島の生活に活用したドイツ人、ロルフス・ラルフが定住した。その石で造られた建物(ロース記念館)が今も沖村にあり、趣あふれる造りである。

戦前まで母島には、中心地の沖村と北村の2ヵ所の集落があり、カツオ節やクサヤ加工場などもあった。北村は現在廃村となり、周囲はジャングルと静寂に包まれる。この辺りの美しく深い入り江で、スノーケリングを楽しむのも一興である。

沖村の中心部を少し出ると、オガサワラビロウやタコノキなどが至る場所にあることがわかる。かつて「新夕日ケ丘」にはシマホルトノキ(コブノキ)がたくさんあったが、台風で全滅したのは残念だ。

新たに注目される希少な植物観察地点は「石門(せきもん)」。標高400mという霧がかかりやすい稜線部に「雲霧林(うんむりん)」と呼ばれる森林が発達する。隆起珊瑚礁の石灰岩の大地の上にこの湿性高木林が見られる場所が石門なのである。

海の美しいポイントは、南端にある「南崎」。プライベートビーチのような静けさと美しさの"小笠原のよさ"をとどめる場所といえよう。

東京都
所在地 東京都青ケ島村 面積 5.96km²（大凸部）
周囲 9.4km 最高所 423m
人口 169人

上空から見た青ケ島。カルデラの様子が、レモンの搾り器のようにも見える。（海上保安庁）

青ケ島

Aoga-shima

住人が還住した絶海の火山島

東京都心から南下すること約360km。太平洋の黒潮真っただ中に位置する伊豆諸島最南の島である。牛の飼育や、サツマイモなどの栽培が盛んで、特産の芋焼酎「青酎（あおちゅう）」はなかなか手に入らない、幻

南部の丸山付近で見られる水蒸気の噴気口。

の焼酎といわれている。

周囲9kmあまりの洋上にある島としてはめずらしい"二重式カルデラ火山"で、その峻険な断崖と絶壁は人を寄せつけぬ厳しさがある。

カルデラの中には1783（天明3）年に噴火した丸山（211m）が鎮座する。1785（天明5）年の大噴火により、住民334人のうち約6割が八丈島に難を逃れ、残りの住人は島に取り

残されて命を落とした。その後半世紀も経た1835（天保6）年、かつての住人の多くは青ヶ島に帰還した。この特異な経緯を島の住人は、「還住（かんじゅう）」と呼ぶ。

島全体の約半分以上が外輪山とその中の内輪山で、今も地面の噴気口から蒸気が立ち上る。上空からこの二重カルデラを眺め、レモンの搾り器にたとえられたこともある。

明治時代の頃の島の産業といえば木炭の生産が盛んだったが、大正の頃から昭和の初めにかけては、乳牛を飼育してバター作りなどが行われた。

村営船が1972（昭和47）年に造られるまで、定期船は2カ月に3航海（往復）と極めて少なかった。そして、はしけを使用していたこの頃は、風波によって着岸できず欠航となるこ

三宝港にできた新しい桟橋には貨物船が着く。

島では黒毛和牛肥育素牛を育てている。

とが多かった。1978（昭和53）年、周辺海域での島外大型漁船による乱獲が夥（おびただ）しくなったため「青ヶ島領海3km宣言」を出して規制し、翌年には漁業協同組合を設立した。

1993（平成5）年になると八丈島との間にヘリコミューター「東京愛らんどシャトル」が就航し、さらに2022（令和4）年には、今までの「あおがしま丸」に代わり新造船「くろしお丸」が就航した。以前に比べれば改善されたアクセスだが、まだまだ離島の中では交通事情が厳しい島である。

二重カルデラの真ん中にあるのが内輪山の丸山。

東京都

所在地 東京都八丈町 面積 69.11㎞
周囲 51.3㎞ 最高所 854m（八丈富士）
人口 7042人

八丈富士（西山）の中腹から見た中央東部・三根と神湊（底土）港。

八丈島
Hachijoh-shima

日本のハワイ

東京都心の南、約280kmにある。戦国時代に神奈川の奥山氏、三浦半島の三浦氏、小田原の北条氏によってこの島の争奪が繰り広げられたが、離れ島を奪い合った理由は「黄八丈」を代表とする特産の絹にあった。1960年代は「日本のハワイ」と呼ばれる常夏の観光地となり、首都圏から飛行機で行く新婚旅行先として人気を誇った。島にホテルが建ち、1970（昭和45）年当時は全日空（ANA）八丈島線利用率が全国トップとなった。

現在は、温泉、豪快な海釣りやダイビングなどが楽しめる他、「島寿司」「アシタバ料理」「トビウオのくさや」など独特の料理が人気だ。

またトレッキングや広大な敷地に約140種5000本の植物と野鳥観察が楽しめる八丈植物公園（八丈ビジターセンター）を楽しむ人も多い。

八丈植物公園（八丈ビジターセンター）。

島の周囲は急崖の御蔵島全景。(公益財団法人東京都島しょ振興公社)

御蔵島

Mikura-shima

太古の森が残る島

東京都心から約190kmにあり、海に椀を伏せたような形の島。海岸線が切り立ち港の条件が悪いため、風向きや波によっては船を着けられないことが多い。小さな島や平地のない離島で自活していくのは、大変なことである。

原生林の島といわれるだけあり、島内の道路沿いを歩けばツゲやシイノキの大木を見ることができる。地元の森の案内人を頼めば、木々を探勝することができる。芳香のラン、ニオイエビネはかつて新島や神津島などにも自生していたが、乱獲で自生株はほぼ全滅。御蔵島のえびね公園で鑑賞しよう。

イルカが見られる島として知られているほか、数百万羽にもおよぶオオミズナギドリの営巣地としても知られる。

原生林の大木。

所在地 東京都御蔵島村
面積 20.51km²
周囲 16.4km
最高所 851m(御山)
人口 323人

東京都

東京都

所在地 東京都三宅村　面積 55.20km²
周囲 38.4km　最高所 775m（雄山）
人口 2273人

三宅島。（三宅島観光協会）

三宅島
Miyake-jima

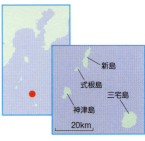

今も活発な火山島

　東京都心から約180kmにある。伊豆大島と並び何度も噴火を繰り返している火山島で、2000（平成12）年に起きた噴火で住民すべてが避難し、約4年半、島外での生活を余儀なくされた。

　約2500年前の噴火口跡といわれる大路池、1962（昭和37）年の大噴火によってできた三七山、1763（宝暦13）年の噴火でできた火口池の新澪池などは、1983（昭和58）年の雄山の噴火による水蒸気爆発で池の水はなくなった。

　多くの島の住人は帰島を果たし、現在は噴火前の人口近くまで戻っているが、かつて

噴石丘のひょうたん山。（三宅島観光協会）

の緑の樹木に覆われた野鳥のさえずる島に戻るまでには、まだ月日が必要である。

　およそ20年おきに起きる三宅島の噴火は2000（平成12）年以降は起きていないが、噴火活動には注意を要する島である。

白砂が美しい泊港海岸。

東京都

所在地 東京都新島村
面積 3.67km²
周囲 12.2km
最高所 109m
人口 474人

式根島
Shikine-jima

釣りと海と温泉が人気

東京都心から150kmにある。その昔起きた大津波で、新島と分断された片方がこの島だと伝えられる。入り組んだリアス海岸の美しい景色は他の伊豆諸島にはなく、この島固有のものだ。

釣り人に人気で、シマアジ、カンパチ狙いの人、キンメダイ狙いの人と分かれるが、島の海岸部の形から明らかに磯釣り向きの島といえる。

野趣あふれる野天温泉が好きな人には、この島の海岸線に湧く地鉈温泉、足付温泉の2カ所の海中温泉がある。海辺に湧く熱い湯と海水が混ざり、適温となったところで入湯する。もうひとつ、潮の干満に左右されずに入れる野天温泉の「松ケ下雅湯」もあって、ここの源泉は地鉈温泉に近い足地山温泉から引いている。雄大な太平洋の波音を聞きながら入る湯はまた、格別である。

海釣り、温泉、海水浴と人気のある伊豆諸島の一島だ。

神引展望台からの眺望。

東京都

所在地 東京都神津島村 面積 18.24km²
周囲 33.3km 最高所 572m（天上山）
人口 1855人

沢尻湾付近は独特な褶曲をもつ岩山の海岸線。

神津島
Kohzu-shima

白砂の浜辺とトレッキング

伊豆諸島のひとつで、東京都心から約160km、伊豆半島南端から南東約50kmにある。伊豆諸島の水分け会議を開くために、島の神々がこの島に集まったことから、神津島と名付けられたとされる。

新島から神津島を遠望すると、手前に平坦な式根島があり、その向こうに神津島の姿形の美しい天上山（てんじょうさん）（572m）がとらえられる。美しい白砂の浜辺と天上山トレッキングで知られる島である。

島の観光がにぎわったのは高度経済成長期の1960年代後半で、都市部から海に遊ぶ場所を求める若者たちが、多く島を旅行した。その後、絶

天上山山頂の火口跡、不入が沢（はいらないがさわ）。

大穴の開いた「ブットーシ岩」。

木造遊歩道や吊り橋のある赤崎遊歩道。

「かつお釣り神事」が行われる物忌奈命神社。

花をめでながらのトレッキングコース。

好の波を求めて、サーファーが集う島となった。

近年はマリンスポーツを楽しむ人々が増え、ダイナミックな海底地形を見せるダイビングで人気を呼んでいる。

天上山はしま山 100 選にも選ばれている。頂上からはるか伊豆半島も望むことができる。伊豆諸島のトレッキングは、御蔵島や青ケ島、八丈島では緑深い原生林を見て歩くことが多い。しかし、神津島は草花や木花など、植物を探しながらトレッキングができ、他の島にはない楽しみがある。5 〜 6 月にかけて咲くオオシマツツジなどを楽しみながら天上山を歩くと、島の絶景をひとり占めした気分になる。神津島温泉保養センターも人気で、トレッキングの疲れが癒やされる。赤崎遊歩道は天気の悪い日でも海で遊べるエリアである。

東京都
所在地 東京都新島村　面積 22.97km²
周囲 41.6km　最高所 432m（宮塚山）
人口 1,967人

新島の富士見峠付近から本村を見る。右上は地内島。

新島 Nii-jima

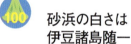

砂浜の白さは
伊豆諸島随一

　伊豆諸島の中で、東京都心から約150kmと、3番目に近い距離にある。真っ白い砂浜の純白度が際立ち、少し濁ったエメラルドブルーの美しい海はサーファーや海で遊ぶ旅人たちに人気がある。

　冬には師走八日（しわすようか）という行事がある。本村地区の十三社神社で行われる師走の祭りである。7日の夜は宵宮が行われ、縁日屋台が出て島びとたちは寒い中で大いに楽しむ。新島港そばの天然温泉「湯の浜露天温泉」で体を温めたい。

　新島では世界でもイタリアのエオリア諸島リパリ島でしか採れないといわれる石に類似するコーガ石（抗火石）が採れる。

　明治末期まで島外移出を禁止して不燃家屋の建材として島内で利用していたが、島外にも搬出されるようになった。

12月8日に行われる「師走八日」。

上空から見た利島全景。右上奥に見えるのは新島。（©利島村）

東京都
所在地 東京都利島村
面積 4.12km²
周囲 7.7km
最高所 508m（宮塚山）
人口 327人

利島 To-shima

島全体が火山

東京都心から約130kmの距離にある。美しい円錐形の島は人を寄せつけない威厳を誇っていて神々しく、見る角度によって美しいピラミッド形に見える。この島全体が火山でできていて、宮塚山という。

島の森の8割はヤブツバキで、日中なのに薄暗く感じるほどの密集度で植えられている。ここで搾られるツバキ油の

ミナミハンドウイルカ。（©利島村）

じっくわ火が行われる阿豆佐和気命神社本宮。（©利島村）

生産量は全国有数である。

島の氏神を祀る阿豆佐和気命神社では、大みそか行事「じっくわ火」が行われる。

明神様の境内でたき火をして正月を迎える行事で、子供の「ジックワ」という叫び声で火がつけられ、全員で「じっくわ火の歌」を歌う。

東京都

所在地 東京都大島町
面積 90.76km²
周囲 52.0km
最高所 758m（三原新山）
人口 7102人

大島

5km

波浮港と高台にある龍王崎灯台を望む。

大島（伊豆大島）
Oh-shima

全国的な大島の代表格

日本各地に大島という島は数多かれど、関東で大島とは、この伊豆大島を指す。

東京都心から南西約120kmの太平洋にある。伊豆諸島の中では最も大きく、本土に近い北に位置する。

中央に三原山がある火山の島で、昔から幾度となく噴火を繰り返しており、近年では1986（昭和61）年に大噴火が起

間伏の地層大切断面。バウムクーヘンのように見える。

こり、全島民が島外に避難した。そんな火山の歴史を物語るように、島内一周道路の南西部には火山灰が層となって積み重なった「地層大切断面」が現れ、洋菓子のバウムクーヘンのように見える。

大島あたりまで暖かい黒潮の流れが及び、真冬の海水温

三原山の東側一帯に転がる黒い火山岩。

でも18度ぐらいあるので、めったに雪は降らない。たまに降ろうものなら溶岩跡で山肌が赤茶けた三原山と、白い雪のコントラストを写真に収めようと、カメラマンが都内から撮影しにやって来る。雪景色の大島もなかなか美しいものである。

冬がツバキの見頃で、都立大島公園の椿園では様々なツバキが見られる。

大島の人々が作った「大島大誓言」という憲法がある。これは日本が戦争に負けた翌年の1946（昭和21）年、連合国軍総司令部（GHQ）が伊豆諸島を日本の行政から切り離す、とした覚書を知った島びとたちが、島の独立を決意して創案した暫定憲法だった。その中には村民主権や平和主義の理想が記され、その後交付される日本国憲法に通じる理念を読み取ることができる。大島の人々の民意の高さを示す貴重な文書として賞賛された。

しかし、このあとGHQの方針が変更され伊豆諸島はすぐに日本本土に復帰したため、幻の暫定憲法に終わった。あろうことかこの幻の文書はその後、制定の過程を記したメモと原本の全てを紛失してしまったという。

大島は文学の舞台にもなっており、文豪川端康成の短編小説『伊豆の踊子』の居住地のモデルである。南部の波浮港は天然の良港で、古色をたたえる港屋旅館は往時の様子を再現した資料館として、港の風情を醸し出している。野口雨情はこの宿で、「波浮の港」の歌を作ったといわれる。

ときおり火山噴火の牙をむく火の島だが、それでも多くの人が島を訪れるのは、素朴な自然と誇り高き島びとがおり、文化の香る島だからである。

波浮港地区の旧甚の丸邸。

千葉県

所在地 千葉県鴨川市　面積 0.02㎢
周囲 不明　最高所 24m
人口 1人

仁右衛門島全景。

仁右衛門島
Niemon-jima

個人所有の観光島

外房の浜波太漁港脇にある渡船場から、約200m手漕ぎの渡し舟で行く。日本でも珍しい、個人が所有する観光島である。

島の主は島名にも冠された平野仁右衛門で、代々この島に住んでいる。

島内に数カ所建つ句碑を鑑賞しながら、散策を楽しめる。海を眺め渡せるスポットが多

日蓮上人が朝日を拝んだ神楽岩。

島主が住む平野邸。

く、島主である平野邸の内部も見学できる。1704（宝永元）年に建てられた住居の庭になにげなくあるソテツは、樹齢600年を超えるという。

1180（治承4）年、石橋山の戦に敗れた源頼朝は安房に逃れ、この島の洞窟に身を潜めた。島主の仁右衛門はこの一行を厚くもてなしたという。

桂島 Katsura-shima

宮城県

所在地 宮城県塩竈市　面積 0.67㎢
周囲 6.8㎞　最高所 55m（津森山）
人口 124人

鬼ケ浜への道。

松島湾の中央部に位置し、塩竈からの巡航船が最初に寄港する。多島美の松島を構成する重要な島でもある。

潮干狩りや海水浴のシーズンには仙台からの観光客でにぎわう。アサリ採りで知られ、年間を通じて、島内ののどかな風景や漁港をのぞいて散策するのに好適。

明治時代に海運業で事業を興し、成功を収めた実業家の白石廣造邸跡が、石浜集落に残る。礎石と土台の枠石の床面積はそれほど広くはないが、島でも一番よい場所に建つ。

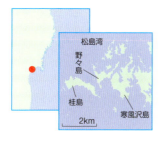

野々島

Nono-shima

所在地 宮城県塩竈市　面積 0.44㎢
周囲 8.9㎞　最高所 23m
人口 55人

岩をくり抜いた「ボラ」。

松島湾の浦戸諸島の中心的な島である。宮城県内では野々島の内海庄左衛門（1676〔延宝4〕年没）が、大量の天然カキが岩場にあるのを発見したのがカキ養殖の起源といわれる。

崖になった山肌に穴をくり抜いた洞穴が、きれいに、そして場所によっては数カ所並んでいる。入り口が同じ形であることから、人が掘ったもので「ボラ」と呼ぶ。鎌倉時代に諸国と貿易を行い巨万の富を得た内海長者が、その富を隠した場所と伝えられる。岩を切り通した小道や石段など、伝説を裏づけるような場所も、随所に見られる。

宮城県

朴島 Hoh-jima

所在地 宮城県塩竈市　面積 0.34㎢　周囲 2.2km　最高所 23m　人口 10人

目にも鮮やかな菜の花畑。

本土の鳴瀬町から約1kmと近いが、定期航路では塩釜港から約18kmの距離にある。島には暖地に多いはずのタブノキが生い茂る。

カキ養殖を営む漁業の島で、船着き場周辺には養殖に使うホタテの貝殻が山積みされ、太陽を照り返すその白さがまぶしい。

島の高台一帯に菜の花の栽培地があり、4月中旬ぐらいから花の見頃となる。こんもりとした丘の全体が美しい黄色のじゅうたんを敷いたように映え、一帯は菜の花の香りに包まれる。じつはこの花は観賞用のものではなく、特産の「松島白菜」の種を採るための花。

宮戸島 Miyato-jima

所在地 宮城県東松島市　面積 7.39㎢　周囲 不明　最高所 105m（大高森）　人口 453人

奥松島縄文村歴史資料館の縄文土器。

松島海岸から最も離れた奥松島にあり、本土と松ヶ島橋でつながる松島湾最大の島。平坦な島だが、島内からは奥松島に点在する島々を見られる。嵯峨見台や大高森展望台からが好景である。

「宮戸島人」と呼ばれる縄文時代の人骨14体がこの島の里浜貝塚から出土し、周辺の古代の様子が明らかになった。奥松島縄文村歴史資料館には出土品が展示されていて、縄文の世界が探索できる。

大高森展望台からの眺望。（写真AC）

寒風沢島。(塩竈市秘書広報課)

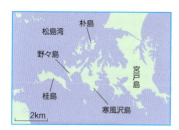

田園地帯。

寒風沢神明社。

宮城県

所在地　宮城県塩竈市
面積　1.21km²
周囲　13.5km
最高所　30m(大平戸山)
人口　82人

寒風沢島

Sabusawa-jima

浦戸諸島最大の島

　浦戸諸島有人4島で面積が最大の島で、桂島、野々島からわずか数百mの位置にある。

　幕末の安政年間(1854〜1860年)、仙台藩が造船技術者を江戸から寒風沢島に招き、この島で日本初の鋼鉄製軍艦「開成丸」が建造された。内海の静かな海域は、造船に適した場所だったのだろう。

　江戸時代中頃は千石船が航海し、仙台藩と幕府の米の中継地として栄えた。その繁栄の様子は、港の横にある日和山展望台に上がると偲ばれる。天保年間(1830〜1844年)の「十二支方角石」、遊女が男に船出してほしくないと荒天の願掛けをした「しばり地蔵」などがある。島内の小径を歩けば道端には野仏や地蔵さんが至る所にあり、野辺の散歩が楽しめる。

宮城県

網地島 Aji-shima

所在地 宮城県石巻市　面積 6.49km²
周囲 20.7km　最高所 100m（ダンゴ山）
人口 247人

網地島。(石巻市)

牡鹿半島の鮎川港のほぼ正面4kmにある。戦後はカツオなどの遠洋漁業の基地となり、3000人もの人が暮らした時代もあったが、今は沿岸漁業のみだ。

長渡と網地の2つの漁港では、沿岸漁業から戻った漁師が、網から魚を外す作業をしていたり、それを取り巻くネコたちが行儀よく並んでいたりして、漁港の風情を楽しめる。

長渡の外れにドワメキ崎という眺望のよい岬があり、赤と白の縞模様の灯台が海に突き出している。ここから眺める太平洋の大海原と金華山の景色はじつに素晴らしい。

田代島 Tashiro-jima

所在地 宮城県石巻市　面積 2.92km²
周囲 11.5km　最高所 96m（正島山）
人口 43人

牡鹿半島西岸沖約4kmにある島で、ネコがたくさんいる島として全国的に知られる。

船を下りてから集落まで、島びとより多い数のネコたちの歓迎を受ける。島内には猫神社（美興利大明神）もある。

その昔、漁師が誤って落とした岩がネコに当たり、死んでしまったそのネコを手厚く葬ったところ大漁が続き、猫神として祀るようになったという。猫などをモチーフとした「マンガアイランド」というロッジエリアもある。

古来、大型定置網の「大謀網漁」が行われている島で、現在も沖合に大型の網を仕掛けて、イワシやサバなどを捕っている。

ネコの島。

金華山 Kinka-san

宮城県

所在地　宮城県石巻市
面積　10.28km²（金華山）　周囲　17.3km
最高所　444m　人口　17人

牡鹿半島の先端から約1kmにある霊島である。日本の有人島で島名に「島」が付かないのは、島根県隠岐諸島の島後と、この金華山である。東日本大震災を引き起こした東北地方太平洋沖地震の震源に最も近い有人島で甚大な被害を被った。

黄金山神社。

749（天平21）年に創建された黄金山神社がある。文字通り金運・開運の神様で、3年続けてお詣りすると生涯お金に不自由しないといわれる、御利益がある神社である。

参拝後はブナなどの原生林の中を登り、金華山山頂に立って眺める金華山沖の太平洋は雄大だ。

江島 Eno-shima

所在地　宮城県女川町
周囲　3.7km　面積　0.36km²
人口　33人　最高所　75m

女川港から約13kmにある漁業の島。急傾斜地に家々を建てて集落を作り、家から家へとつなぐ堅牢な道を作り、高低差が及ぶ場所にはみごとな自然石の階段を造っていた。しかし、島の高齢化が進んだことやオートバイなど車輪の付いた乗り物への対応で、ほと

畑から港。

んどの道がコンクリート製の階段や傾斜道などに造り替えられた。数カ所残っていた石階段も、2011（平成23）年の東日本大震災で損壊し、消失した。

夏のウニはこの島の味覚である。

宮城県

出島 Izu-shima

所在地　宮城県女川町　面積　2.63km²
周囲　14.0km　最高所　87m
人口　69人

女川港の東約7kmにあるが、本土に最も近いところは300mと近い。島の周りの海面はカキ養殖のイカダが並び、定期船はそれを横目に航行する。

島名は、内陸部から前方に離れ出た島ということに由来。

東日本大震災では壊滅的な被害を受けたが、現在は出島地区と寺間地区を結ぶ新道が開通し、本土と出島を結ぶ出島大橋も2024（令和6）年12月に開通した。

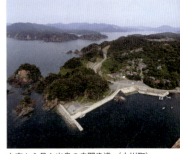

上空から見た出島の寺間漁港。（女川町）

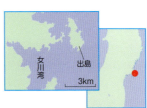

大島 Oh-shima

所在地　宮城県気仙沼市　面積　8.50km²
周囲　24.3km　最高所　234m（亀山）
人口　2207人

気仙沼湾口にあり、東北で最大面積の有人島。本土とわずか230mを隔てる大島瀬戸に2019（平成31）年、気仙沼大島大橋が架かった。

薄い緑色の花をつけるサクラ（御衣黄（ぎょいこう））の木が亀山山頂付近にあり、その亀山からは、

気仙沼大島大橋。（宮城県観光戦略課）

本土や唐桑（からくわ）半島のリアス海岸がよく見える。気仙沼湾に浮かぶワカメやカキ養殖のイカダも見渡せる。

また中腹には創建千年以上の重厚な大島神社があり、紅葉の季節などは特に美しい。歩くと音が出る「鳴き砂」の十八鳴浜（くぐなりはま）もよく知られる。

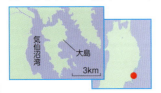

日本海

◆ 山口県
◆ 島根県
◆ 滋賀県
◆ 石川県
◆ 新潟県
◆ 山形県

山口県
所在地 山口県下関市 面積 0.69km²
周囲 3.9km 最高所 104m
人口 72人

船中から見た六連島全景。

六連島
Mutsure-jima

関門海峡を望む花き栽培の島

下関港の西、約6kmの響灘にあり、関門海峡西側を出入りする航路横にある。『日本書紀』には「没利島(もつりじま)」という名称で書き記されており、古くから歴史に登場する島である。

以前は漁業も盛んだったが昭和50年代後半から不漁が続き、島の経済は農業へと舵を切り、付加価値の高い花き栽培に特化した。それが功を奏し、今では花き運搬船「六連丸」で、早朝から下関と北九州の花市場に花を卸すようになり、島の経済は安定した。

島のほぼ中央の高台に国指定の天然記念物「雲母玄武岩」という大きな岩石がゴロンとひとつある。一見、変哲もない岩だが、実はその生成過程がとても珍しく、世界でも3〜4カ所しかないといわれるもの。

また港にほど近い場所には、英国人技師、リチャード・H・ブラントン設計による六連島灯台が建つ。

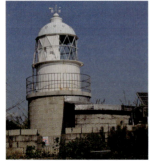
下部が御影石造りの六連島灯台。

角島 Tsuno-shima

所在地 山口県下関市　**面積** 3.96km²　**周囲** 17.1km　**最高所** 66m　**人口** 650人

山口県

角島・しおかぜコバルトブルービーチ。

下関市の北部、豊北町の北西約1.5kmにあり、1780mの角島大橋が架かる島。平坦な島で、中央部の北海岸には「しおかぜコバルトブルービーチ」がある。

島の名所のひとつは英国人リチャード・H・ブラントンにより設計された角島灯台だ。すべて御影石で造られており、日本海側では日本初の洋式灯台で、「あなたが選ぶ『日本の灯台50選』」にも選ばれている。

青海島 Ohmi-jima

所在地 山口県長門市　**面積** 14.6km²　**周囲** 不明　**最高所** 320m（高山）　**人口** 1,578人

72体の胎児が葬られる鯨墓。

約1億年前の火山活動で噴出した火山灰などが厚く堆積し、凝灰岩やマグマが固まった岩からなる。島の変化ある岩石の造形美がこの島の魅力だ。特に船越にある「青海島自然研究路」を歩くと奇岩の景勝が広がっている。通地区の清月庵には1692（元禄5）年に建てられた「鯨墓」がある。大日比地区には安永年間（1772〜1781年）に種から育てられた、我が国の夏ミカンの原樹がある。

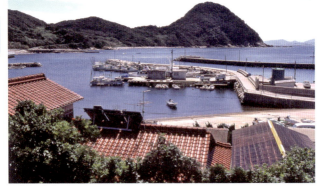

蓋井島の集落と乞月山。

山口県

所在地 山口県下関市
面積 2.32㎢
周囲 10.4㎞
最高所 252m
人口 84人

蓋井島

Futaoi-jima

6年ごとの山の神との交流

本州最西端の碑がある毘沙ノ鼻からほど近い下関市吉見港の西、約6㎞にある。付近の島にはない神事がこの島には伝わる。6年ごとに行われる「山の神神事」というもので、4カ所ある山の森から神をお迎えし、神と人が一緒に食事をした後、山の森に再び送る

神と客人が共に酒食をいただく「大賄」。

蓋井島

3km

というもので、昔ながらの式次で神事が行われる。

その日が近づくと島の人々は4カ所の「山」と呼ぶ森をそれぞれきれいにして神を迎えるのである。そして、3日間をかけ、神迎え、大賄(おおまかない)、神送りを執り行う。日頃は立ち入らない神聖な場所である山には神霊が宿るという神道の源流がこの島には残り、その神とどう接するのかが具体的に表される神事としてきわめて重要なものであり、山の神信

山の中に立つ神籬。

集落外れのこんもりとした森「四の山」。

仰の原形が見られる日として、6年ごとの神事が待たれる。

　集落からもほど近い静かな森の中にある山には神籬が立つ。神籬とは神がやって来るときに寄りつくもの、つまり依り代となるものである。枯れた古木を円錐状に立てたもので、その森の入り口には「山ノ神神事一の森」などの石碑があるのだが、そこからは普段は立ち入り禁止である。

　この島は古来、朝鮮半島への寄港地だった。島名の由来は水の池・火の池の井戸水を神事でくんだ後、蓋をして水がくめないようにしたことからきている。

　1935（昭和10）年に下関要塞の要として蓋井島要塞の第1砲台が乞月山に構築され、その後1939（昭和14）年には島の北西部に第2砲台が構築され、ここが響灘を守る重要拠点であったことがわかる。これらは現在、重要有形民俗文化財になっている。

　島の産業は漁業と農業で、漁業ではブリやアジの定置網漁が中心である。海女漁も盛んで、アワビやウニ漁などの水揚げが豊富である。また近年、オーストラリア原産のヒクイドリ科のエミューの飼育に取り組んでいる。

集落の民家。

山口県

見島 Mi-shima

所在地　山口県萩市　面積　7.73km²
周囲　17.5km　最高所　175m
人口　689人

萩港の北約44kmの日本海にポツンとある1島。

謎の古墳で、「ジーコンボ古墳」という積石塚が本村の海岸線に200基もある。勾玉などの装身具が出土していて、防人の墓ともいわれるが、よくわかっていない。

子孫繁栄祈願の男根を思わせる「笠石」が道端に立つ。初めての男子が生まれると大凧の「おにようず」を正月に揚げる風習もある。また北部の宇津には、正観音を祀る「宇津観音堂」がある。

崖下の波打ち際にある宇津観音堂。

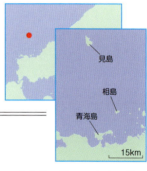

相島 Ai-shima

所在地　山口県萩市　面積　2.48km²
周囲　10.5km　最高所　157m（大山）
人口　124人

萩港の北西、約15kmにある。元文年間（1736～41年）の古文書には総石高152石、戸数57軒、人口244人、牛110頭と記録されていて、離れ島としてはしっかりとした農業基盤の中で生活が営まれていたことがうかがえる。幕末の頃は船舶往来の監視など重要な海上防備の拠点となった島である。

断崖にぐるりと囲まれた島はいかにも険しく厳しく見えるが、上陸して坂道を上がり島の中央部に進んで島内が見えると、農業の盛んな恵まれた島だということがよくわかる。特産の萩相島スイカは西日本ではブランドとして定着しており、味はすこぶる良い。

相島のスイカ畑。

櫃島 Hitsu-shima

山口県
所在地　山口県萩市
面積　0.83km²
周囲　4.0km
最高所　90m
人口　2人

萩港の北、約10kmにある。古文書によると江戸時代の1740（元文5）年には戸数17軒、人口118人、牛22頭がいたとあり、幕末のころには10世帯、人口56人とすでに人口を減らし始めていた。

櫃島全景。

葉タバコの栽培やサツマイモ、野菜などの畑作が行われていたが、高齢化が進み定期船もないことから本土の萩市で暮らす人が多くなり、住民登録はあるものの実際には定住者はいない。葉タバコを納める立派な蔵が何棟も建つ姿は今もある。野鳥が多く飛来する。

大島（萩大島）
Oh-shima

所在地　山口県萩市
面積　3.0km²
周囲　8.5km
最高所　123m
人口　585人

萩港の北約8kmの日本海にある。島の港正面から本州が眼前に広がる。

大島港の景観。

萩諸島の中で一番漁業の活気があふれる島で、狭い土地をうまく利用した農業も盛ん。

島内の石垣や集落内の屋敷の石垣に落書きのような文字や印が付いている。これは大雨の洪水で崩れてどこかへ行ってしまった石が、持ち主の元へ戻るように記したものという。

家々の門の上に動物の干支の彫り物が置かれたところが何軒もある。これは「向こう干支」という風習で、自分の反対側の干支（6年違いの干支）は縁起が良いといわれ、家を災いから守るというものでじつに珍しい風習である。

島根県

所在地 島根県隠岐の島町　面積 242.83km²
周囲 209.9km　最高所 608m（大満寺山）
人口 1万3433人

ローソク島に「夕日がともる」のを待つ観光船。

島後 Dohgo

文化と自然の宝庫

隠岐諸島は古くから遠流の島として知られ、後鳥羽上皇、後醍醐天皇など皇族や公卿の小野篁、武将の佐々木広綱たちや謀反人が配流されたところである。

島根半島七類港の北約75kmの日本海にある隠岐諸島の1島である島後は、荒波の中の島にあって豊かな文化と数多くの伝統行事、社寺を残す島である。

島びとの穏やかな気質が漂うこの島で、熱く燃える行事というのはきわめて珍しい。それが「牛突き」である。島に流された後鳥羽上皇をお慰めす

白島海岸の景観。

るために行ったのが始まりといわれる。上皇も島びとと一緒に楽しんだことだろう。秋に行われる一夜ヶ嶽の牛突きを見ると、のどかな島に似合わぬ祭りと、手塩にかけた自慢の牛を闘わせる島びとたちの熱気が伝わってくるようだ。

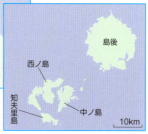

島を代表する芸能と行事では隠岐国分寺の4月の蓮華会舞、玉若酢命神社の6月の御霊会風流など古式にのっとったものが素晴らしい。

島後は文化的な豊かさと自然の豊かさが詰まった島。その自然を見てみると、まず北端にある「白島海岸」の青い海と白い岩肌に載る木々の緑の景色は秀景。少し内陸部に入り、大満寺山の山腹にある岩倉神社のご神体は、樹齢800年といわれる乳房杉。とてつもない大杉でみごとである。他にも「ローソク島」や「壇鏡の滝」など、1日ではとうてい見きれない島である。

隠岐諸島の4島は、全体が火山島の起源にさかのぼることができる島々で、地質や地形の歴史を見せてくれるジオパーク（大地の公園）である。

玉若酢命神社。

乳房杉。

島びとの熱気が伝わる、一夜ヶ嶽牛突き場。

島根県

所在地 島根県西ノ島町
面積 55.96km²
周囲 116.1km
最高所 452m（焼火山）
人口 2788人

ダイナミックな断崖地形の変化が素晴らしい国賀海岸。

西ノ島
Nishino-shima

地球の歴史を体感できる

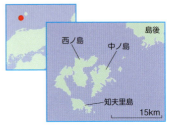

島根半島七類港の北約60kmの日本海にある、隠岐諸島の1島である。

島前と呼ばれる3島のうちの1島である。この3つの島は1つの大きな火山の外輪山部分からなる。西ノ島で最も高所の焼火山（452m）がその火口の中心部に当たる。

西側の景勝地の国賀海岸では、摩天崖と呼ばれる257mまで垂直に切り立つ絶壁が続く。これは外輪山の外縁で、洋上から遊覧船で眺めるとその風景は圧巻だ。

南部にある焼火山の中腹には平安時代中期に創建された国指定重要文化財の焼火神社が、急崖を背負うように建つ。この神社は、正月には付近の船舶が汽笛を鳴らして航行する習わしが今も息づく、海上航行安全の守護神となっている。

地球の創生に関わる大地や火山の様子が西ノ島はもとより隠岐全体に点在することから、2013（平成25）年に隠岐ユネスコ世界ジオパークになった。

焼火山の中腹にある焼火神社。

知夫里島

Chiburi-jima

知夫赤壁。

島根県
所在地 島根県知夫村
面積 13.70km²
周囲 49.6km
最高所 325m（赤ハゲ山）
人口 634人

　島根半島七類港の北約50kmの日本海にある、隠岐諸島の1島である。4島の隠岐諸島の中で唯一の村であり、実にのんびりとした風情が感じられる島である。

　火山溶岩の断崖がみごとな知夫赤壁は必見だが、そこから少し歩いてみると、赤ハゲ山の牧畑の時代の石垣遺構もこの島の歴史を物語る。牧畑とは山野のある部分を区割りして、牛馬の放牧地と耕作場所を交互に使い輪転することをいう。土も草も活性し、畑作も牧草もよみがえるという先人の知恵である。

　5月の野ダイコンの花が咲く季節は、丘陵の一面が花で埋まりじつに美しい。

中ノ島

Nakano-shima

後鳥羽上皇御火葬塚。

所在地 島根県海士町
面積 33.46km²
周囲 89.1km
最高所 246m（家督山）
人口 2267人

　島根半島の七類港の北、約55kmにある。隣に位置する西ノ島とは、最短の場所で約700mの距離と近い。しかし歴史をひもとけば、本土から遠く離れた日本海にある島であったため、多くの人がここに島流しとなった場所である。とりわけよく知られるのは、北条氏追討を企てた承久の乱(1221年)で敗れた後鳥羽上皇。この島に配流され、その後都に戻されることもなくこの地で没し、火葬、埋葬された。

　未来創成をめざす名物町長の下に全国から優秀な人材が集まり、地場産品の開発、ユニークなイベントなどで新しい島づくりに取り組んでいる。

島根県

大根島
Daikon-shima

所在地　島根県松江市　面積　6.74km²（江島を含む）
周囲　不明　最高所　42m（大塚山）
人口　3123人

島の南部から見た大根島の景観。
（松江観光協会八束町支部）

　島根県松江市・安来市と鳥取県境港市・米子市に囲まれた塩水湖の「中海」にある。現在は松江市側と境港市側に堤防道路がつながり、車で出入りできる。島の中央にある最高所・大塚山が火山で、日本でも希少なわずか標高42mの火山島である。

　火山活動でできた2つの溶岩トンネル「幽鬼洞」（特別天然記念物・立ち入り禁止）と「竜渓洞」がある。また300年の歴史ある生産量全国一のボタン栽培と、天保年間から栽培される雲州人参が主な産業である。

江島 E-shima

所在地　島根県松江市　面積　不明
周囲　不明　最高所　10m
人口　670人

　鳥取県の弓ヶ浜半島と島根半島に囲まれた中海にある。西側に松江市、東側は境港市、南は米子市と安来市に囲まれるという地の利に恵まれた島である。海水湖の中海は浅い海だが、堤防道路や江島大橋ができる以前は島外との行き来は船で、荒天で船が欠航することがあった。

　江戸時代末期から行われた新田開拓で広げられた平坦な土地は、現在は工業団地となっている。

　2004（平成16）年に完成した江島大橋は最大勾配が6.1％という急坂で、通称「ベタ踏み坂」として名所になっている。

ベタ踏み坂で有名な江島大橋。（写真AC）

水辺間際にある家。

沖島 Oki-shima

滋賀県
所在地　滋賀県近江八幡市
面積　1.51km²
周囲　6.8km
最高所　220m（尾山）
人口　242人

淡水湖唯一の有人島

　琵琶湖にあり、日本の淡水湖の中にある唯一の有人島。

　この島に人が住むようになったのは、保元・平治の乱で敗走する近江源氏の落ち武者たちが、ここにとどまったことが始まりと伝えられる。

　沖島周辺の湖底からは縄文土器や弥生土器が見つかり、その時代からすでに沖島周辺では人とモノの往来があったようだ。

　奥津島神社から集落内を東におよそ650m、道幅1～2mの軒を連ねる狭い道は、沖島の人たちが「ホンミチ」と呼ぶ島のメインストリートである。この生活道の存在で沖島は独特の漁業集落景観をつく

り出している。この「ホンミチ」は2006（平成18）年、水産庁の「未来に残したい漁業漁村の歴史文化財産百選」に認定された。集落外れの浄土真宗西福寺には、蓮如上人直筆の「虎斑の名号」（とらふのみょうごう）と呼ばれる6文字の書き物が残されている。

地元の伝統食「ふなずし」。

石川県

所在地 石川県輪島市　面積 0.55㎢
周囲 5.2km　最高所 13m
人口 66人

上空から見た令和6年能登半島地震前の舳倉島。(© 石川県観光連盟)

舳倉島
Hegura-jima

海女漁と野鳥観察の島

輪島市北約48kmにあり、海抜わずか13mという平坦な島。日本海側にあり、海女によるアワビとサザエの潜水漁業の島としては日本海随一といってよい。

そのルーツは、北九州の鐘ヶ崎の海女たちが漂流した末に能登へ漂着し、輪島に移された後、加賀藩の前田利家にその海女たちが「のしア

海女の潜水。

ワビ」を献上したことにより、舳倉島の漁業権が認められたと伝えられる。

本州の日本海には有人島が少ない。主だった島は、北から飛島、粟島、佐渡島、舳倉島、隠岐、見島である。その島々を中継していく渡り鳥がいる。舳倉島は約360種もの野鳥が確認されている。本土ではほとんど見ることができない渡り鳥が採餌(さいじ)で飛来する。

能登島 Noto-jima

石川県／新潟県

所在地　石川県七尾市　面積　46.58㎢
周囲　72.0㎞　最高所　197m（四村塚山）
人口　2471人

能登島大橋が架かる能登島。（写真 AC）

七尾湾の中に抱えこまれるようにある。能登半島と島は接近していて、三ヶ口瀬戸は500mという距離である。昭和と平成に2つの橋が架かり、交通は便利な島である。

縄文、弥生時代の土器などが出土し、古代にはこの付近で製塩が行われていたことを示す遺跡が見つかった。

「石川県能登島ガラス美術館」や「のとじま水族館」がある（2024年12月現在、両館とも震災被害より復旧中で入館可）。

粟島 Awa-shima

所在地　新潟県粟島浦村　面積　9.78㎢
周囲　23.1㎞　最高所　266m（小柴山）
人口　353人

村上市の沖、約35kmにあり、その位置は山形県に近い。

漁業が盛んで、タイの大謀網（だいぼうあみ）（定置網漁の一種）の島としてよく知られている。シーズンの6月頃には早朝の内浦漁港から出港する大謀網の船に乗り見学できる（申し込み制）。

名物の野趣あふれる「わっぱ煮」、天然温泉の「おと姫の湯」がある。

焼け石で煮る魚のみそ汁「わっぱ煮」。

昔ながらの工法で造られた大間港は、佐渡鉱山のために造られた港。

新潟県
所在地 新潟県佐渡市
面積 855.61km²
周囲 280.9km
最高所 1172m（金北山）
人口 5万1492人

佐渡島

Sadoga-shima

金山が世界遺産に登録

新潟港の西、約45kmにある本土と北方領土を除くと、日本最大の島である。100カ所を超える縄文遺跡が見つかっており、佐渡島に人が住みついたのは相当古くからだったことがうかがえる。また日本最古の歴史書『古事記』と『日本書紀』の国生み神話では、佐渡は"大八洲"のひとつに数えられている。聖武天皇の724（神亀元）年には隠岐などと同じく、佐渡島も遠流（島流し）の地とされた。倒幕に失敗した上皇や、日蓮上人など都から流されてきた著名人や高貴な人々が、佐渡の文化に様々な影響を与えていった。

幕府直轄地の佐渡金山の歴史、能の世阿弥配流、日蓮上人のゆかりの地などをひもとくだけでも、佐渡島が古来一国に値する佐渡国であったことがうかがえる。

佐渡といえば「金山」である。金は平安時代から掘られていたが、本格的な開発は相川に大きな金鉱脈が発見された後の1601（慶長6）年で、佐渡は徳川家康の直轄地（所領）となり、後の幕府の経済を支え続けた。江戸時代に島に流されてくるのは政治犯ではなく窃盗犯や無宿人たちで、金鉱掘りでは過酷な仕事に充てられた。金山の町・相川は、当時の地方の町としては全国でも

蓮華峰寺八角堂。

佐渡島の祭りに必ず登場する「鬼太鼓(おんでこ)」。

トップクラスの"都市"へと成長を続けていったが、やがて徳川の時代と共に金山も衰退していった。

戦前から戦後にかけて工業近代化していく過程で、佐渡島も農業生産力を上げるために農薬使用や機械化が顕著に進み、自然環境が極端に悪化して野生動物たちは姿を消していく運命にあった。

そうした中で日本のトキは個体数5羽という絶滅寸前の状態となったのだが、1990年代に中国からトキを2羽譲り受けて人工繁殖に成功し、2024(令和6)年現在、500羽を超えるまで増えた。

西廻り航路の北前船が立ち寄る佐渡島。そこには流され

た都びとによる文化が根ざし、徳川による江戸文化もこの島で根を下ろし、西の文化と東の文化に北の文化なども加わり、日本文化の重層的な集積地となった。

近年知られるようになった、大佐渡石名(いしな)の山中にある巨樹「金剛杉」や、2024(令和6)年に世界文化遺産に登録された「佐渡島の金山」が、あらためて佐渡観光の発信源となるだろう。

新潟大学の演習林にある「金剛杉」。

山形県

所在地 山形県酒田市　面積 2.75㎢　最高所 68m（高森山）
周囲 12.0㎞
人口 158人

舘岩から眺める島の中心部、勝浦港。

飛島 Tobi-shima

ウミネコの繁殖地

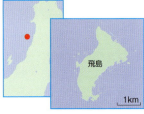

酒田市の北西約40kmにあり、島から東の本土に、雄大な鳥海山が見える。日本海側を流れる対馬暖流の影響で、冬以外は暖かい島で、港沖の海中にはムツサンゴの群生なども見られる。外敵が少なく暮らしやすいためか、ウミネコの繁殖地になっている。

小松浜海水浴場付近と荒崎海岸一帯には黄色い花をつけるトビシマカンゾウの美しい群落があり、例年5〜6月が見頃である。

2016（平成28）年9月に「鳥海山・飛島ジオパーク」に認定され、今日の島の大地がど

荒崎海岸のトビシマカンゾウ。

うしてできたのかの痕跡をよく残しているとして評価された。定期船が着く港から歩いて5分の所にある「舘岩(たていわ)」は、島ができるときに噴出した溶岩がゆっくりと押し出されて、途中で冷えて固まった形をしていておもしろい。

北海道

◆北海道

北海道

所在地 北海道江差町
面積 0.3km²
周囲 3.0km
最高所 27m
人口 4人

江差港と一体化した鴎島。
(北海道江差観光みらい機構)

鴎島

Kamome-jima

翼を広げたカモメの形

江差町の西約0.5kmにあり、古くから歩いて渡れる島だった。そこに防波堤を築き、島は江差港と一体化している。

江戸時代には弁天島と呼ばれていたと伝えられる。島名の由来に明確な記録はないが、民謡「江差追分」の歌詞「♪カモメの鳴く音に〜」にもあるように、周辺にはカモメが多かったのだろうという説の他、上空から見た島の形が、羽を広げたカモメそのものだから、という説もある。

本土と行き来する北前船の蝦夷地の玄関として栄えた江差では、入港して停泊する船を実際に係留したのがこの鴎島であった。舫綱をとった杭の跡が岩場に今も残る。

鴎島の東側、江差の町と島がつながる付近の海に「瓶子岩」がある。毎年7月第1土日に行われる「江差かもめ島まつり」で下帯姿の若者たちが大漁安全を祈願し、重量500kgのしめ縄をこの岩に飾る。

瓶子岩。

南部の西海岸、藻内付近から見る無縁島と落日。

奥尻島
Okushiri-toh

北海道

所在地 北海道奥尻町
面積 142.97㎢
周囲 680㎞ 最高所 584m（神威山）
人口 2410人

震災から復興し
離島の手本に

　江差港の北西、約60kmにある。本道との最短距離は約20km。1993（平成5）年に起きた北海道南西沖地震では死者・行方不明者198人という多くの犠牲者を出した。現在は復興し、頑丈な防潮堤を造るなど、その防災モデルは全国の離島の手本になっている。

　水産業の島で、タラ、ホッケ、ウニなど、とれたての海鮮の味覚が楽しめる。また近年は島内産のブドウで造られる奥尻ワインが評判を呼んでいる。北部の荒涼とした光景の稲穂岬と「賽の河原」、奥尻港からも見える「なべつる岩」など見どころも多い。神威脇温泉は65℃で泉質は食塩泉。旅人は湯船で島びとの会話に耳を傾けつつ、日本海の落日を楽しむのがいい。

神威脇温泉保養所。（奥尻町役場）

北海道

所在地 北海道羽幌町
周囲 11.6km 面積 5.47km²
人口 259人 最高所 185m

断崖が連続する西海岸は海鳥たちの楽園だ。これはウミネコの飛翔。

天売島 Teuri-toh

野鳥愛好家の聖地

羽幌(はぼろ)港の西28kmにあり、隣の焼尻島とは武蔵(むさし)水道を挟んで約3.5kmと近い。

野鳥愛好家にとっては聖地である。絶滅が心配される希少種のオロロン鳥(＝ウミガラス)が唯一営巣する島だ。

集落のない島の西側は険しい断崖になっていて、そこに8種100万羽を超える海鳥たちが春から夏にかけて、繁殖のためにやって来る。7月、数

冬の漁港。

焼尻島から見る天売島。

十万羽ものウトウの大群が夕暮れの中を海上から戻って来る光景は、圧巻である。

7月にはウニ漁も最盛期。島で食べるウニは濃厚。タラやホッケ、ミズダコ、オオナゴなどの漁も盛んである。

旅をするなら5〜8月の暖かい季節が良い。7月はウニづくしの料理を提供する宿が多く、味覚の旅ができる。

島の西端、鷹の巣からの景観。

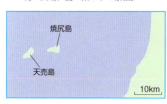

|北海道|

所在地 北海道羽幌町
周囲 10.6km
面積 5.19km²
最高所 94m
人口 171人

サフォーク種を飼育するめん羊牧場。

焼尻島

Yagishiri-toh

ニシンの大漁に沸いた島

夕日のきれいな町、羽幌町の西、約25kmにある。ジンギスカンに使う羊肉で最高品種というサフォーク種を飼育する牧場があり、雄大な緩斜面が広がる。一方で島の中央部にはオンコ(イチイ)をはじめとする原生の森がある。

かつてニシンの大漁に沸いた島で、鰊番屋の網元だった"旧小納家"の建物は今、「焼尻郷土館」になっている。ニシン大漁の黄金期が目に浮かぶような、豪勢な造りの屋敷である。

東海岸の岩礁地帯には例年、ゴマフアザラシがやって来て、春先どころか初夏を過ぎるまでとどまることがある。島内から望遠鏡を使って詳細に観察できる。

一年中見られる、ゴマフアザラシの昼寝。

北海道

所在地 北海道礼文町　面積 81.64㎢
周囲 66.6㎞　最高所 490m（礼文岳）
人口 2509人

礼文島。（写真AC）

礼文島 Rebun-toh

高山植物の宝庫

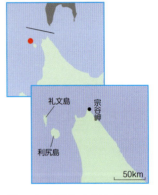

　稚内港の西、約52㎞にある。北方領土を除く日本最北端の島。周りは不凍の海で、その海に囲まれている分、海水温のおかげで、冬でも比較的暖かく感じる。

　江戸時代前期に松前藩がニシンやサケ、コンブなどの水揚げ地として、ここを開拓したのが島の始まりといわれる。その後、1846（弘化3）年に津軽半島先端にある三厩村の柳谷万之助という漁家がこの島に進出し、香深（当時は尺忍）に渡島漁場を開いた。

　南北に長い島の比較的平地のある北部と東側に集落が開け、西側は断崖の海岸線が続いて険しい。そういった厳しい環境の中にも漁村集落が垣間見え、大自然の中でも海の恵みで生活していけることがわか

西海岸の澄海岬の海は素晴らしい透明感。

レブンウスユキソウ。エーデルワイスの仲間。

座るネコの後ろ姿の「猫岩」。

ラン科のレブンアツモリソウ。

る。最北端のスコトン岬から見える海驢島(とどしま)も現在は無人島だが、かつては漁師たちが暮らす島だった。

　春の訪れと季節がわかりやすい花の島。4月下旬のミズバショウに始まり、季節を追ってエゾエンゴサク、レブンコザクラ、レブンアツモリソウなど、次々に花を咲かせる。高緯度にある島なので、本土のように高い山に登らなくても、平地で高山植物が見られ、西海岸北部や桃岩周辺は"お花畑"と呼ばれるほどの高山植物の宝庫。より多くの花を見るには6～7月に訪れるのがよい。

　強風、霧、雨など天気の悪い日は「高山植物培養センター」で、50種約2万株の島の草花を楽しめる。夏の2カ月間はウニの季節。早起きすれば沿岸のウニ漁や水揚げ、殻割りなども見られる。

　もうひとつ、ダイナミックな地形が島の醍醐味である。西海岸南部に「桃台猫台(ももだいねこだい)」がある。この展望台から見る桃の形をした大岩の「桃岩」、北に地蔵岩、南には「猫岩」が見られるという場所。礼文島は大自然を存分に楽しめる島である。

日当たりのよい場所で咲く高山植物のチシマフウロ。

北海道

所在地 北海道利尻富士町・利尻町 面積 182.12km²
周囲 64.0km 最高所 1721m（利尻山）
人口 4462人

初夏の利尻山。

利尻島 Rishiri-toh

名峰利尻山の島

稚内港の西、約52kmにある。名峰利尻山の島として知られ、登山でも人気がある。

湖沼が美しく、北部の「姫沼」、南部の「オタトマリ沼」とも、利尻山を水面に映す静寂で雄大な風景が美しい。また、オタトマリ沼の近くにある「南浜湿原」は湿地の草花を探勝するのによい場所で、バードウォッチングもできる。

夏はコンブ漁の最盛期。特産の「利尻昆布」を浜に干す光景が見られる。鴛泊（おしどまり）港のペシ岬から壮大な夕日を眺め、利尻富士温泉に浸かるのもまた格別である。

姫沼から見た新緑の森と、後ろは残雪の利尻山。

本道の床潭と目と鼻の先の小島。

小島 Ko-jima

所在地 北海道厚岸町
面積 0.05km²
周囲 0.9km
最高所 27m
人口 8人

北海道

コンブ漁季節移住の島

厚岸町の床潭地区の南、約1kmにあり、別名、厚岸小島ともいう。島内を一周しても10分ほどの小さな島で、住人の漁業者は夏のコンブ漁期を中心に前後の春秋をこの島に渡って生活し、冬季は対岸の床潭地区で過ごす。

早朝、コンブ漁船が白い航

干場に広げられたコンブ。

跡を立てて一斉に漁場に急ぎ、数時間で島に戻ると今度は家族総出で船からコンブを下ろす。真っ平らで石ころが敷き詰められた干場と呼ぶ磯に、取ったコンブを広げて乾かす。夕方までには干し上げて、それを均一の長さに切り、倉庫がいっぱいになると出荷する。こうして初夏から夏の終わりのわずかな間に、1年分の仕事を終わらせるのだ。

いろいろな
無人島
無人島に歴史あり

広い海洋に島が点在する多島国の日本。その島々にはそれぞれの特徴があり、その中で人々は暮らしを営んできた。

　明治初期、愛媛県宇和島の漁師一族は、漁場を求めて九州・宮崎の小さな島へ移住し、漁場を開拓して暮らした。また同じく明治時代、瀬戸内海の島の漁師は遠く長崎の国境の島・対馬島の南端に、新天地の漁師集落をつくり生活を始めた。こうして進取的な人々は島に新境地を求めて大海に出ていった。

　その一方で、島に興った産業に吸い寄せられるように多くの人が集まり経済活動が行われた島では、その産業の衰退・終焉と共に人々は一挙に去っていった。

　島に住むこと、島を離れることには、それなりの理由がある。

　ここではそうした無人化の道をたどった島のいくつかを紹介しよう。

鹿児島県

所在地　鹿児島県十島村
面積　4.05㎢　周囲　不明　最高所　497m（御岳）

藪の中を縦横無尽にはいまわる蛇すらひれ伏す、ということを形容したのか、臥蛇島に平地はほとんどない。

臥蛇島
Gaja-jima

過疎化で共同体が解体

令和の今日でさえ鹿児島港と奄美大島を往復する定期船が週2便しかないという、黒潮の真っただ中にあるトカラ列島。その中にある無人島だ。

島の周囲は急崖で人を寄せつけないすごみがある。かつて土器が見つかり、大昔から人が暮らしていたようだ。

1940（昭和15）年に133人の島民が自給自足といえる共同体の生活を営み、農作物や漁獲を集落で平等に分け合いながら暮らしていた。そうした中、次世代の子どもたちは学校を卒業すると本土へ出てしまい、島は過疎化の一途をたどる。1970（昭和45）年、定期船のはしけ作業が高齢者たちではできなくなり、自治体の「本土移住」の勧告を受け、島民は島を離れ無人島となった。節目に当たる年などに、有志島民が墓参で島を訪ねる。

はしけ船を着けるのがやっとの小さな桟橋。これがこの島唯一の港。無人化した現在ではその風化も進んでいる。

山はなく、起伏の少ない丘陵地がこの島の特徴。やじりの長辺にあたる場所は、滑走路設置に最適。

馬毛島

Mage-shima

鹿児島県
所在地 鹿児島県西之表市
面積 8.17km² 周囲 不明 最高所 71m（岳之腰）

人が定着しなかった島は軍事利用に

種子島の西海上、約9kmにある平坦な島。明治時代からサトウキビ栽培や牧場の広大な敷地として利用されていたが、干ばつなどで産業は定着しなかった。

島内からは古墳時代のものと思われる土器片と、室町から江戸後期と思われる人骨が出土し、一帯は「馬毛島葉山王籠遺跡」となっている。

ニホンジカの亜種マゲシカが、推定数百〜千頭余り生息しているといわれる。

1960（昭和35）年に島の最高人口383人を記録した後は減少に転じ、1980（昭和55）年4月に無人化した。それを待っていたかのようにレジャー開発や石油国家備蓄基地、防衛庁（当時）のレーダー施設、使用済み核燃料貯蔵施設建設など構想は挙がったが実現には至らなかった。買収話や土地所有者の破産など紆余曲折はあったが、2023（令和5）年に防衛省による買収が決まり、航空自衛隊馬毛島基地（仮称）として施設が整備されている。

長崎県

所在地 長崎県長崎市
面積 0.06km² 周囲 1.2km 最高所 45m

洋上から眺めた軍艦島。頑丈な島の外縁の向こうに建つ、古色をたたえる廃アパート群が異様だ。石炭採掘に沸いた産業遺産の姿である。

端島（軍艦島）
Ha-shima

世界遺産

石炭産業遺跡という文化的資産

端島という名前では分からなくても、軍艦島といえば知る人は多い。長崎・野母半島の西にあり、かつて石炭を産出し発展する日本のエネルギーを支えた島。

大正時代に建てられた国内で現存する最古の鉄筋コンクリート造りの集合住宅（アパート）

映画館まで続くこの道は当時島の目抜き通りで、道の両側には露店も出て人通りが多く活気があった。

など、50棟もの建物が廃墟となって建ち並ぶ光景はまるで軍艦のようだ。周囲わずか1.2kmの小さなこの島に5259人（1959〔昭和34〕年）が住み、小中学校はもとより、映画館やパチンコ店、床屋、共同浴場、プールなどがあった。

エネルギーが石炭から石油に交代する時代と、端島炭鉱の採掘終焉とが重なり、鉱山は閉山し、島は無人化した。

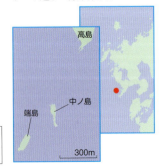

一見、取り付く島もないような島の地形だが、島内は草原で、過去には大島の牛に与える干し草を作った。

長崎県

所在地 長崎県小値賀町
面積 0.09㎢ 周囲 不明 最高所 54m

国立八

宇々島 Uu-jima

自力再生を助ける互助精神

島での生活が諸事情で立ちゆかなくなった人を再生させるために他の島に移住させ、そこで税や賦役(ぶえき)を免除して生活の再建を促す村の救済制度があった。宇々島は享保の飢饉(1732年)の頃から大島で生活できなくなった人が、その制度で移住を許された島。耕作地を自由に使い、海産物を捕

船着き場はちょっとした岩場の入り江で、岩をうがち階段を付けた跡が残る。

小さな島で山もなかったが、湧き水や雨水を使って暮らしたのだろう。

りながら生活し、およそ3年間で困窮生活から立ち直り、大島に戻って普段の生活が送れるようになったという。1960(昭和35)年には4人が生活再建で暮らしていたが、1964(昭和39)年に島を出て無人化した。瀬戸内海にもこのような自力再生の島が、かつて数島あった。

福岡県

所在地 福岡県宗像市
面積 0.69km² 周囲 不明 最高所 244m（一ノ岳）

世界遺産

玄界灘の中央部についたてのように立つ沖ノ島。宗像三女伸の田心姫神を祭る沖津宮がある。

沖ノ島
Okino-shima

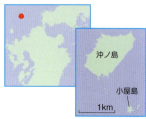

我が国有数の古代国家祭祀場

　玄界灘の中ほどにある無人の島で、宗像大社の沖津宮が鎮座する。23カ所を数える祭祀遺跡が見つかっている。大和政権の航海安全を祈願する国家祭祀の場所とされた4世紀頃から、国土防衛の重要な目的なども加わり、それが10世紀頃まで続いた。民間祭祀はその後も続いた。

　沖津宮の裏手の巨石群周辺からは4〜5世紀の漢・魏の青銅鏡、5〜7世紀のペルシャのカットグラス、7〜8世紀の唐三彩や勾玉などの宝物が見つかり、「海の正倉院」の別名もある。一木一草、砂粒ひとつも持ち帰ることは禁止、御不言様といわれ、島のことを口にすることもはばかられた島。一般人の入島は厳禁。

御門柱は沖津宮の鳥居とみなされてきた海の岩礁。

祭祀に使われてきた土器が、巨岩群の陰にそのままで置かれている。

宗像大社沖津宮。

島に上陸するとまず聞こえるのが稼働する工場音だ。水蒸気が上がる音もする。働く島らしく、辺りにはくつろぐものは見当たらない。

四阪島

Shisaka-jima

所在地　愛媛県今治市
面積　1.26㎢　周囲　不明　最高所　112m（美濃島）

愛媛県

定住人口のない産業の島

今治港の東の瀬戸内海にある5つの島の総称で、主島は陸続きになっている家ノ島と美濃島。1905（明治38）年から住友の銅精錬所として発展し、1920年代の大正末期には5500人、昭和30年代前半には4000人の人口を数えた。1000戸の社宅、保育園、小中学校、診療所や劇場、商店街もあり活気があった点では、長崎県の炭鉱の島であった端

小高い山の上まで、様々な工場関係の建物で埋めつくされ、樹木は見当たらない。

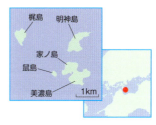

2018年に本土へ移築されるまであった、住友創業家が島に建てた四阪別邸（別名「日暮別邸」）。

島によく似ている。その端島は石炭産業の終焉と共に無人化したが、この島は銅の精錬を終えてから酸化亜鉛の製造に産業を変え、今日も稼働している。しかし、働く人々が島に住むことはなく、四国本土の新居浜から会社船で通勤している。会社関係者以外は、会社船に乗船できない。

広島県 滋賀県

仙酔島 Sensui-jima

所在地 広島県福山市
面積 0.92km² 周囲 不明
最高所 159m（大弥山(おおやさん)）

鞆の浦の裏山から見た仙酔島と弁天島。

島々がバランスよく海に点在する美しい瀬戸内海の景色は、そうたくさんあるわけではない。その点からもこの仙酔島と弁天島が入った景色は秀逸だ。鞆(とも)港の裏山にある福禅寺対潮楼から望む仙酔島は、まさに一幅の絵といえる。スタジオジブリ作品「崖の上のポニョ」はこの地のイメージが強いといわれる。日本の国立公園第1号となった瀬戸内海の指定地のひとつがここというのもうなずける。

竹生島

Chikubu-shima

所在地 滋賀県長浜市
面積 0.14km² 周囲 2.0km 最高所 197m

国宝の唐門がある、竹生島の宝厳寺。

日本一の面積を誇る琵琶湖の北部にある島で、古くから信仰の対象であり国指定史跡・名勝になっている。

17世紀初頭に豊臣秀頼が荒廃していたこの島を復興し、その後宝厳(ほうごん)寺の国宝「唐門(からもん)」や都久夫須麻(つくぶすま)神社の本殿（国宝）を今日に残す。

長浜港、今津港、彦根港から定期船があり、アクセスが便利で昼間は参拝客でにぎ

わうが、最終便が出た後は無人となる。拝殿から数十m離れた鳥居に向かって、素焼きの皿を投げる願掛け「かわらけ投げ」がある。

沖ノ島、地ノ島、虎島、神島の4島を総称して友ヶ島と呼ぶ。狭い紀淡海峡の向こうには、淡路島が横たわる。

友ヶ島
Tomoga-shima

使われなかった軍事要塞島

大阪湾から外洋に出る海路の最南部、和歌山県加太と兵庫県淡路島の狭まった紀淡海峡にある。有事の際には神戸・大阪を防衛するため、旧陸軍は1890(明治23)年以降、島内に砲台などを造った。しかし結局この軍事施設は一度も使われることなく終戦となる。

近年、友ヶ島が若い人々の間で話題となった。戦争遺跡となったこの島の建造物群がアニメ映画の「天空の城ラピュタ」の世界に似ていることが発端だった。古色をたたえる第3砲台跡や弾薬庫跡、ツタなどが覆う廃墟となった軍事施設など、見慣れない非日常の風景に心打たれるだろう。

和歌山県

所在地 和歌山県和歌山市

〔沖ノ島〕面積 1.47km² 周囲 不明 最高所 120m

国立

1892年に築造された第3砲台。弾薬庫は破壊されることなく現存する。

旧海軍聴音所跡は島の南西部にある。ここは潜水艦などの音を探知する施設だった。

島の港がある場所も、険しく人を寄せ付けない急崖で、厳しい自然環境の島である。

東京都

所在地 東京都八丈町
面積 3.07km² 周囲 不明 最高所 616.8m（大平山）

八丈小島
Hachijyoko-jima

国立

直接民主制を採用

　八丈島西海岸からならどこからでも見える、険しい山の島。江戸時代の地方役人で三役のひとつ「名主制」（村の長）が、戦後1947（昭和22）年まで存在した。

　地方自治法施行時に人口がわずか50人だった宇津木村では村議会を廃止し、選挙権のある人が総会を行う直接民主制をとっていた日本唯一の

港から村に入る森の中に、生活水をためるコンクリート製の水がめが残る。

2つの村にそれぞれ小学校と中学校があった。今も学校のあった辺りには建物の残骸が残る。

村だった。

　雨水をためて生活水とする中から発生した原因不明の風土病「バク」は、現在はフィラリア症の一種と分かり根絶されたが、当時はこの島が日本唯一の流行地と恐れられた。天保年間に500人を超えた人口は昭和の時代に減り続け、1969（昭和44）年に無人化した。

夏のスコトン岬から見る海驢島の風景は北の爽やかな景観そのもの。

海驢島

Todo-shima

所在地 北海道礼文町
面積 0.21km² **周囲** 4.0km **最高所** 44m

北海道 / 国立

豊かな漁場を有した島

礼文島の最北部・スコトン岬から見える小島で、現在は無人島。島の周囲は切り立つ岩場が多く、砂浜などはなく上陸できる場所は限られる。

1970（昭和45）年頃までは二十数軒の番屋があり、6〜8月の夏季に礼文島の漁師が渡ってウニとコンブ漁を行った。近海はトドがやって来る海域で、冬場はこの島の離れの岩礁に群れで上がることもあるが、海驢島には上陸しない。

今は朽ちた番屋を残すだけで、夏季のウニとコンブ漁のために渡る漁師もいなくなってしまった。ある年、共に漁を行う仲間の漁師が崖の上から身を投げて自死したことがあり、それを機に完全な無人島になったようだ。

スコトン岬から約1.2km、礼文島の浜中漁港から漁船で15分。海驢島は急崖の場所が多い。廃屋がわびしく残る。

Index 索引

あ行

相島 あいしま 山口県 ……… 312
安居島 あいじま 愛媛県 ……… 192
相島 あいのしま 福岡県 ……… 143
藍島 あいのしま 福岡県 ……… 148
青ケ島 あおがしま 東京都 ……… 288
青島 あおしま 愛媛県 ……… 184
青島 あおしま 長崎県 ……… 125
青島 あおしま 宮崎県 ……… 149
赤島（五島市）あかしま 長崎県 ……… 85
赤島（対馬市）あかしま 長崎県 ……… 134
阿嘉島 あかしま 沖縄県 ……… 33
赤穂根島 あかほねじま 愛媛県 ……… 208
悪石島 あくせきじま 鹿児島県 ……… 58
粟国島 あぐにじま 沖縄県 ……… 30
網地島 あじしま 宮城県 ……… 304
阿多田島 あたたじま 広島県 ……… 179
的山大島 あづちおおしま 長崎県 ……… 122
天草上島 あまくさかみしま 熊本県 ……… 77
天草下島 あまくさしもしま 熊本県 ……… 74
奄美大島 あまみおおしま 鹿児島県 ……… 54
新城島 あらぐすくじま 沖縄県 ……… 20
有福島 ありふくじま 長崎県 ……… 95
淡路島 あわじしま 兵庫県 ……… 260
粟島 あわしま 新潟県 ……… 321
粟島 あわしま 香川県 ……… 223
家島 いえしま 兵庫県 ……… 258
伊江島 いえじま 沖縄県 ……… 43
伊王島 いおうじま 長崎県 ……… 101
硫黄島 いおうじま 鹿児島県 ……… 62
硫黄島 いおうとう 東京都 ……… 284
伊唐島 いからじま 鹿児島県 ……… 72
壱岐大島 いきおおしま 長崎県 ……… 129
生月島 いきつきじま 長崎県 ……… 121
生名島 いきなじま 愛媛県 ……… 209
壱岐島 いきのしま 長崎県 ……… 126
生口島 いくちじま 広島県 ……… 214
生野島 いくのしま 広島県 ……… 199
伊計島 いけいじま 沖縄県 ……… 41
池島 いけしま 長崎県 ……… 104
池間島 いけまじま 沖縄県 ……… 25
石垣島 いしがきじま 沖縄県 ……… 22
石島 いしま 岡山県 ……… 245
井島 いしま 香川県 ……… 245
伊島 いしま 徳島県 ……… 262
伊豆大島 いずおおしま 東京都 ……… 298
出島 いずしま 宮城県 ……… 306
伊是名島 いぜなじま 沖縄県 ……… 48
斎島 いつきしま 広島県 ……… 193
厳島 いつくしま 広島県 ……… 180
犬島 いぬじま 岡山県 ……… 248
猪子島 いのこじま 広島県 ……… 179
伊吹島 いぶきじま 香川県 ……… 222
伊平屋島 いへやじま 沖縄県 ……… 47
伊良部島 いらぶじま 沖縄県 ……… 27
西表島 いりおもてじま 沖縄県 ……… 17
祝島 いわいしま 山口県 ……… 164
岩城島 いわぎじま 愛媛県 ……… 210
岩黒島 いわくろじま 香川県 ……… 238
岩子島 いわしじま 広島県 ……… 218
維和島 いわじま 熊本県 ……… 83
因島 いんのしま 広島県 ……… 217
宇々島 ううじま 長崎県［無］……… 339
魚島 うおしま 愛媛県 ……… 212
浮島 うかしま 山口県 ……… 169
宇久島 うくじま 長崎県 ……… 118
鵜来島 うぐるしま 高知県 ……… 265
請島 うけしま 鹿児島県 ……… 51
牛島 うしじま 香川県 ……… 236
牛島 うしま 山口県 ……… 162
鵜島 うしま 愛媛県 ……… 204
鵜瀬島 うせじま 長崎県 ……… 109
海栗島 うにじま 長崎県 ……… 132
馬島 うましま 山口県 ……… 162
馬島 うましま 愛媛県 ……… 203

馬島　うましま　福岡県	148
江島　えしま　島根県	318
江田島　えたじま　広島県	178
江島　えのしま　宮城県	305
江の島　えのしま　神奈川県	283
江島　えのしま　長崎県	100
黄島　おうしま　長崎県	85
奥武島（久米島町）　おうしま　沖縄県	29
奥武島（南城市）　おうじま　沖縄県	39
大神島　おおがみじま　沖縄県	26
大久野島　おおくのしま　広島県	213
大毛島　おおげしま　徳島県	261
大下島　おおげしま　愛媛県	196
大崎上島　おおさきかみじま　広島県	197
大崎下島　おおさきしもじま　広島県	194
大芝島　おおしばじま　広島県	198
大島　おおしま　宮城県	306
大島　おおしま　東京都	298
大島　おおしま　山口県	313
大島　おおしま　香川県	238
大島（今治市）　おおしま　愛媛県	205
大島（八幡浜市）　おおしま　愛媛県	175
大島（新居浜市）　おおしま　愛媛県	200
大島　おおしま　高知県	266
大島　おおしま　福岡県	147
大島（西海市）　おおしま　長崎県	107
大島（小値賀町）　おおしま　長崎県	112
大島（佐世保市）　おおしま　長崎県	111
大島（壱岐市）　おおしま　長崎県	129
大島　おおしま　大分県	153
大島　おおしま　宮崎県	151
大多府島　おおたぶじま　岡山県	252
大津島　おおづしま　山口県	160
大入島　おおにゅうじま　大分県	153
オーハ島　おーはじま　沖縄県	29
大飛島　おおびしま　岡山県	225
大三島　おおみしま　愛媛県	207
青海島　おおみじま　山口県	309
大矢野島　おおやのじま　熊本県	84
岡村島　おかむらじま　愛媛県	192
小川島　おがわしま　佐賀県	137
沖家室島　おきかむろじま　山口県	169
沖島　おきしま　滋賀県	319
男木島　おぎじま　香川県	242
沖永良部島　おきのえらぶじま　鹿児島県	50
沖野島　おきのしま　広島県	177
沖之島　おきのしま　香川県	245
沖の島　おきのしま　高知県	264
沖ノ島　おきのしま　福岡県［無］	340
沖之島　おきのしま　長崎県	101
沖ノ島　おきのしま　長崎県	133
奥尻島　おくしりとう　北海道	327
小島　おしま　愛媛県	202
越智大島　おちおおしま　愛媛県	205
小値賀大島　おぢかおおしま　長崎県	112
小値賀島　おぢかじま　長崎県	113
小手島　おてしま　香川県	233
小豊島　おでしま　香川県	246
小呂島　おろのしま　福岡県	146

か行

加唐島　かからしま　佐賀県	136
蛎浦島　かきのうらしま　長崎県	107
鹿久居島　かくいじま　岡山県	255
加計呂麻島　かけろまじま　鹿児島県	52
笠佐島　かささじま　山口県	167
笠戸島　かさどじま　山口県	161
賢島　かしこじま　三重県	273
鹿島　かしま　広島県	176
鹿島　かしま　長崎県	109
嘉島　かしま　愛媛県	175
臥蛇島　がじゃじま　鹿児島県［無］	336
頭ヶ島　かしらがしま　長崎県	97
頭島　かしらじま　岡山県	254
柏島　かしわじま　高知県	267
神集島　かしわじま　佐賀県	140
桂島　かつらじま　宮城県	301
桂島　かつらじま　鹿児島県	71

金輪島	かなわじま　広島県	……	183
椛島	かばしま　長崎県	……	90
樺島	かばしま　長崎県	……	101
加部島	かべしま　佐賀県	……	139
上蒲刈島	かみかまがりじま　広島県	……	191
上甑島	かみこしきしま　鹿児島県	……	69
神島	かみしま　三重県	……	276
鴎島	かもめじま　北海道	……	326
嘉弥真島	かやまじま　沖縄県	……	18
紀伊大島	きいおおしま　和歌山県	……	270
喜界島	きかいじま　鹿児島県	……	55
北木島	きたぎしま　岡山県	……	229
北大東島	きただいとうじま　沖縄県	……	38
桐ノ小島	きりのこじま　長崎県	……	96
金華山	きんかさん　宮城県	……	305
九島	くしま　愛媛県	……	174
久高島	くだかじま　沖縄県	……	40
口永良部島	くちのえらぶじま　鹿児島県	……	63
口之島	くちのしま　鹿児島県	……	60
久米島	くめじま　沖縄県	……	28
倉橋島	くらはしじま　広島県	……	176
来間島	くりまじま　沖縄県	……	26
来島	くるしま　愛媛県	……	201
黒島	くろしま　山口県	……	172
黒島（佐世保市）	くろしま　長崎県	……	106
黒島（小値賀町）	くろしま　長崎県	……	114
黒島（松浦市）	くろしま　長崎県	……	124
黒島	くろしま　大分県	……	154
黒島	くろしま　鹿児島県	……	61
黒島	くろしま　沖縄県	……	20
軍艦島	ぐんかんじま　長崎県［無］	……	338
下須島	げすしま　熊本県	……	76
慶留間島	げるまじま　沖縄県	……	34
玄界島	げんかいじま　福岡県	……	143
鴻島	こうじま　岡山県	……	253
神津島	こうづしま　東京都	……	294
高根島	こうねしま　広島県	……	215
古宇利島	こうりじま　沖縄県	……	45
小大下島	こおげしま　愛媛県	……	196
興居島	ごごしま　愛媛県	……	185
小佐木島	こさぎじま　広島県	……	216
小島	こじま　北海道	……	333
御所浦島	ごしょうらじま　熊本県	……	79
小宝島	こだからじま　鹿児島県	……	56
小浜島	こはまじま　沖縄県	……	19
小飛島	こびしま　岡山県	……	225
小与島	こよしま　香川県	……	237

さ行

坂手島	さかてじま　三重県	……	274
嵯峨ノ島	さがのしま　長崎県	……	88
佐木島	さぎじま　広島県	……	216
崎戸島	さきとじま　長崎県	……	108
佐久島	さくしま　愛知県	……	281
佐合島	さごうじま　山口県	……	163
佐島	さしま　愛媛県	……	208
佐渡島	さどがしま　新潟県	……	322
佐柳島	さなぎじま　香川県	……	227
寒風沢島	さぶさわじま　宮城県	……	303
座間味島	ざまみじま　沖縄県	……	32
志賀島	しかのしま　福岡県	……	145
式根島	しきねじま　東京都	……	293
四阪島	しさかじま　愛媛県［無］	……	341
志々島	ししじま　香川県	……	224
獅子島	ししじま　鹿児島県	……	73
篠島	しのじま　愛知県	……	279
地島	じのしま　福岡県	……	147
島田島	しまだじま　徳島県	……	261
島野浦島	しまのうらしま　宮崎県	……	151
島山島（五島市）	しまやまじま　長崎県	……	89
島山島（対馬市）	しまやまじま　長崎県	……	133
地無垢島	じむくしま　大分県	……	154
下蒲刈島	しもかまがりじま　広島県	……	190
下甑島	しもこしきしま　鹿児島県	……	68
下地島	しもじしま　沖縄県	……	25
城ケ島	じょうがしま　神奈川県	……	283
小豆島	しょうどしま　香川県	……	250
諸浦島	しょうらじま　鹿児島県	……	72

白石島	しらいしじま 岡山県	230
塩飽本島	しわくほんじま 香川県	234
新島	しんじま 鹿児島県	70
菅島	すがしま 三重県	275
宿毛大島	すくもおおしま 高知県	266
粭島	すくもじま 山口県	161
諏訪之瀬島	すわのせじま 鹿児島県	57
瀬底島	せそこじま 沖縄県	44
瀬長島	せながじま 沖縄県	38
仙酔島	せんすいじま 広島県 [無]	342

た行

大根島	だいこんしま 島根県	318
平島	たいらじま 鹿児島県	57
高井神島	たかいかみしま 愛媛県	211
高島	たかしま 岡山県	231
高島	たかしま 徳島県	261
高島	たかしま 佐賀県	141
高島（長崎市）	たかしま 長崎県	102
高島（佐世保市）	たかしま 長崎県	112
高島（平戸市）	たかしま 長崎県	120
鷹島	たかしま 長崎県	123
高見島	たかみじま 香川県	226
宝島	たからじま 鹿児島県	56
度島	たくしま 長崎県	120
竹ケ島	たけがしま 徳島県	268
竹ケ島	たけがしま 愛媛県	172
竹島	たけしま 鹿児島県	61
竹富島	たけとみじま 沖縄県	21
竹ノ子島	たけのこじま 山口県	158
竹ノ島	たけのしま 長崎県	111
田島	たしま 広島県	220
田代島	たしろじま 宮城県	304
種子島	たねがしま 鹿児島県	66
多良間島	たらまじま 沖縄県	24
男鹿島	たんがしま 兵庫県	256
契島	ちぎりじま 広島県	199
竹生島	ちくぶしま 滋賀県 [無]	342
父島	ちちじま 東京都	285
知夫里島	ちぶりじま 島根県	317
通詞島	つうじしま 熊本県	73
築島	つきしま 宮崎県	150
津堅島	つけんじま 沖縄県	39
津島	つしま 愛媛県	204
対馬	つしま 長崎県	130
角島	つのしま 山口県	309
釣島	つるしま 愛媛県	187
鶴見大島	つるみおおしま 大分県	153
津和地島	つわじしま 愛媛県	188
天売島	てうりとう 北海道	328
手島	てしま 香川県	233
豊島	てしま 香川県	246
出羽島	てばじま 徳島県	269
寺島（佐世保市）	てらしま 長崎県	115
寺島（西海市）	てらしま 長崎県	108
島後	どうご 島根県	314
答志島	とうしじま 三重県	278
渡嘉敷島	とかしきじま 沖縄県	35
徳之島	とくのしま 鹿児島県	50
利島	としま 東京都	297
戸島	とじま 愛媛県	173
海驢島	とどしま 北海道 [無]	345
渡名喜島	となきじま 沖縄県	31
戸馳島	とばせじま 熊本県	84
飛島	とびしま 山形県	324
飛島	とびしま 長崎県	124
泊島	とまりしま 長崎県	134
友ヶ島	ともがしま 和歌山県 [無]	343
豊島	とよしま 広島県	193

な行

直島	なおしま 香川県	243
永浦島	ながうらじま 熊本県	81
中甑島	なかこしきしま 鹿児島県	70
中島	なかじま 愛媛県	186
中島	なかじま 熊本県	80

［無］は無人島

長島	ながしま	岡山県	247
長島	ながしま	広島県	198
長島	ながしま	山口県	163
長島	ながしま	長崎県	128
長島	ながしま	鹿児島県	71
中通島	なかどおりじま	長崎県	98
中ノ島	なかのしま	和歌山県	271
中ノ島	なかのしま	島根県	317
中ノ島	なかのしま	高知県	267
中之島	なかのしま	鹿児島県	60
情島	なさけじま	広島県	177
情島	なさけじま	山口県	170
奈留島	なるしま	長崎県	93
新居大島	にいおおしま	愛媛県	200
新島	にいじま	東京都	296
仁右衛門島	にえもんじま	千葉県	300
西島	にしじま	兵庫県	256
西ノ島	にしのしま	島根県	316
似島	にのしま	広島県	182
沼島	ぬしま	兵庫県	259
怒和島	ぬわじま	愛媛県	188
納島	のうしま	長崎県	115
能美島	のうみじま	広島県	178
野釜島	のがまじま	熊本県	83
野忽那島	のぐつなじま	愛媛県	189
能古島	のこのしま	福岡県	144
野崎島	のざきじま	長崎県	116
野島	のしま	山口県	159
能登島	のとじま	石川県	321
野々島	ののしま	宮城県	301
野甫島	のほじま	沖縄県	46

は行

伯方島	はかたじま	愛媛県	206
萩大島	はぎおおしま	山口県	313
端島	はしま	山口県	170
端島	はしま	長崎県［無］	338
柱島	はしらじま	山口県	171
走島	はしりじま	広島県	221
八丈小島	はちじょうこじま	東京都［無］	344
八丈島	はちじょうじま	東京都	290
初島	はつしま	静岡県	282
波照間島	はてるまじま	沖縄県	16
鳩間島	はとまじま	沖縄県	19
母島	ははじま	東京都	286
浜比嘉島	はまひがじま	沖縄県	41
原島	はるしま	長崎県	128
樋合島	ひあいじま	熊本県	81
比岐島	ひきじま	愛媛県	200
彦島	ひこしま	山口県	158
久賀島	ひさかじま	長崎県	91
櫃石島	ひついしじま	香川県	236
櫃島	ひつしま	山口県	313
日島	ひのしま	長崎県	96
樋島	ひのしま	熊本県	78
日振島	ひぶりじま	愛媛県	174
日間賀島	ひまかじま	愛知県	280
姫島	ひめしま	福岡県	142
姫島	ひめしま	大分県	156
日向大島	ひゅうがおおしま	宮崎県	151
屏風島	びょうぶじま	香川県	244
平島	ひらしま	長崎県	100
平戸島	ひらどしま	長崎県	119
広島	ひろしま	香川県	232
深島	ふかしま	大分県	152
福江島	ふくえじま	長崎県	86
福島	ふくしま	長崎県	125
蓋井島	ふたおいじま	山口県	310
二神島	ふたがみじま	愛媛県	187
平郡島	へいぐんとう	山口県	166
舳倉島	へぐらじま	石川県	320
戸島	へしま	高知県	268
平安座島	へんざじま	沖縄県	42
坊勢島	ぼうぜじま	兵庫県	257
朴島	ほおじま	宮城県	302
細島	ほそじま	広島県	218
保戸島	ほとじま	大分県	155
本島	ほんじま	香川県	234

ま行

前島　まえじま　岡山県 …………………… 247
前島（五島市）　まえしま　長崎県 …………… 92
前島　まえじま　山口県 …………………… 167
前島（時津町）　まえじま　長崎県 …………… 110
前島　まえじま　熊本県 …………………… 80
牧島　まきしま　長崎県 …………………… 110
牧島　まきしま　熊本県 …………………… 79
馬毛島　まげしま　鹿児島県［無］ ………… 337
間崎島　まさきじま　三重県 ……………… 271
馬渡島　まだらしま　佐賀県 ……………… 135
斑島　まだらしま　長崎県 ………………… 114
松島　まつしま　岡山県 …………………… 239
松島　まつしま　佐賀県 …………………… 138
松島　まつしま　長崎県 …………………… 105
真鍋島　まなべしま　岡山県 ……………… 228
三角島　みかどじま　広島県 ……………… 197
御蔵島　みくらじま　東京都 ……………… 291
見島　みしま　山口県 ……………………… 312
南大東島　みなみだいとうじま　沖縄県 …… 36
南鳥島　みなみとりしま　東京都 ………… 284
宮城島（うるま市）　みやぎじま　沖縄県 …… 42
宮城島（大宜味村）　みやぎじま　沖縄県 …… 46
三宅島　みやけじま　東京都 ……………… 292
宮古島　みやこじま　沖縄県 ……………… 23
宮戸島　みやとじま　宮城県 ……………… 302
水納島（多良間村）　みんなじま　沖縄県 …… 24
水納島（本部町）　みんなじま　沖縄県 …… 44
向島　むかいしま　広島県 ………………… 219
向島　むかえじま　香川県 ………………… 244
向島　むくしま　佐賀県 …………………… 134
六口島　むぐちじま　岡山県 ……………… 239
六島　むしま　岡山県 ……………………… 224
六島　むしま　長崎県 ……………………… 117
睦月島　むづきじま　愛媛県 ……………… 189
六連島　むつれじま　山口県 ……………… 308
宗像大島　むなかたおおしま　福岡県 …… 147
女木島　めぎじま　香川県 ………………… 240

百島　ももしま　広島県 …………………… 221

や行

屋我地島　やがじしま　沖縄県 …………… 45
屋形島　やかたじま　大分県 ……………… 152
焼尻島　やぎしりとう　北海道 …………… 329
屋久島　やくしま　鹿児島県 ……………… 64
八島　やしま　山口県 ……………………… 165
屋代島　やしろじま　山口県 ……………… 168
八幡浜大島　やわたはまおおしま　愛媛県 … 175
弓削島　ゆげじま　愛媛県 ………………… 209
湯島　ゆしま　熊本県 ……………………… 82
由布島　ゆぶじま　沖縄県 ………………… 18
横浦島　よこうらじま　熊本県 …………… 78
横島　よこしま　広島県 …………………… 220
横島　よこしま　熊本県 …………………… 76
横山島　よこやまじま　三重県 …………… 272
与島　よしま　香川県 ……………………… 237
与那国島　よなぐにじま　沖縄県 ………… 14
与路島　よろしま　鹿児島県 ……………… 51
与論島　よろんじま　鹿児島県 …………… 49

ら行

利尻島　りしりとう　北海道 ……………… 332
漁生浦島　りょうがうらしま　長崎県 …… 95
礼文島　れぶんとう　北海道 ……………… 330

わ行

若松島　わかまつじま　長崎県 …………… 94
若宮島　わかみやじま　長崎県 …………… 129
渡鹿野島　わたかのじま　三重県 ………… 272
蕨小島　わらびこじま　長崎県 …………… 92

［無］は無人島

加藤庸二

フォトグラファー。島のスペシャリスト。学生時代の1971年に与論島で潜水を習得し、慶良間諸島などで水中撮影をおこなう。出版編集を経て1980年、フォトグラファーとして独立。編集人とダイビングフォトグラファーとしてダイビング雑誌『ダイバー』に参加。島と海洋分野を中心に、自然、民俗、伝統、食文化にいたる幅広い分野で取材活動を展開する。
国交省の「島の宝100景」の選考委員などを務める。とりわけ「島」をテーマとする分野では、国内の上陸可能な有人島の全てを踏破した島のスペシャリストとして活躍。
東京都出身。明治大学卒。日本写真家協会会員。主な著書に『島へ』(講談社、1996年)、『原色日本島図鑑』(新星出版社、2010年)、『原色ニッポン南の島大図鑑』(CCCメディアハウス、2012年)、『日本百名島の旅』(実業之日本社、2013年)、『島の博物事典』(成山堂書店、2015年)などがある。

STAFF
編集・制作：有限会社まとりっくす
カバー・本文デザイン：本田いく
校正：有限会社玄冬書林

参考文献
『日本の島ガイド SHIMADAS』(公財)日本離島センター
『島々の日本』(公財)日本離島センター
『新版日本の島事典』【上・下巻】(三交社)
『日本歴史大事典』(小学館)
週刊『日本の島』120号(デアゴスティーニ・ジャパン)
『沖縄資料集成 自然・歴史・文化・風土』(Green Life)

島図鑑 歴史と文化でたどる日本の有人島

2025年3月1日　第1刷発行

著　者　加藤庸二
発行者　竹村　響
印刷所　株式会社光邦
製本所　株式会社光邦
発行所　株式会社 日本文芸社
　　　　〒100-0003 東京都千代田区一ツ橋1-1-1　パレスサイドビル8F

Printed in Japan　112250218-112250218 Ⓝ 01　(260010)
ISBN978-4-537-22271-5
Ⓒ YOJI KATO 2025

※QRコードを読み取ってのWEBページ閲覧機能は、予告なく終了する可能性がございます。
※QRコードは株式会社デンソーウェーブの登録商標です。

乱丁・落丁本などの不良品、内容に関するお問い合わせは
小社ウェブサイトお問い合わせフォームまでお願い致します。
URL　https://www.nihonbungeisha.co.jp/　(編集担当：西島)

法律で認められた場合を除いて、本書からの複写・転載(電子化を含む)は禁じられています。
また、代行業者等の第三者による電子データ化および電子書籍化は、いかなる場合も認められていません。